WITHDRAWAI

D1274487

Cocina Española

Editora responsable: Isabel Ortiz
Responsable de proceso: Antonia Mª Martínez
Textos complementarios: Javier Susaeta e Isabel Ortiz
Corrección de textos: María Forero y Ana Doblado
Fotografías: Fondo Susaeta
Diagramación: Mari Salinas
Tratamiento de imágenes: Mari Salinas
Preimpresión: Miguel Ángel San Andrés
Responsable de logística: Carlos Nafarrate

© SUSAETA EDICIONES, S. A.
Campezo, s/n - 28022 Madrid
Tel.: 913 009 100 - Fax: 913 009 118

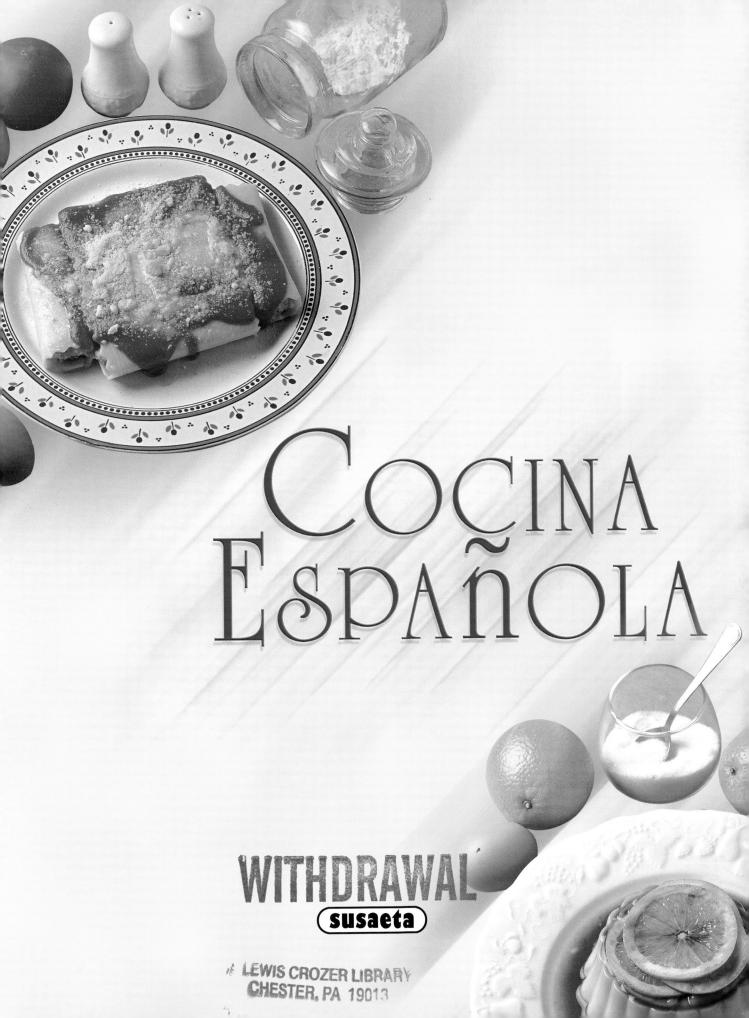

Cocina Española

susaeta

Secciones

Introducción

La cocina española ofrece una gran variedad culinaria, tan diversa y distinta como lo son los pueblos y tradiciones que conforman nuestro país. Aun así, si hay algo común a todas ellas, es la utilización de una materia prima de primera calidad, que permite la elaboración de unos platos de gran riqueza gastronómica.

Otra característica de nuestra cocina que merece la pena destacar es el uso de dos grasas: una, vegetal, el aceite de oliva, que destaca por su calidad y sus efectos benéficos para la salud; la otra, de origen animal, es la manteca de cerdo. La utilización de otros aceites distintos al de oliva así como otras grasas procedentes de animales que no sean el cerdo, es extraña a nuestros usos tradicionales.

Citaremos ahora algunos de los platos españoles que más han traspasado nuestras fronteras, adquiriendo fama mundial. Empezando nuestro recorrido por el Norte, en tierras gallegas, destacaremos dos platos de gran tipismo: el caldo conocido como pote y el celebrado pulpo a la gallega. Siguiendo hacia el Este, no podemos olvidarnos de la fabada asturiana –con sus judías, pierna de cerdo y morcilla de cerdo con cebolla–; igualmente sabroso resulta el cocido montañés, que se puede degustar en tierras cántabras; la merluza a la vasca, el suculento *marmitako* o el pollo al chilindrón aragonés. Son muchas las especialidades catalanas. Sólo por citar algunas destacaremos la *butifarra amb mongetes*, la *escudella* o el *suquet*. En fin, el cocido madrileño, la paella valenciana, el «pescaíto» frito andaluz..., la lista es interminable y casi imposible de completar.

Para concluir traemos aquí una anécdota culinaria curiosa. Fue a finales del reinado de Felipe IV, el penúltimo de los Austrias, cuando se abrió en Madrid el primer restaurante que ofrecía una muestra de las mejores expresiones gastronómicas españolas, desde los platos más refinados a los más populares; alejándose, eso sí, de las casas de comidas y mesones hasta entonces imperantes. Con su aparición se hizo patente la existencia de una cocina española de gran calidad y diversidad.

ENSALADAS, VERDURAS Y SOPAS

Ensalada de judías verdes

Para 4 personas
Tiempo de preparación: 30 minutos
Dificultad: baja

Ingredientes:

500 g de judías verdes congeladas • 2 dientes de ajo
• 1 limón • aceite • sal.

Preparación:

1. Poner una cacerola con poca agua; cuando comience a hervir, volcar el paquete de judías verdes sin descongelar.
2. Cocerlas 10 minutos desde el momento de soltar el hervor.
3. Dejarlas enfriar.
4. Verterlas en una ensaladera.
5. Añadirles el ajo rebanado muy fino.
6. Condimentarlas con el aceite y el zumo de limón.

Ensalada de verduras con bacalao

Para 4 personas
Tiempo de preparación: 50 minutos
Dificultad: baja

Ingredientes:

2 huevos • 4 berenjenas • 4 pimientos rojos • 2 tomates
• 1 cebolla • 100 g de bacalao seco • aceite de oliva • sal.

Preparación:

1. Cocer los huevos; enfriarlos, pelarlos y trocearlos.
2. Asar la brasa o al horno las berenjenas, los pimientos, los tomates y la cebolla durante 40 minutos.
3. Dejar entibiar las verduras, pelarlas y cortarlas en tiras finas.
4. Colocar las verduras en una fuente y sazonarlas con una pizca de sal.
5. Desmenuzar el bacalao y espolvorearlo sobre las verduras.
6. Aderezar con el aceite y cubrir con los huevos troceados.
7. Se sirve fría o tibia.

Ensalada de escabeche

Para 6 personas
Tiempo de preparación: 30 minutos
Dificultad: baja

Ingredientes:

2 cogollos de lechuga muy tierna • 6 cebolletas
• 150 g de aceitunas • 250 g de atún en escabeche
• 6 huevos • 4 tomates • 8 cucharadas de aceite
de oliva • 4 cucharadas de vinagre • sal.

Preparación:

1. En un cazo con agua fría poner los huevos a cocer durante unos veinte minutos.
2. Lavar la lechuga debajo del grifo del agua fría, trocearla en pedazos no muy grandes y secarla.
3. Pelar y cortar en arandelas las cebolletas, conservando sólo la parte blanca.
4. Cortar en rodajas los tomates y los huevos una vez fríos.

5. Desmenuzar el atún.

6. En una ensaladera honda, disponer la lechuga, la cebolleta, los tomates y los huevos, añadir las aceitunas y el atún.

7. Espolvorear la ensalada con sal y rociar primero con el aceite y luego con el vinagre.

8. Poner la ensalada en el frigorífico I hora antes de servir y no mezclarla hasta el momento de comerla.

7. Encima de las patatas, colocar los filetes de anchoa en forma de cuadrados y las tiras de pimiento morrón.

8. Rociar con la salsa del tazón y recubrir con el huevo duro triturado.

9. Poner la fuente en la nevera hasta el momento de servir.

10. Otra forma de preparar esta ensalada, consiste en rociar con la vinagreta las patatas cuando están todavía calientes y recubrir con los demás ingredientes. Las patatas obtendrán así un mejor sabor.

Ensalada de espinacas

Para 4 personas
Tiempo de preparación: 30 minutos
Dificultad: baja

Ingredientes:

I kg de espinacas frescas y muy tiernas • 8 cebollitas tiernas • 4 zanahorias pequeñas • sal • aceite de oliva • vinagre de calidad.

Preparación:

1. Poner las espinacas en remojo en un lebrillo de barro con agua fría. Escurrirlas y cortar las hojas en tiras finas.

2. Pelar y después picar finamente las cebollitas y las zanahorias.

3. En un tazón, batir fuertemente 8 cucharadas de aceite, 4 de vinagre y un poco de sal.

4. Disponer las verduras en una ensaladera y dejarla en un sitio frío, unas dos horas.

5. Rociarlas con la salsa y servirlas junto con animales de caza en adobo.

Ensalada de verano

Para 4 personas
Tiempo de preparación: 50 minutos
Dificultad: baja

Ingredientes:

I kg de patatas • 8 filetes de anchoa desalados • I pimiento morrón en lata o asado en casa • 2 huevos cocidos • vinagre de calidad • aceite de oliva • perejil • sal.

Preparación:

1. En una olla con agua hirviendo y sal, cocer las patatas con su piel.

2. Cortar el pimiento en tiras.

3. Pelar los huevos y triturarlos.

4. Picar finamente el perejil.

5. En un tazón, preparar la salsa con 8 cucharadas de aceite, 3 de vinagre, sal y perejil. Batirla unos minutos con fuerza.

6. Pelar y cortar las patatas en cuadrados. Dejarlos enfriar y disponerlos en una ensaladera.

Ensalada de brotes de soja cocidos

Para 4 personas
Tiempo de preparación: 10 minutos
Dificultad: baja

Ingredientes:

100 g de brotes de soja • 100 g de pepino • 100 g de zanahoria • 200 g de palitos de cangrejo • I lechuga • vinagre • 2 cucharadas de mostaza • 2 tomates • 2 cucharadas de crema de cacahuete • 4 cucharadas de salsa de soja fina • sal • azúcar.

Preparación:

1. Pelar el pepino y la zanahoria; quitar las semillas al pepino y cortarlo en juliana junto con la zanahoria y la lechuga.

2. Cocer al vapor los brotes de soja y la zanahoria durante 5 minutos; enfriar en agua con hielo.

3. Mezclar la crema, la salsa de soja, el vinagre, la mostaza, la sal y el azúcar para hacer la salsa.

4. Colocar en una ensaladera las verduras y aliñar con la salsa.

5. Cortar en rodajas finas los tomates y colocarlos encima de la ensalada junto con los palitos de cangrejo; servir.

Ensalada de judías tiernas

Para 6 personas
Tiempo de preparación: 45 minutos
Dificultad: media

Ingredientes:

1 kg de fréjoles bien tiernos • 2 cebollas • 1 l de agua
• 2 cabezas de ajo • vinagre • aceite • un poco de caldo • sal.

Preparación:

1. Retirar los hilos de los fréjoles y cortarlos por la mitad.
2. Pelar y triturar las cebollas.
3. Dejar las cabezas de ajo enteras, raspando un poco el telillo que las recubre.
4. En una cazuela con agua hirviendo y sal, cocer los fréjoles unos veinticinco minutos. Escurrirlos y dejarlos enfriar.
5. Mientras, en una sartén con aceite caliente, freír las dos cabezas de ajo y retirarlas.
6. En el aceite restante, sofreír ligeramente la cebolla triturada, rociar con 2 cucharadas de vinagre y 8 cucharadas de caldo de carne.
7. Disponer los fréjoles en una cazuela de barro plana, rociarlos con el sofrito anterior y dejar a fuego lento unos quince minutos.
8. Escurrirlos, dejarlos enfriar y servirlos como entrante.

Ensalada con langostinos

Para 4 personas
Tiempo de preparación: 15 minutos
Dificultad: baja

Ingredientes:

8 colas de langostinos hervidas • 4 rodajas de piña natural
• 4 palmitos • 2 endibias • 2 zanahorias medianas • 2 manzanas ácidas • 1/2 latita de caviar (opcional, para decorar) • 1 limón.

Salsa:

1 huevo, sal • pimienta • 1 1/2 dl de aceite • 1 cucharada de zumo de naranja, 1 de limón y 1 cucharadita de zumo de piña
• 1 cucharadita de mostaza • 1 cucharadita de tomate concentrado • 2 cucharadas de crema de leche.

Preparación:

1. Pelar las manzanas y frotarlas con limón, cortar a dados.
2. Cortar los palmitos en rodajas de 2 cm, y luego a láminas.
3. Raspar las zanahorias y rallar con un rallador grueso.
4. Cortar la piña a daditos, y las endibias en juliana.
5. Mezclar todos los ingredientes y disponerlos en una bandeja plana.
6. Salsa: Hacer una mayonesa con el aceite, el limón y el huevo; cuando esté ligada, añadir la mostaza, el tomate concentrado y la crema de leche; mezclar cuidadosamente una parte de la salsa con la ensalada y servir el resto en una salsera aparte.
7. Decorar la ensalada con las colas de los langostinos formando una corona. Salpicar con el caviar. Servir fresco.

Ensalada templada

Para 4 personas
Tiempo de preparación: 35 minutos
Dificultad: baja

Ingredientes:

16 puntas de espárragos • 400 g de guisantes desgranados
• 12 langostinos medianos • 2 huevos duros.

Salsa:

20 g de setas secas • 1 cucharada de perejil picado • 50 g de mantequilla • 1 cucharada de sésamo • zumo de limón • sal.

Caldo:

7 dl de agua • 1 cebolla • perejil • 1 hoja de laurel • sal.

Preparación:

1. Dejar las setas en remojo con agua durante 1 hora, escurrir y picar.
2. Preparar el caldo, dejar hervir unos 15 minutos; añadir los langostinos, dejar hervir 2 minutos. Pelar y reservar calientes.
3. Mientras se hace el caldo, hervir en agua y sal los guisantes. Colar y reservar calientes.
4. Saltear las setas con un poco de mantequilla, añadir el perejil picado, el zumo de limón y 2 dl del caldo donde hemos cocido los langostinos. Dejar cocer lentamente, hasta que la salsa espese un poco. Comprobar el punto de sal.
5. En el centro de una bandeja redonda, disponer los guisantes, alrededor los langostinos, luego los espárragos formando grupos y alternando con rodajas de huevo duro.
6. Rociar con la salsa, espolvorear con el sésamo y servir templada.

Ensalada de manzanas

Para 4 personas
Tiempo de preparación: 15 minutos
Dificultad: baja

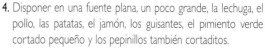

3. Limpiar la lechuga y cortarla en juliana. Deshuesar el pollo; cortarlo a dados. Cortar el jamón a cuadritos.

4. Disponer en una fuente plana, un poco grande, la lechuga, el pollo, las patatas, el jamón, los guisantes, el pimiento verde cortado pequeño y los pepinillos también cortaditos.

5. Preparar la salsa en la batidora, batiendo el huevo, el aceite, la sal, el zumo de limón, la mostaza y la pimienta; cuando esté ligado, añadir la crema de leche. Mezclar con los ingredientes de la ensalada.

6. Decorar disponiendo alrededor de la ensalada los tomates cortados a rodajas; espolvorear el conjunto con los huevos duros pasados por el molinillo, o cortados pequeñitos.

Ensalada japonesa

Para 4 personas
Tiempo total de cocción: 5 minutos
Tiempo de preparación: 15 minutos
Dificultad: baja

Ingredientes:

2 pimientos rojos más bien grandes • 2 cebollitas tiernas
• 4 panojas de maíz o una bolsa de granos de maíz congelados
• 1 escarola.

Salsa:

2 huevos duros • 1 cucharadita de salsa de soja • 1 dl de aceite
y sal • 1 cucharadita de vinagre de manzana.

Preparación:

1. Lavar y cortar a trocitos pequeños la escarola, las cebollitas y los pimientos.

2. Hervir mientras tanto, durante 5 minutos, el maíz. Escurrir y dejar enfriar.

3. Mezclar todos los ingredientes en una fuente un poco honda.

Salsa:

4. Picar finamente los huevos duros y mezclar con el vinagre, la salsa de soja, el aceite y la sal.

5. En el momento de servir, verter la salsa por encima de los ingredientes y mezclar bien.

6. Tomar fresca o a temperatura ambiente.

Ingredientes:

3 manzanas rojas • 200 g de champiñones • 1 cogollo de apio • 1 escarola • 50 g de nueces • 100 g de maíz • 1 limón.

Salsa:

1 huevo • 1 1/2 dl de aceite • 1/2 yogur • zumo de limón
• sal • pimienta.

Preparación:

1. Pelar las manzanas, frotarlas con limón y cortarlas a láminas finas.

2. Lavar los champiñones, cortarlos a láminas finísimas, rociar con zumo de limón.

3. Pelar el apio y cortarlo a daditos.

4. Lavar la escarola y cortarla en juliana.

5. En una ensaladera poner la escarola, las manzanas, los champiñones y el apio. Añadir las nueces troceadas y el maíz. Mezclar bien.

6. Preparar la salsa, batiendo todos los ingredientes en la batidora y verterla sobre la ensalada. Mezclar de nuevo y servir.

Ensalada de pollo

Para 4 personas
Tiempo de preparación: 30 minutos
Dificultad: baja

Ingredientes:

1/2 pollo asado • 1 lechuga • 100 g de jamón serrano cortado grueso • 50 g de pepinillos • 2 huevos duros • 2 patatas • 1 pimiento verde • 2 tomates maduros pero fuertes • 200 g de guisantes.

Salsa:

2 dl de aceite y 1 huevo • 1 cucharada de mostaza • 1/2 dl de crema de leche • el zumo de 1/2 limón • sal • pimienta.

Preparación:

1. Poner un cazo a hervir con agua y sal y echar las patatas una vez lavadas. Cuando estén cocidas, pelarlas y cortarlas a dados.

2. Hervir en otro cazo con agua y sal los guisantes. Escurrir y reservar.

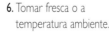

Ensalada original

Para 4 personas
Tiempo de preparación: 20 minutos
Dificultad: baja

Ingredientes:

700 g de bulbo de hinojo • 200 g de uva blanca
• 200 g de uva negra • 200 g de jamón serrano
• 50 g de piñones • 50 g de nueces.

Salsa:

1 yema de huevo • el zumo de 1/2 limón • 1 1/2 dl de aceite
• 3 cucharadas de vinagre de manzana • sal • pimienta.

Preparación:

1. Lavar el hinojo, cortarlo a rodajas, rociar zumo de limón y cocerlo al vapor en un cestillo dentro de una cacerola con un poco de agua. Cuando esté al punto, escurrir y enfriar.
2. Entre tanto, lavar las uvas, cortarlas por la mitad y quitar las semillas.
3. Dorar ligeramente los piñones y las nueces en una sartén.

Salsa:

4. En un bol, batir el aceite con la yema de huevo hasta que ligue un poco, añadir el vinagre y salpimentar.
5. Colocar en una fuente el hinojo, las uvas y el jamón cortado fino, enrollado; decorar con los piñones y las nueces.
6. Verter la salsa y servir.

Ensalada de mariscos

Para 4 personas
Tiempo total de cocción: 24 minutos
Tiempo de preparación: 30 minutos
Dificultad: media

Ingredientes:

250 g de arroz de grano largo • 2 kiwis y 1 aguacate • 1 limón
• 100 g de champiñones • 30 g de mantequilla
• 250 g de langostinos • 500 g de mejillones • 400 g de almejas.

Para la salsa:

1 yema de huevo • 1 1/2 dl de aceite • 1/2 dl de vinagre
de manzana • sal • 1 cucharada de concentrado de tomate.

Preparación:

1. Verter 2 dl de agua en una cacerola, provista del aparato especial para cocer al vapor.
2. Cocer al vapor el marisco durante 12 minutos. Dejar enfriar y retirar las valvas.
3. Hervir el arroz en abundante agua salada durante 14 minutos.
4. Entre tanto, cortar los champiñones a láminas y rociarlos con zumo de limón.
5. Acabada la cocción del arroz, refrescarlo y saltearlo en una sartén con la mantequilla.
6. Colocar el arroz en una bandeja redonda; en el centro, disponer todo el marisco y los champiñones; alrededor, adornar con los kiwis cortados a rodajas y el aguacate, a láminas, también rociado con zumo de limón.
7. Salsa: En un bol poner la yema de huevo, sal y 1 cucharada de vinagre; remover con las varillas, añadir 4 cucharadas de aceite y trabajar un poco. Volver a poner una cucharada de vinagre y 4 de aceite, trabajar y acabar de incorporar todo el aceite y el vinagre y la cucharada de tomate concentrado. Se obtendrá una salsa clarita, pero ligada.
8. Mezclar la ensalada con la salsa.
9. Servir fresca.

Ensalada ilustrada

Para 4 personas
Tiempo total de cocción: 15 minutos
Tiempo de preparación: 25 minutos
Dificultad: baja

Ensalada mar y montaña

Para 4 personas
Tiempo de preparación: 20 minutos
Dificultad: baja

Ingredientes:

4 rodajas de piña natural • 3 manzanas ácidas • 3 endibias
• 3 zanahorias medianas • 250 g de gambas • 1 limón
• 30 g de mantequilla • perejil.

Salsa:

1 huevo • 1 y 1/2 dl de aceite • sal • zumo de limón
• 1 cucharada de tomate concentrado • 1 cucharada de mostaza
• 2 cucharadas de zumo de piña.

Preparación:

1. Pelar las manzanas, frotarlas con limón, para que no ennegrezcan, y cortarlas en rodajas finas. Lavar las endibias y cortarlas horizontalmente. Raspar las zanahorias y cortar en juliana. Cortar la piña en dados.
2. Calentar la mantequilla y rehogar las gambas. Pelarlas y reservar las cabezas.
3. Mezclar las frutas y verduras y colocarlas en una fuente plana.
4. Salsa: Poner en la batidora, el aceite, la sal, el huevo y el zumo de limón. Batir hasta que esté bien emulsionado. Añadir el tomate, la mostaza, 2 cucharadas del zumo de la piña y un poco de perejil picado. Batir de nuevo.
5. Rociar las verduras y frutas con esta salsa.
6. Adornar con las gambas y las cabezas que habíamos reservado. Espolvorear con perejil picado.

Ingredientes:

250 g de pasta de caracolillos italianos • 1 cebolla
• 100 g de champiñones • 2 tomates maduros, pero fuertes
• 3 pimientos verdes • un puñado de albahaca fresca • sal.

Salsa:

1/2 limón • 1 huevo • 1 yogur natural • 1 cucharada de mostaza
• 1 1/2 dl de aceite de oliva • sal.

Preparación:

1. Poner una olla al fuego con abundante agua y sal.
2. Cuando hierva, echar la pasta y dejar cocer unos 15 minutos. Escurrir y refrescar. Reservar en una ensaladera grande.
3. Lavar, mientras tanto, los champiñones, cortarlos a láminas y rociarlos con zumo de limón para que no ennegrezcan.
4. Pelar y cortar la cebolla a cuadritos, los tomates, sin piel ni pepitas, y los pimientos verdes.
5. Añadir todos estos ingredientes a la ensaladera y aromatizar con un puñado de albahaca fresca cortada pequeña.
6. Salsa: Poner en el vaso de la batidora el huevo, la sal, la cucharada de mostaza, el aceite, y batir hasta conseguir emulsionar bien la salsa. Añadir el yogur y batir de nuevo. Quedará una mayonesa ligera y suave. Verter encima de la ensalada.

Verduras

Patatas en cazuela

Para 4 personas
Tiempo de preparación: 1 hora y 25 minutos
Dificultad: media

Ingredientes:

2 kg de patatas nuevas pequeñas • 2 pimientos secos • 2 dientes de ajo • 4 huevos • 4 cucharadas de vino blanco • aceite • sal.

Preparación:

1. Pelar las patatas y ponerlas en remojo con agua fría.
2. Aparte, poner también en remojo, con agua caliente, los 2 pimientos rojos.
3. En una cazuela plana de barro con aceite caliente, dorar un diente de ajo pelado, retirarlo y añadir las patatas, escurridas y secas.
4. Moverlas con un tenedor hasta que queden doraditas.
5. Verter el vino blanco y añadir los pimientos remojados y el otro diente de ajo triturado.
6. Espolvorear las patatas con sal y cubrirlas con agua.
7. Retirar la cazuela del fuego y meterla en horno muy suave. Mantener hasta que queden hechas.
8. Disponer encima los huevos escalfados, tapar la cazuela y dejar en reposo durante unos 15 minutos, hasta que los huevos estén bien cuajados.

Berenjenas a la parrilla

Para 4 personas
Tiempo de preparación: 50 minutos
Dificultad: baja

Ingredientes:

6 berenjenas • 1 limón • perejil • pan rallado • caldo de carne • aceite • sal.

Preparación:

1. Cortar las berenjenas por la mitad a lo largo y ponerlas en remojo en agua fría con sal; exprimir el limón, y por último picar finamente el perejil.
2. En un recipiente hondo, preparar una salsa batiendo fuertemente durante un rato 6 cucharadas de aceite, el perejil, 1 cucharada de pan rallado, el zumo del limón y 2 cucharadas de caldo.
3. Escurrir y secar las berenjenas, practicarles unos cortes en la parte superior y asarlas en una parrilla; espolvorearlas con un poco de sal.
4. Cuando estén en su punto, disponerlas en una fuente para servir y rociarlas con la salsa.
5. Servir caliente.

Berenjenas al horno con tomate

Para 4 personas
Tiempo de preparación: 1 hora y 20 minutos
Dificultad: baja

Ingredientes:

2 berenjenas grandes • 4 tomates • 2 dl de vino blanco • 1 dl de caldo • 50 g de harina • 25 g de mantequilla • 2,5 dl de aceite • orégano • 40 g de queso rallado • sal • pimienta.

Preparación:

1. Pelar las berenjenas, cortarlas en rodajas, salarlas y dejarlas en una escurridera unos treinta minutos (para que suelten el jugo oscuro).
2. Pasado este tiempo, secarlas, enharinarlas y freírlas en abundante aceite; dejarlas escurrir sobre un paño seco.
3. Lavar bien los tomates, cortarlos en rodajas y espolvorearlos con sal y pimienta.
4. Untar el fondo de una fuente refractaria con un poco de mantequilla y colocar una capa de berenjenas y otra de tomates; repetir.
5. Rociar con el vaso de vino blanco, añadir el caldo, espolvorear con el orégano y luego con el queso rallado.
6. Precalentar el horno a temperatura media, introducir la bandeja y dejar cocer 25-30 minutos.
7. Servir.

Habas en calzón

Para 4 personas
Tiempo de preparación: 1 hora y 35 minutos
Dificultad: baja

Ingredientes:

1 1/2 kg de habas tiernas • 150 g de jamón con grasa
• 3 cebollas • 2 dientes de ajo • harina • aceite • sal.

Preparación:

1. Trocear las habas, pelar y picar las cebollas y los dientes de ajo, y trocear el jamón.
2. En un puchero con agua hirviendo y sal, poner a cocer las habas. Escurrirlas y reservar su jugo.
3. En una cazuela plana de barro con aceite caliente, sofreír el jamón, la cebolla y el ajo.
4. Añadir las habas escurridas y mezclar con una cuchara de madera.
5. Espolvorear con una cucharada de harina y remover. Rociar con un poco del caldo de cocción de las habas, y dejar sobre fuego lento unos 10 minutos.

Cardo a la navarra

Para 4 personas
Tiempo de preparación: 1 hora y 30 minutos
Dificultad: media

Ingredientes:

1 kg de cardos blancos y gruesos
• 150 g de jamón • 1 limón
• 1 cucharada de harina • aceite • sal.

Preparación:

1. Pelar, limpiar y cortar los cardos en pedazos de unos 6 cm de largo.

2. Poner los cardos en remojo con agua fría y un chorro de zumo de limón.
3. En una cazuela con agua hirviendo y sal, cocer los cardos, rociándolos seguidamente con unas gotas de zumo de limón. Escurrirlos y reservarlos.
4. En una cazuela amplia con aceite caliente, sofreír el jamón, previamente picado, rociar con un poco de caldo de cocción de los cardos y desleír en él la harina removiendo continuamente.
5. Añadir los cardos y mantenerlos durante 10 minutos, hasta que queden impregnados por la salsa espesada.

Tomatada

Para 4 personas
Tiempo de preparación: 1 hora y 15 minutos
Dificultad: baja

Ingredientes:

1 kg de tomates maduros • 100 g de jamón • 100 g de chorizo
• 2 pimientos rojos de Pamplona • aceite • sal.

Preparación:

1. Cortar a pequeños dados el jamón y el chorizo.
2. Asar los pimientos que han de ser carnosos, retirarles la piel, una vez fríos, y cortarlos a tiras.
3. Limpiar y trocear los tomates, sin pelar.
4. En una sartén amplia con muy poco aceite, poner los tomates troceados, el jamón y el chorizo y llevarla al fuego.
5. Cuando dé el primer hervor, tapar la sartén y dejar sobre fuego lento unos 20 minutos, vigilando no se queme por los bordes.
6. Destapar la sartén y continuar la cocción durante 10 minutos más, aproximadamente.
7. Disponer la salsa de tomates en una fuente y colocar encima las tiras de pimiento a modo de adorno según los gustos personales. Rectificar la salazón antes de servir.

Verduras

Cardos a la crema

Para 4 personas
Tiempo de preparación: 2 horas y 30 minutos
Dificultad: media

Ingredientes:

1 pie de cardo • 80 g de mantequilla • 1 limón
• 40 g de harina • 2 1/2 dl de leche • 1 dl de crema
de leche • Blanco de verduras • 2 l de agua con sal
• 40 g harina • 0,3 dl de vinagre.

Preparación:

1. Pelar cuidadosamente el cardo y quitarle todas las partes fibrosas. Pasarle el limón partido y troceado.
2. Preparar el blanco para cocerlo: en una olla, hervir el agua con sal, diluir la harina con un poco de agua fría y vinagre, echar esta preparación en la olla, dejar hervir un poco más.
3. Cuando haya hervido unos veinte minutos, echar el cardo al blanco de verduras. Debe cocer una hora y media, aproximadamente.
4. Cuando estén tiernos, escurrir.
5. En un cazo, derretir la mantequilla, incorporar los cardos y dejar rehogar bien.
6. Espolvorear con la harina, dejar rehogar 5 minutos a fuego suave, removiendo con la espátula de madera.
7. Verter la leche, dejar espesar y cocer 10 minutos. Añadir la crema de leche, comprobar el punto de sal y dejar cocer 5 minutos más.
8. Servir bien caliente en una fuente honda.

Repollo con tocino

Para 4 personas
Tiempo de preparación: 1 hora y 5 minutos
Dificultad: baja

Ingredientes:

1 repollo de 1 kg, aproximadamente • 150 g de tocino
entreverado • 1 hoja de laurel • 1 cebolla grande • 2 zanahorias
• 1 ramita de perejil • tomillo • pimienta molida • sal.

Preparación:

1. Retirar las primeras hojas del repollo y lavarlo cuidadosamente debajo del grifo de agua fría.
2. En una olla con agua hirviendo, escaldar durante unos segundos el repollo.
3. En otra olla con agua hirviendo también, cocerlo por segunda vez unos veinte minutos.
4. Mientras, pelar y cortar en rodajas la cebolla.
5. Cortar el tocino en forma de dados.
6. Raspar las zanahorias y cortarlas en rodajas.

7. En la olla limpia y seca disponer el repollo ya cocido, escurrido y cortado previamente en trozos, y además los dados de tocino, la zanahoria en rodajas, la hoja de laurel, el tomillo y una ramita de perejil.
8. Espolvorear con un poco de sal y pimienta.
9. Enseguida rociar todos los ingredientes con un vasito de agua, tapar la olla y dejar a fuego muy lento unos treinta minutos, aproximadamente.
10. Servir caliente cuando la salsa quede mermada y los ingredientes estén tiernos.

Acelgas con crema de limón

Para 4 personas
Tiempo de preparación: 35 minutos
Dificultad: baja

Ingredientes:

1 kg de acelgas • 1 limón • nuez moscada • 30 g de harina
• 50 g de mantequilla • 2 1/2 dl de leche • sal.

Preparación:

1. Lavar las acelgas cuidadosamente en varias aguas, y cortarlas en juliana.
2. Cocerlas en agua hirviendo con sal, destapadas, durante unos 5 minutos; escurrir y reservar.
3. En un cazo, derretir la mantequilla y añadir la harina, removiendo con la espátula. Dejar cocer sin que coja color, mezclarle el zumo del limón y sal, y remover bien.
4. Verter la leche tibia poco a poco, trabajando con las varillas hasta lograr una crema suave y sin grumos, agregar un poco de nuez moscada rallada.
5. En una bandeja de horno, colocar las acelgas bien repartidas y verter encima la crema preparada.
6. Precalentar el horno con el grill encendido, introducir la bandeja de las acelgas y dejar gratinar a fuego suave durante 10 minutos, aproximadamente.

Cazuela de espárragos trigueros

Para 6 personas
Tiempo de preparación: 25 minutos
Dificultad: baja

Ingredientes:

3 manojos de espárragos trigueros gruesos a poder ser • pimentón dulce • 6 huevos • 6 dientes de ajo • pan • aceite • vinagre • sal.

Preparación:

1. Cortar las puntas de los espárragos negros y ponerlas a cocer con agua y sal. Escurrir.
2. En una sartén con aceite caliente, freír los ajos enteros y una rebanada de pan.
3. Una vez fritos los ajos y el pan, machacarlo todo junto en un mortero.
4. Añadir también una cucharada de pimentón y 1/2 decilitro de vinagre. Mezclar todo muy bien.
5. En seis cazuelitas de barro individuales, repartir la majada y, a continuación, distribuir las puntas de espárragos.
6. Cascar un huevo en cada cazuelita, sazonar y poner al horno durante 5 minutos.
7. Servir caliente.

Cebollas rellenas al estilo de Cáceres

Para 4 personas
Tiempo de preparación: 2 horas
Dificultad: media

Ingredientes:

12 cebollas grandes • 12 lonchas de tocino • 200 g de carne picada • 1 huevo • 3 cucharadas de leche • pimienta • aceite • sal.

Preparación:

1. En una sartén con aceite, saltear la carne picada; retirarla y disponerla en una fuente para mezclarla con el huevo crudo, sal y pimienta.
2. Pelar las cebollas y vaciarlas formando un hueco en el centro; rellenarlas con la mezcla de carne.
3. En el aceite restante de freír la carne, rehogar las lonchas de tocino; retirar el tocino de la sartén y dorar las cebollas por todos los lados.
4. Disponer las cebollas en una cazuela, una al lado de la otra; añadir el jugo de freírlas, y cocerlas a fuego lento y con la cazuela tapada.
5. Pasada 1 hora, rociar con unas cucharadas de leche, dejar la cazuela a fuego vivo durante unos minutos; servir las cebollas acompañadas de las lonchas de tocino.

Pimientos rellenos a la aragonesa

Para 4 personas
Tiempo de preparación: 1 hora y 30 minutos
Dificultad: alta

Ingredientes:

4 pimientos grandes • 400 g de carne de cerdo • 150 g de jamón • 3 dientes de ajo • una pizca de nuez moscada • 4 tomates grandes maduros • 4 cucharadas de manteca de cerdo • aceite • sal • pimienta molida.

Preparación:

1. Asar los pimientos sobre la lumbre o en el horno.
2. Pelarlos cuidadosamente, realizar un corte y retirar las semillas y el origen de la raíz o centro.
3. Cortar la carne a trozos y el jamón a dados.
4. Pelar y triturar los dientes de ajo.
5. Escaldar los tomates en agua hirviendo, retirarles la piel y picarlos finamente.
6. En una sartén amplia con aceite hirviendo, freír la carne y el jamón. A los 10 minutos añadir el ajo triturado.
7. Picar la carne y el jamón.
8. En el aceite restante, freír los tomates y preparar un puré. Salpimentar y agregar nuez moscada.
9. Mezclar el picadillo de carne con la salsa de tomate y dejar enfriar.
10. Rellenar los pimientos con esta mezcla y cerrar el orificio con un palillo. Colocarlos en una fuente refractaria, rociarlos con la manteca derretida, y hornear durante unos minutos. Servir enseguida.

Cocarrois (pastelitos de espinacas)

Para 4 personas
Tiempo de preparación: 1 hora
Dificultad: baja

Ingredientes:

Masa:

400 g de harina • 50 g de manteca de cerdo • 1/2 dl de aceite de oliva • 40 g de azúcar • 1/2 dl de agua • 1 huevo.

Relleno:

3/4 kg de espinacas frescas • 50 g de pasas de Corinto • 40 g de piñones • 1 cucharada de pimentón • 0,4 dl de aceite • sal • pimienta.

Preparación:

1. En un bol, mezclar con una espátula de madera el huevo, la manteca de cerdo y el aceite, trabajar hasta que esté cremoso. Añadir el agua y el azúcar, mezclar bien e incorporar poco a poco la harina.
2. Amasar hasta que la pasta tenga un poco de consistencia. Dejar reposar una media hora, tapada.

Relleno:

3. Lavar bien las espinacas (sólo las hojas), cortarlas y cocerlas al vapor unos diez minutos. Escurrirlas bien apretándolas con las dos manos, hasta sacar al máximo el agua.
4. En una sartén con un poco de aceite, rehogar las espinacas unos minutos, salpimentar y añadir los piñones y las pasas. Mezclar, espolvorear con el pimentón, remover y retirar del fuego.

5. Espolvorear con harina el mármol y estirar con el rodillo la masa preparada. Con un cortapastas, cortar círculos de unos veinte centímetros de diámetro. Cuando estén todos, repartir el relleno, un poco en el centro de cada uno.
6. Unir los bordes de la masa por encima del relleno y formar un cordón para cerrar. Este cordón tiene que quedar arriba, por encima del relleno, no al lado, como una empanadilla normal.
7. Precalentar el horno a 18 °C.
8. Poner los «cocarrois» en una fuente para horno, untada con aceite y cocer unos 25 o 30 minutos. Servir tibios o fríos.

Buñuelos de calabaza

Para 4 personas
Tiempo de preparación: 1 hora y 10 minutos
Dificultad: media

Ingredientes:

1 calabaza de 1 1/2 kg • 300 g de harina • 200 g de carne de cerdo picada • 1 huevo • 50 g de queso rallado • 25 g de mantequilla • 500 g de tomates maduros • 1 zanahoria • 1 cebolleta • 1 rama de apio • sal • pimienta.

Preparación:

1. Quitar la corteza y las semillas a la calabaza, cortar en trozos grandes y hervir en abundante agua y sal, tapado. Comprobar el punto de cocción. Cuando esté en su punto, sacar y escurrir.
2. Comprobar que no quede nada de la parte dura y pasarla por el pasapurés; dejar enfriar.
3. En un bol, trabajar el puré de calabaza con una pizca de sal, la mantequilla y el huevo batido; echarle la harina poco a poco. Cuando esté todo amalgamado, dejar reposar.
4. Mientras, preparar la salsa en una cazuela: con un poco de aceite, rehogar la cebolleta cortada fina, añadir la zanahoria picada y la rama de apio cortada pequeña, dejar dorar un poco y añadir la carne de cerdo picada. Cuando se haya sofrito un poco, agregar los tomates rallados, dejar cocer lentamente; si queda demasiado seco, añadir un poco de caldo o agua caliente. Salpimentar.

5. Poner una olla al fuego con agua. Cuando hierva, echar cucharadas del preparado de calabaza. Darle la vuelta, sacar con la espumadera e ir echando en una fuente honda. Cuando estén todos, echar encima la salsa preparada de cebolla y zanahoria.

6. Espolvorear con el queso rallado, removiendo cuidadosamente para que no se rompa.

7. Servir muy caliente.

Coliflor rebozada

Para 4 personas
Tiempo de preparación: 1 hora y 20 minutos
Dificultad: baja

Ingredientes:

1 coliflor • 2 huevos • perejil • harina • vinagre • aceite • sal.

Preparación:

1. Lavar la coliflor y retirarle el troncho; ponerla en un recipiente sazonada con sal, recubierta con perejil bien picado y rociada con vinagre. Dejarla en reposo durante unas 3 horas.

2. Pasado este tiempo, cocerla en una cazuela con agua hirviendo durante unos 30 minutos; escurrirla y dejarla enfriar.

3. Cortar la coliflor en ramilletes, rebozarlos, primero en harina y seguidamente en huevo batido, y freírlos en una sartén con aceite abundante y caliente.

4. Escurrir bien los ramilletes de coliflor y servirlos en una fuente.

Patatas con pimiento

Para 4 personas
Tiempo de preparación: 40 minutos
Dificultad: baja

Ingredientes:

1 1/2 kg de patatas • 1 pimiento rojo • 1 tomate maduro grande
• 2 dientes de ajo • 1 hoja de laurel • 1/2 cucharada de pimentón
• aceite • sal.

Preparación:

1. Pelar y cortar a rodajas las patatas; retirar la piel del tomate y triturarlo; cortar a cuadrados el pimiento, pelar y machacar los dientes de ajo.

2. En una cazuela de barro con aceite, rehogar el pimiento y el tomate, mezclándolos; añadir las patatas, seguir mezclando durante unos minutos y espolvorear con sal y pimentón.

3. Recubrir las patatas con agua y añadir el ajo machacado y el laurel; dejar la cazuela sobre fuego normal hasta que las patatas estén algo deshechas y el caldo mermado.

4. Servir bien caliente.

Espárragos a la navarra

Para 4 personas
Tiempo de preparación: 1 hora
Dificultad: baja

Ingredientes:

1 manojo de espárragos de Tudela o trigueros • 100 g de jamón
• 4 huevos • 3 dientes de ajo • aceite • sal.

Preparación:

1. Pelar y limpiar los espárragos.

2. Poner en una cazuela con agua fría y sal sobre el fuego, y dejarlos cocer hasta que estén tiernos. A continuación, escurrirlos y reservarlos.

3. Picar los dientes de ajo pelados, cortar en pedazos el jamón, y en una cazuela con un poco de aceite, sofreírlos ligeramente.

4. Disponer los espárragos sobre el sofrito y cubrirlos con el jugo de su cocción.

5. Dejar cocer durante unos minutos sofrito y espárragos, y disponer encima los 4 huevos enteros y crudos, dejando que los mismos cuajen antes de servir.

6. Servir los espárragos en la misma cazuela.

Pisto aragonés

Para 4 personas
Tiempo de preparación: 55 minutos
Dificultad: baja

Ingredientes:

6 tomates maduros • 3 berenjenas • 4 calabacines • 2 cebollas
• 3 dientes de ajo • 1/2 cucharadita de azúcar • aceite • sal.

Preparación:

1. Pelar los tomates, las cebollas, los calabacines y el ajo.
2. Triturar los tomates, picar las cebollas y trocear los calabacines y los pimientos.
3. En una cazuela plana con aceite hirviendo, dorar ligeramente la cebolla y el ajo.
4. Cuando el ajo empiece a tomar color, añadir el pimiento, el calabacín y el tomate; espolvorear con sal y azúcar.
5. Dejar la cazuela a fuego lento hasta que todo esté cocido; servir en la misma cazuela.

Flan de coliflor

Para 6 personas
Tiempo de preparación: 1 hora y 15 minutos
Dificultad: media

Ingredientes:

1 coliflor de 1 kg y 200 g, aproximadamente • 4 huevos
• 40 g de harina • 30 g de mantequilla • 6 dl de leche
• pimienta • nuez moscada • sal.

Preparación:

1. Separar los ramos de la coliflor, lavarlos e introducirlos en una olla con abundante agua y una cucharadita de sal, cuando empiece a hervir. Dejar cocer destapada.
2. Cuando esté en su punto, escurrir. Reservar unos cuantos ramos y el resto chafarlos con un tenedor.
3. En un bol, batir los huevos, sazonar, verter la leche y añadir la coliflor chafada. Mezclar y verter en un molde de flan untado con mantequilla.
4. Precalentar el horno a fuego medio, cocer el flan al baño María durante unos 35 a 40 minutos. Comprobar el punto de cocción pinchando con una aguja.
5. Dejar enfriar y desmoldar en una bandeja de servir.
6. Para preparar la salsa, derretir la mantequilla en un cazo de fondo grueso, añadir la harina removiendo con una espátula. Dejar cocer un poco y verter la leche tibia; remover bien con las varillas hasta que espese, sin dejar que llegue a hervir. Sazonar con sal, pimienta y un poco de nuez moscada.
7. Adornar con el resto de ramitos de coliflor colocadas alrededor del flan y cubrirlo con la salsa preparada.
(Si se desea, este plato puede gratinarse en el grill o servirse al momento.)

Espárragos con salsa

Para 4 personas
Tiempo de preparación: 40 minutos
Dificultad: media

Ingredientes:

4 manojos de espárragos tiernos de Aranjuez • 3 huevos
• 4 cucharadas de mantequilla • 3 cucharadas de vinagre
• agua • sal.

Preparación:

1. Raspar con cuidado los espárragos y retirar los hilos y telillas.
2. Separar las yemas de las claras, conservarlas en una taza.
3. En una olla plana con agua hirviendo y sal, cocer los espárragos unos veinte minutos. Retirarlos del agua con cuidado y disponerlos en un plato hondo.
4. Cortar los espárragos en 3 trozos cada uno y conservarlos calientes, tapándolos con una tapadera o un lienzo.
5. En un plato hondo, disponer las yemas de huevo y la mantequilla desleída al calor. Añadir vinagre y sal.
6. Calentar en un cazo agua y disponer otro dentro con la mezcla de las yemas y mantequilla.
7. Ir removiendo despacio pero continuamente la salsa para que cuaje al baño María.
8. Disponer los espárragos en una fuente para servir precalentada y rociarlos con la salsa anterior.

Guisantes con jamón

Para 4 personas
Tiempo de preparación: 40 minutos
Dificultad: baja

Ingredientes:

1/2 kg de guisantes desgranados • 1/4 kg de jamón serrano jugoso • 1 cebolla • 60 g de mantequilla • 1 dl de caldo de carne • 1 cucharadita de azúcar • sal.

Preparación:

1. Hervir los guisantes en abundante agua, sal y 1 cucharadita de azúcar. Cuando estén tiernos, escurrirlos y reservarlos.
2. En un cazo grande al fuego con la mantequilla derretida, poner la cebolla picada muy pequeña y dejar rehogar muy lentamente.
3. Cuando la cebolla empiece a tomar color, añadir el jamón cortado en cuadrados pequeños y, seguidamente, los guisantes. Rehogar bien y añadir el caldo de carne. Dejar cocer lentamente durante 10 minutos y servir caliente.

Fritada de tomates y pimientos

Para 4 personas
Tiempo de preparación:
1 hora y 15 minutos
Dificultad: baja

Ingredientes:

1 kg de pimientos rojos • 1 kg de tomates maduros, pero fuertes • 2 cebollas medianas • 4 dientes de ajo • 1 1/2 dl de aceite • 1 cucharadita de azúcar • pan frito • sal.

Preparación:

1. Escaldar los tomates, pelarlos, quitarles las semillas y trocearlos.
2. Colocar sobre el fuego una sartén grande con el aceite y, cuando esté caliente, añadir las cebollas peladas y cortadas muy pequeñas. Deben freírse lentamente; incorporar los dientes de ajo pelados y picados.
3. Cuando las cebollas estén un poco blandas, agregar los pimientos cortados en trozos pequeños y regulares, tapar y dejar cocer lentamente durante unos 10 minutos.
4. Incorporar entonces los tomates que tenemos preparados, sazonar con un poco de sal y la cucharadita de azúcar. Dejar cocer un rato más a fuego lento hasta que la fritada esté en su punto.
5. Presentar la fritada en una fuente ovalada, adornada con triángulos de pan frito alrededor.

Espinacas con garbanzos

Para 4 personas
Tiempo de preparación: 2 horas y 30 minutos
Dificultad: media

Ingredientes:

600 g de garbanzos • 1 kg de espinacas • 4 dientes de ajo • miga de pan de dos rebanadas • pimienta molida • pimentón • vinagre • sal.

Preparación:

1. Poner en remojo los garbanzos la víspera.
2. Limpiar cuidadosamente las espinacas.
3. Pelar un diente de ajo y dejarlo entero. Pelar los otros tres y triturarlos en el mortero.
4. En una olla con agua caliente y muy poca sal, cocer los garbanzos hasta que estén bien blandos.
5. En otra olla con muy poca agua caliente y sal, cocer también las espinacas. Escurrirlas.
6. En una sartén con un poco de aceite caliente, dorar el diente de ajo y la miga de pan. Conservar todo en un plato.
7. En el aceite sobrante, echar el pimentón y añadir las espinacas. Bajar el fuego y mezclar, agregando pimienta, un poco de vinagre y la majada de pan y ajos desleída en un poco de agua tibia.
8. Escurrir los garbanzos ya hechos, disponer al lado las espinacas ya aliñadas. Servir caliente.

Cebollitas asadas

Para 4 personas
Tiempo de preparación: 45 minutos
Dificultad: baja

Ingredientes:

1 kg de cebollitas blancas • 1 dl de salsa de tomate • 1 hoja de laurel • 100 g de mantequilla • unas gotas de vino de Oporto • 1 dl de caldo • 1 cucharada de azúcar • pimienta • sal.

Preparación:

1. Pelar las cebollitas y sofreírlas suavemente con la mantequilla en una cazuela de fondo grueso. Agregar una hoja de laurel. Espolvorear con una cucharada de azúcar. Remover cuidadosamente para que las cebollitas no se peguen al fondo.
2. Incorporar la salsa de tomate y el caldo caliente, dejar cocer muy suavemente hasta que estén en su punto.
3. Retirar la hoja de laurel, sazonar con sal y pimienta. Remover con delicadeza para no estropear las cebollitas. En el último momento se pueden aromatizar con unas gotas de vino de Oporto.

Berenjenas al estilo de Mallorca

Para 4 personas
Tiempo de preparación: 50 minutos
Dificultad: baja

Ingredientes:

8 berenjenas medianas • 400 g de sobrasada en rodajas • 1 cebolla grande • 2 tomates • 4 dientes de ajo • 2 huevos • 1 huevo duro • 30 g de harina • 1/4 l de leche • aceite para freír • manteca de cerdo • pan rallado • perejil • azúcar • sal • pimienta.

Preparación:

1. Lavar las berenjenas, quitarles el péndulo y partirlas por la mitad longitudinalmente.
2. Sacar la pulpa con una cuchara, evitando romper la piel. Salar y dejar escurrir en un colador. Reservar.
3. En una sartén con abundante aceite caliente, freír las medias berenjenas vacías. Dejar escurrir sobre papel absorbente.
4. Pasar un poco de agua por la pulpa de las berenjenas, picar pequeño, junto con la sobrasada, hasta formar una pasta homogénea de consistencia suave.
5. En un cazo, sofreír lentamente con manteca de cerdo la cebolla cortada fina, añadir el ajo picado, dejar tomar color y añadir el tomate rallado, salpimentar; añadir una cucharadita de azúcar.
6. En otro cazo, poner un poco de aceite y dorar la harina, agregar la leche, remover, dejar cocer un poco y agregar al sofrito anterior.
7. Añadir el huevo duro picado.
8. Trabajar bien, incorporar la pulpa de berenjena unida a la sobrasada. Formar una masa, rellenar las medias berenjenas fritas. Pasar por huevo y pan rallado y poner al horno hasta que se doren. Servir calientes.

Fondos de alcachofas rellenos de langostinos

Para 4 personas
Tiempo de preparación: 50 minutos
Dificultad: media

Ingredientes:

12 alcachofas grandes • 300 g de champiñones • 400 g de langostinos • 2 cebollas • 100 g de mantequilla • 2 cucharadas de extracto de tomate • 1 lata de trufa • 2 1/2 dl de crema de leche • 1 copa de brandy • 40 g harina • 80 g queso rallado • 3 limones • 1 1/2 dl de vino blanco seco • perejil • pimienta • sal.

Preparación:

1. Limpiar bien las alcachofas, quitar las hojas externas que son las duras, eliminar el corazón, cortar la parte superior, pasar un limón para que no se pongan negras.
2. Hervir en abundante agua y sal unos diez minutos; escurrir, refrescar y dejar boca abajo sobre un paño para que se acaben de escurrir.
3. Rehogar los langostinos en un cazo con un poco de mantequilla. Reservar.
4. En la misma mantequilla empleada para los langostinos, rehogar las cebollas finamente picadas.
5. Luego, rehogar los champiñones muy picados y añadir la harina, el extracto de tomate, la trufa picada y los langostinos picados. Salpimentar.
6. Rociar con el brandy, flambear, añadir el vino. Mezclar con la crema de leche.
7. Disponer los fondos de las alcachofas en una fuente de servir, rellenar con esta preparación, espolvorear con el queso rallado y dejar cocer en el horno 10 minutos y 5 minutos para que se gratinen.
8. Cortar el limón en ruedas y decorar alrededor, espolvorear con el perejil picado.

Tomates de verano

Para 4 personas
Tiempo de preparación: 35 minutos
Dificultad: baja

Ingredientes:

8 tomates maduros • 200 g de bonito en escabeche • 2 huevos • 1 lechuga • 16 puntas de espárragos • 50 g de aceitunas sin hueso • zumo de limón • aceite • sal.

Preparación:

1. Lavar los tomates y perforarlos con la punta de un cuchillo, haciendo un redondel en su parte superior.

2. Vaciarlos cuidadosamente con una cucharita pequeña, evitando que se rompan. Dejarlos escurrir boca abajo sobre un plato durante 20 minutos.
3. Preparar el relleno con el bonito en escabeche, un huevo duro picado pequeño, y las aceitunas.
4. Preparar una salsa mahonesa, batiendo un huevo con el aceite y el zumo de limón; salar un poco y trabajar hasta lograr una salsa espesa y ligada.
5. Mezclar el relleno con la mahonesa y rellenar los tomates, que ya estarán escurridos.
6. Cubrir el fondo de una bandeja con las hojas bien limpias de la lechuga cortadas en juliana, colocar los tomates encima y adornar alrededor con las puntas de espárragos.

Coliflor a la crema

Para 4 personas
Tiempo de preparación: 40 minutos
Dificultad: baja

Ingredientes:

1 coliflor de 1 kg, aproximadamente • 1/2 l de leche fresca • 40 g de mantequilla • 30 g de harina • nuez moscada, sal y pimienta.

Preparación:

1. Colocar una cacerola al fuego con abundante agua y sal. Cuando empiece a hervir, echar la coliflor cortada en ramilletes, cuidando de que no se deshaga. Cuando esté cocida, retirar los ramilletes sin que se rompan, escurrirlos y disponerlos en una fuente refractaria.
2. En un cazo con la mantequilla derretida, echar la harina y remover con una espátula de madera, mientras se va virtiendo la leche caliente. Removerlo con las varillas para que no se hagan grumos. Tiene que quedar una crema suave y ligera. Salpimentar y añadir un poco de ralladura de nuez moscada. Esparcirla sobre la coliflor.

Pisto vegetal

Para 6 personas
Tiempo de preparación: 1 hora y 30 minutos
Dificultad: baja

Ingredientes:

1 kg de pimientos asados • 1/2 kg de cebollas
• 1 kg de tomates maduros • 1 diente de ajo
• 1/2 kg de calabacines tiernos • perejil • aceite • sal.

Preparación:

1. Pelar y picar la cebolla.
2. Trocear los pimientos una vez quitada su piel.
3. Pelar y triturar el diente de ajo junto con el perejil.
4. Escaldar en agua hirviendo los tomates, retirarles la piel y trocearlos.
5. Pelar y trocear los calabacines.
6. En una sartén amplia con aceite hirviendo, dorar la cebolla unos segundos junto con el perejil y el ajo.
7. Añadir el pimiento y espolvorear con sal; dejar a fuego lento unos minutos, removiendo continuamente.
8. Agregar los tomates y el calabacín. Rectificar de sal y cocer hasta que el pisto esté en su punto.

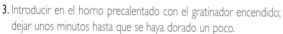

3. Introducir en el horno precalentado con el gratinador encendido; dejar unos minutos hasta que se haya dorado un poco.
4. Servir enseguida.

Fréjoles con jamón

Para 4 personas
Tiempo de preparación: 1 hora y 30 minutos
Dificultad: baja

Ingredientes:

1 kg de fréjoles (judías tiernas) • 1 cebolla grande
• 1/2 kg de patatas medianas • 100 g de jamón magro
• aceite • sal.

Preparación:

1. Cortar los fréjoles en trozos regulares.
2. Pelar y picar finamente la cebolla.
3. Trocear el jamón.
4. Cocer las patatas con piel en agua hirviendo con sal durante una media hora.
5. En una cazuela con agua hirviendo y un poco de sal hervir los fréjoles.
6. Mientras, calentar aceite en una sartén y sofreír ligeramente la cebolla picada y el jamón.
7 Añadir el sofrito a la olla con los fréjoles. Mezclar y dejar unos minutos más.
8. Pelar las patatas hervidas, cortarlas en cuartos a lo largo y mezclar con los fréjoles.
9. Servir en una fuente.

Guisantes a la maña

Para 4 personas
Tiempo de preparación: I hora y 5 minutos
Dificultad: baja

Ingredientes:

800 g de guisantes desgranados • 100 g de magro de jamón • 2 cebollas • pereji • harina • manteca de cerdo • aceite • sal.

Preparación:

1. En una cazuela con aceite, disponer los guisantes, el perejil trinchado, las cebollas peladas y trituradas y el jamón cortado a dados, salar según gusto y colocar la cazuela sobre el fuego.
2. Verter agua hasta cubrir los guisantes y remover continuamente hasta que rompa a hervir.
3 Cuando lleve 20 minutos hirviendo, agregar una cucharada de manteca y espolvorear con un poco de harina.
4. Dejar el guiso durante 15 minutos más a fuego lento.
5. Servir caliente.

Guiso de patatas

Para 4 personas
Tiempo de preparación: I hora y 5 minutos
Dificultad: baja

Ingredientes:

2 kg de patatas • 200 g de longaniza • 100 g de guisantes desgranados • I cebolla • 2 dientes de ajo • 4 huevos duros • I hoja de laurel • 8 cucharadas de queso rallado • perejil • pimienta blanca molida • caldo • aceite de oliva • sal.

Preparación:

1. Pelar las patatas, la cebolla y los dientes de ajo.
2. Cortar las patatas en rodajas, picar la cebolla, machacar los dientes de ajo con el perejil y trocear la longaniza.
3. En una sartén con aceite hirviendo, freír las patatas.
4. En un cazo con un poco de agua hirviendo con sal, cocer unos veinte minutos los guisantes.
5. Una vez fritas, poner las patatas en una cazuela de barro formando capas con la longaniza y un sofrito de cebolla, perejil, ajo, una hoja de laurel, sal, pimienta y los guisantes.
6. Recubrir por completo las patatas con caldo.
7. Poner la cazuela a fuego normal y dejarla hasta que el caldo quede bastante mermado. Espolvorear con queso y decorar con rodajas de huevo duro.
8. Introducir la cazuela en el horno durante unos 5 minutos y servir caliente.

Ensalada de espárragos

Para 4 personas
Tiempo de preparación: 40 minutos
Dificultad: baja

Ingredientes:

I lata grande de espárragos de Tudela • 8 patatas cocidas con su piel • I pimiento rojo asado • I huevo • I limón • aceite • sal.

Preparación:

1. Cortar los espárragos en 3 trozos iguales. Pelar y cortar a rodajas las patatas cocidas y a tiras el pimiento, y exprimir el limón.
2. En una ensaladera honda, poner la yema del huevo, sal y el zumo de limón, y verter aceite, poco a poco hasta obtener una salsa mahonesa.
3. Disponer encima de la salsa las rodajas de patatas y, sobre éstas, los espárragos.
4. Rectificar de sal, y decorar con las tiras de pimiento rojo según los gustos personales.

Judías verdes estilo Plasencia

Para 4 personas
Tiempo de preparación: 45 minutos
Dificultad: baja

Ingredientes:

I kg de judías verdes extrafinas • 150 g de jamón de Montánchez • I cucharada de pimentón • vinagre • aceite • sal.

Ingredientes:

600 g de habas secas • 1 1/4 kg de almejas • 1 pimiento rojo • 2 tomates • 1 cebolla grande • 3 dientes de ajo • 1 cucharada de pimentón dulce • aceite • sal.

Preparación:

1. Poner las habas en remojo durante 12 horas.
2. En una cazuela con agua, agregar las habas y todos los demás ingredientes.
3. Dejar cocer durante una hora, a fuego lento.
4. Retirar el pimiento, el tomate, la cebolla y el ajo y pasarlo todo por el pasapurés.
5. Agregar de nuevo la salsa a las habas.
6. Cuando las habas estén tiernas, rectificar de sal y pimentón y añadir las almejas.
7. Dejar cocer hasta que se hayan abierto las almejas.

Ensalada de brotes de soja cocidos

Para 4 personas
Tiempo de preparación: 10 minutos
Dificultad: baja

Ingredientes:

100 g de brotes de soja • 100 g de pepino • 100 g de zanahoria • 200 g de palitos de cangrejo • 1 lechuga • vinagre • 2 cucharadas de mostaza • 2 tomates • 2 cucharadas de crema de cacahuete • 4 cucharadas de salsa de soja fina • sal • azúcar.

Preparación:

1. Limpiar las judías tiernas y cortarlas por la mitad a lo largo. A continuación, cortar el jamón en tacos pequeños.
2. En una cazuela con agua hirviendo y sal, cocer las judías durante 10 minutos a partir de la primera ebullición; escurrirlas y ponerlas en una cazuela con agua fresca. Repetir la misma operación para que pierdan el exceso de sal; escurrirlas finalmente.
3. En una sartén con bastante aceite, saltear el jamón y añadir las judías; mezclar, espolvorear con el pimentón y rociar con el vinagre. Servir calientes.

Espárragos de Tudela asados

Para 4 personas
Tiempo de preparación: 40 minutos
Dificultad: baja

Ingredientes:

2 manojos de espárragos de Tudela gruesos y tiernos • 8 dientes de ajo • aceite • sal.

Preparación:

1. Limpiar y secar los espárragos.
2. Preparar un buen fuego, si pudiera ser de leña seca, y, cuando sólo queden las brasas, asar sobre ellas los espárragos.
3. Disponerlos en una fuente junto con una buena salsa de ajo machacado, aceite • sal.

Habas con almejas

Para 6 personas
Tiempo de preparación: 1 hora y 40 minutos
Dificultad: baja

5. En una fuente para servir, colocar las rodajas de huevo duro y disponer encima los guisantes. Rociar todo con la salsa vinagreta y servir.

Hongos al horno

Para 4 personas
Tiempo de preparación: 25 minutos
Dificultad: baja

Ingredientes:
1 kg y 400 g de hongos frescos • 100 g de mantequilla
• 1/2 dl de aceite de oliva • 4 dientes de ajo
• 25 g de pan rallado • un ramito de perejil • sal • pimienta.

Preparación:
1. Limpiar bien los hongos.
2. Separar el sombrero del tallo, cortar el sombrero en lonchas finas.
3. Cortar bien finos los tallos.
4. Mezclar los ajos picados, el perejil picado y el pan rallado.
5. Salpimentar y rociar con el aceite y la mantequilla en trocitos, y repartir por encima de los hongos el picadillo.
6. Precalentar el horno a 220 °C, introducir la bandeja unos quince minutos. Servir bien caliente.

Espárragos con huevo

Para 4 personas
Tiempo de preparación: 50 minutos
Dificultad: media

Ingredientes:
1 manojo de espárragos de Tudela • 4 huevos
• 4 cucharadas de vinagre • aceite • sal.

Preparación:
1. Pelar el pepino y la zanahoria; quitar las semillas al pepino y cortarlo en juliana junto con la zanahoria y la lechuga.
2. Cocer al vapor los brotes de soja y la zanahoria durante 5 minutos; enfriar en agua con hielo.
3. Mezclar la crema, la salsa de soja, el vinagre, la mostaza, la sal y el azúcar para hacer la salsa.
4. Colocar en una ensaladera las verduras y aliñar con la salsa.
5. Cortar en rodajas finas los tomates y colocarlos encima de la ensalada junto con los palitos de cangrejo; servir.

Guisantes al estilo navarro

Para 4 personas
Tiempo de preparación: 1 hora
Dificultad: baja

Ingredientes:
1 kg de guisantes desgranados • 4 huevos duros
• 1 copa de vino rancio • pimienta blanca molida
• 4 cucharadas de vinagre • aceite • sal.

Preparación:
1. En una cazuela con agua hirviendo y sal, cocer los guisantes. A continuación escurrirlos y reservarlos.
2. Pelar y cortar a rodajas los huevos duros.
3. En una cazuela de barro plana con aceite caliente, rehogar los guisantes. Rociar con el vino rancio y dejarlos unos minutos hasta que el vino se evapore.
4. Preparar una salsa vinagreta, con aceite, vinagre, sal y pimienta, batidos fuertemente durante unos instantes.

4. Cocer a fuego lento hasta que las habas estén tiernas (30 minutos, aproximadamente).
5. Casi al final de la cocción, añadir la sal y los trocitos de jamón rehogados.
6. Servir caliente.

Coca de tomate y pimientos

Para 6 personas
Tiempo de preparación: 50 minutos
Dificultad: baja

Ingredientes:
1/2 kg de harina • 1/4 l de aceite de oliva
• 1/4 l de vino blanco • 1 kg de pimientos rojos y verdes
• 1 1/2 kg de tomates maduros • 60 g de piñones
• 8 dientes de ajo • 1/2 dl de aceite • sal.

Preparación:
1. En un recipiente, mezclar el aceite, el vino, un poco de agua y sal.
2. Añadir la harina poco a poco, trabajando de modo que la masa no quede demasiado fuerte; tiene que quedar elástica.
3. Untar una placa de horno, extender la pasta encima, formar un reborde y dejar descansar un poco, en lugar caldeado.
4. Preparar el relleno: en un cazo, freír un poco los ajos en láminas; antes de que se doren, añadir los pimientos lavados, quitadas las semillas y cortados en trozos medianos, dejar rehogar un poco.
5. Añadir los tomates pelados y cortados en dados, dejar cocer lentamente.
6. Disponer el sofrito encima de la coca (tiene que estar jugoso).
7. Esparcir los piñones por encima y poner al horno precalentado una media hora. Servir enseguida.

Preparación:
1. Pelar o raspar cuidadosamente los espárragos y dejarlos en remojo con agua fría y vinagre.
2. Ponerlos en una cazuela con agua fría y sal, y llevarla sobre el fuego. Dejar que cuezan, a fuego vivo, durante unos 30 minutos, hasta que estén tiernos. Escurrirlos y conservar el caldo.
3. Colocar los espárragos en una cazuela de barro con un poco del caldo de su cocción y verter encima los huevos batidos, rociando después con un chorro de aceite.
4. Tapar la cazuela y dejarla sobre fuego vivo durante al menos unos 5 minutos.
5. Retirar la cazuela del fuego y dejar reposar durante unos instantes, comprobando que los huevos hayan cuajado, y servir.

Habas con jamón

Para 4 personas
Tiempo de preparación: 1 hora y 15 minutos
Dificultad: media

Ingredientes:
5 kg de habas muy tiernas • 150 g de jamón serrano
• 1 cebolla • 2 dientes de ajo • aceite • sal.

Preparación:
1. Separar las habas de las vainas. Limpiar.
2. En una cazuela con aceite, rehogar el jamón cortado en trozos pequeños. Después, retirar el jamón de la cazuela.
3. En la misma cazuela, agregar la cebolla pelada y picada, los ajos en trocitos y las habas.

Nabos al estilo de Badajoz

Para 4 personas
Tiempo de preparación: 1 hora y 10 minutos
Dificultad: baja

Ingredientes:

1/2 kg de nabos bien tiernos • 150 g de jamón de Montánchez
• 1 cucharada de harina • 4 cucharadas de manteca de cerdo
• nuez moscada rallada • pimienta y sal.

Preparación:

1. Trocear el jamón y raspar cuidadosamente los nabos.
2. En una cazuela con la manteca caliente, saltear el jamón, espolvorear con la harina y rociar enseguida con 1/2 l de agua caliente.
3. Cuando el agua comience a hervir, añadir los nabos, salpimentar y echar la nuez moscada; dejar la cazuela a fuego lento unos 30 minutos, aproximadamente.
4. Servir los nabos en la misma cazuela.

Pencas de acelgas a la madrileña

Para 4 personas
Tiempo de preparación: 55 minutos
Dificultad: media

Ingredientes:

1 kg de pencas de acelgas • 3 cucharadas de mantequilla
• 100 g de jamón magro • 4 huevos duros • sal.

Preparación:

1. Cortar las pencas de acelgas en trozos de 8 centímetros de largo. Quitarles los hilos.
2. Cortar el jamón en trozos pequeños.
3. Pelar y cortar los huevos duros en cuartos, a lo largo.
4. En una cazuela con agua hirviendo y sal, cocer las pencas unos veinte minutos.
5. A continuación retirar el jugo de cocción y dejar las pencas en la cazuela.
6. Añadir la mantequilla, el jamón troceado y los huevos ya partidos en 4 trozos.
7. Rehogar el contenido de la cazuela a fuego normal y dejar hasta que las pencas queden bien impregnadas por la mantequilla y la grasa del jamón.
8. Disponer en una fuente para servir, calentada previamente.
9. Este plato puede ir acompañado de costrones de pan frito, con forma de triángulo y fritos en abundante aceite muy caliente. Escurrirlos con papel absorbente para que no queden aceitosos.

Pisto de Tafalla

Para 4 personas
Tiempo de preparación: 1 hora y 25 minutos
Dificultad: baja

Ingredientes:

1 kg de patatas • 3 calabacines • 3 cebollas • 3 pimientos verdes
• 1/2 tazón de salsa de tomate • aceite • sal.

Preparación:

1. Pelar las patatas y los calabacines y cortarlos a rodajas.
2. Cortar a cuadraditos los pimientos y formando arandelas, las cebollas peladas.
3. En una cazuela amplia y plana de barro con aceite hirviendo, sofreír las patatas. A los 10 minutos, añadir el pimiento y mezclar.

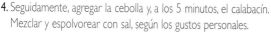

4. Seguidamente, agregar la cebolla y, a los 5 minutos, el calabacín. Mezclar y espolvorear con sal, según los gustos personales.
5. Dejar la cazuela a fuego muy lento, recubrir con la salsa de tomate, rectificar de sal y dejar unos 5 minutos más.

Biperrada

Para 6 personas
Tiempo de preparación:
55 minutos
Dificultad: baja

Ingredientes:
6 biperras rojas picantes (pimientos) • 4 tomates maduros
• 2 cebollas • 2 dientes de ajo • 6 huevos • 8 cucharadas
de manteca de cerdo • aceite • sal.

Preparación:
1. Cortar los pimientos a tiras, pelar y triturar los tomates y las cebollas, y machacar los dientes de ajo pelados.
2. En una cazuela plana y amplia de barro con 8 cucharadas de manteca y 4 de aceite, freír las biperras. Seguidamente, añadir los tomates, las cebollas y los dientes de ajo. Espolvorear con sal.
3. Dejar sobre fuego lento hasta que todo esté bien tierno.
4. Batir los huevos y echarlos sobre la biperrada; subir el fuego y retirar cuando estén cuajados.
5. Rectificar de sal y servir en la misma cazuela.

Guarnición de coles de Bruselas con jamón

Para 4 personas
Tiempo de preparación: 20 minutos
Dificultad: baja

Ingredientes:
400 g de coles de Bruselas • 50 g de jamón serrano • 1 chalota pequeña • 1 cucharadita de mantequilla • 1 rama de apio • 1 ramita de tomillo • 1 hoja de laurel • nuez moscada
• sal y pimienta

Preparación:
1. Limpiar y preparar las coles haciéndoles una pequeña incisión en forma de cruz en el tronco; pelar y picar muy finamente la chalota; picar el jamón.
2. Colocar en la vaporera agua con sal, el apio, el tomillo y el laurel; cocer al vapor las coles.
3. Fundir la mantequilla y rehogar el jamón y la chalota picados; agregar las coles y remover de 1 a 2 minutos.
4. Salpimentar, sazonar con nuez moscada rallada y servir.

Sopa de «pixin» (rape)

Para 4 personas
Tiempo de preparación: 1 hora y 15 minutos
Dificultad: media

Ingredientes:

300 g de pixin • 1 hoja de laurel • 3 dientes de ajo • 1 vasito de sidra (o de vino blanco) • 2 cebollas • 4 huevos duros • 12 almejas grandes • 1 guindilla • 250 g de rodajas de pan asturiano • 1 tomate maduro • una pizca de azafrán • perejil • aceite • sal.

Preparación:

1. Pelar las cebollas y cortarlas por la mitad.
2. Picar finamente una ramita de perejil.
3. Triturar el tomate, previamente retirada la piel.
4. Pelar los dientes de ajo.
5. Pelar los huevos duros y cortarlos cuidadosamente por la mitad a lo largo.
6. Atar una ramita de perejil con la hoja de laurel. Reservar algo de perejil.
7. Lavar el rape, las almejas y escurrirlas.
8. En una cazuela con 2 litros de agua, poner la cebolla, el tomate, el diente de ajo, el perejil, el laurel y la guindilla. Poner a cocer a fuego medio.
9. Cuando empiece la ebullición, añadir el rape, las almejas, salar, espolvorear con un poco de azafrán y rociar con el vino o sidra.
10. Cuando los ingredientes lleven unos diez minutos al fuego, una vez todo bien cocido, colar el caldo, ponerlo en una cazuela de barro, añadir las rebanadas de pan, más bien delgadas, los medios huevos duros y dejar cocer a fuego normal durante un cuarto de hora más.
11. Decorar con el resto de perejil picado.

Sopa de ajo andaluza

Para 4 personas
Tiempo de preparación: 45 minutos
Dificultad: baja

Ingredientes:

400 g de rebanadas de pan tostado • 100 g de jamón • 1 coliflor pequeña • 4 huevos • 8 dientes de ajo • pimentón dulce • aceite • sal.

Preparación:

1. Lavar y trocear la coliflor.
2. En una olla con agua y sal, dejar cocer la coliflor.
3. En otra olla con aceite al fuego, freír los ajos pelados, agregar una cucharada de pimentón dulce y tostar.
4. En la olla del sofrito, añadir el caldo de la coliflor colado, el pan tostado y sazonar. Dejar cocer todo junto durante 20 minutos, apartar del fuego y retirar los ajos.
5. Batir los huevos y añadir a las sopas, mezclándolo todo muy bien con la ayuda de la batidora.
6. En una sartén con poco aceite, freír ligeramente las lonchas de jamón, distribuirlas en los platos y verter por encima la sopa muy caliente.

Sopa de ajo a la guipuzcoana

Para 6 personas
Tiempo de preparación: 45 minutos
Dificultad: baja

Ingredientes:

4 dientes de ajo • 500 g de pan • 1 litro de caldo • 1 huevo • 2 pimientos choriceros • pimentón • sal.

Preparación:

1. En una cazuela de barro se fríen bien los ajos. Se retiran.
2. Allí mismo se echan los 500 g de pan cortado en trozos (pan de miga o, en su lugar, pan de la víspera) y se rehoga.
3. Añadir un poco de pimentón y los 2 pimientos choriceros, partidos en 2 y limpios de semillas.
4. A continuación, añadir el caldo y la sal.
5. Hervir hasta que los pimientos se deshagan.
6. Añadir entonces la clara del huevo y agitar fuerte con la cuchara.
7. Antes de servir, echar la yema disuelta en un poco de agua y los ajos retirados al principio.

Sopa a la maña

Para 4 personas
Tiempo de preparación: 1 hora
Dificultad: media

Ingredientes:

4 dientes de ajo • 4 cucharadas de puré de tomate • 4 huevos
• 300 g de pan del día anterior •150 g de chorizo
• 1 pimiento pequeño asado • aceite • sal.

Preparación:

1. Pelar los dientes de ajo y cortarlos por la mitad a lo largo.
2. Pelar y trocear el pimiento.
3. Cortar el pan en rebanadas finas.
4. En un perol de barro con aceite hirviendo, sofreír los ajos.
5. Añadir el puré de tomate y el pimiento.
6. Remover el sofrito durante unos segundos y agregar el chorizo troceado y el pan.
7. Rociar con 1 litro de agua hirviendo y espolvorear con sal.
8. Dejar el perol sobre fuego normal hasta que espese el caldo.
9. Introducir en el horno y gratinar durante unos segundos. Cascar los huevos encima e introducir de nuevo en el horno hasta que coagulen. Servir enseguida.

Sopa navarra

Para 8 personas
Tiempo de preparación: 1 hora y 25 minutos
Dificultad: media

Ingredientes:

Pan especial para sopas (pistolas) • 150 g de chorizo de
Pamplona • 125 g de jamón • 6 lechugas
• 200 g de guisantes desgranados • 6 patatas
• 6 puerros • 1 cebolla • 3 zanahorias
• 1 coliflor pequeña • 1 kg de judías verdes
• 3 dientes de ajo • caldo • pimienta molida
• aceite • sal.

Preparación:

1. Lavar, pelar y trocear las verduras y hortalizas, cortar en rebanadas el pan (unas 3 pistolas) y trinchar el chorizo y el jamón.
2. En un puchero amplio de barro con aceite caliente, dorar el chorizo y el jamón y añadir enseguida la cebolla pelada y los dientes de ajo bien picados.
3. Antes de que tome color, añadir el pan y rehogarlo todo, removiendo con una espátula de madera.
4. Seguidamente, agregar todas las verduras; mezclar y

rociar con caldo; rectificar de sal y espolvorear con pimienta.
5. Mantener a fuego muy lento hasta que las verduras estén muy tiernas.
6. Disponer la sopa en una cazuela amplia y baja, introducirla en el horno y gratinar durante unos quince minutos, hasta que se forme una corteza en la superficie.

Sopa de calabaza a la crema

Para 6 personas
Tiempo de preparación: 50 minutos
Dificultad: baja

Ingredientes:

1 1/4 kg de calabaza • 1 cebolla grande • 7 dl de agua
• 1 1/4 dl de crema de leche fresca • 2 yemas de huevo
• 25 g de mantequilla • 1 copa de vino blanco • sal • pimienta.

Preparación:

1. Cortar la cebolla en láminas; dorarla con la mantequilla en un cazo; añadir la calabaza cortada en dados y rehogar durante un rato junto con la cebolla.
2. Añadir al cazo la copa de vino blanco, verter el agua, tapar y dejar cocer aproximadamente unos veinte minutos, hasta que la calabaza esté bien tierna.
3. Batir con las varillas, salpimentar y pasar por el pasapurés, volver a poner en el cazo y añadir la crema de leche reservando un poco para utilizarla más tarde; dejar hervir unos diez minutos más.
4. Retirar del fuego y añadir las 2 yemas de huevo diluidas en un poco de crema de leche que habremos reservado.
5. Batir bien con las varillas para que ligue un poco.
6. Servir caliente. También es deliciosa tomada bien fría.

Sopa de caldo con albóndigas

Para 6 personas
Tiempo de preparación: 1 hora
Dificultad: baja

Ingredientes:

1 l de buen caldo de cocido • 150 g de arroz
• 200 g de carne de vaca picada • 200 g de lomo de cerdo picado
• 1 cebolla • perejil • 5 huevos • sal • aceite.

Preparación:

1. Pelar la cebolla y picarla.
2. Lavar el perejil y triturarlo.
3. En un recipiente hondo, mezclar las dos carnes picadas, sal, 1 huevo, la cebolla y el perejil.
4. Formar con la mezcla anterior unas albóndigas del tamaño de una avellana.
5. En una sartén con aceite hirviendo, freír las albóndigas sin que queden muy tostadas, simplemente hechas.
6. En una cazuela con el caldo, cocer el arroz unos 25 minutos, hasta que quede muy hecho.
7. Batir los 4 huevos restantes, y mezclarlos con 1 cucharada de caldo frío.
8. Disponer las albóndigas en una sopera para servir y verter encima el caldo con arroz.
9. Todavía muy caliente el caldo, añadir los huevos previamente batidos y batir fuertemente.
10. Servir enseguida.

Sopa de ajos con chorizo

Para 6 personas
Tiempo de preparación: 1 hora y 30 minutos
Dificultad: media

Sopa de rabo de buey

Para 4 personas
Tiempo de preparación: 2 horas y 30 minutos
Dificultad: baja

Ingredientes:

750 g de rabo de buey • 2 zanahorias • 1/2 bulbo de apio
• 2 cebollas • 3 bayas de enebro • 1 cucharadita de pimienta en grano • 40 g de mantequilla • 50 g de harina • 1 copa de Madeira
• 1 dl de nata líquida • salsa Worcestershire • salsa.

Preparación:

1. Cortar el rabo de buey en trozos de 2 centímetros; lavar y escurrir.
2. Limpiar y trocear las verduras y las cebollas.
3. Poner una olla al fuego con los trozos de rabo de buey, las verduras y un litro de agua, añadir las bayas de enebro, la pimienta y la sal.
4. Dejar cocer lentamente unas dos horas, tapado. Controlar la cantidad de agua e ir añadiendo agua caliente (de modo que no se detenga la ebullición) para que al final de la cocción quede un litro de caldo.
5. Derretir la mantequilla en un cazo, añadir la harina y remover con una espátula hasta que se dore. Verter el caldo poco a poco, a través de un colador, removiendo con las varillas para que no se formen grumos.
6. Añadir la copa de Madeira y un poco de salsa Worcestershire.
7. Cuando hayamos comprobado que la carne del rabo está bien cocida, cortar en trozos pequeños y echar a la sopa.
8. Comprobar el punto de sal y añadir la nata líquida para suavizar su sabor.
9. Servir caliente.

Ingredientes:

50 g de chorizo curado • 300 g de pan tostado • 3 pimientos choriceros • 2 tomates • 8 dientes de ajo • 6 huevos • 3 1/2 l de agua • 1 dl de aceite • sal • pimienta.

Preparación:

1. Poner una olla al fuego con el agua, los pimientos choriceros, sin las pepitas, y 4 dientes de ajo pelados. Dejar hervir lentamente unos treinta minutos.
2. Cortar los otros 4 dientes de ajo en láminas y dejar dorar en una cazuela, puesta al fuego con el aceite. Cuando estén bien dorados, sacar.
3. Añadir el chorizo cortado en dados bien pequeños, dejar rehogar un poco.
4. Añadir los tomates pelados, de los que se habrán eliminado las pepitas, y cortados en dados.
5. Probar y salpimentar al gusto.
6. Luego, poner el pan tostado cortado en rebanadas finas, dar unas vueltas.
7. Bañar todo lo anterior con el agua que ha hervido con los pimientos, bien colada.
8. En el mortero, machacar los ajos y los pimientos choriceros, añadir a la cazuela.
9. Dejar hervir 5 minutos.
10. Pasado ese tiempo, cascar los huevos, uno a uno, sobre el pan; dejar cocer hasta que estén cuajadas las claras, cuidando que las yemas queden crudas.
11. Es importante servir enseguida, bien caliente.

Sopa de cangrejos al gusto navarro

Para 6 personas
Tiempo de preparación: 1 hora
Dificultad: media

Ingredientes:

6 docenas de cangrejos de río • perejil • pan del día anterior • 3 huevos duros • sal.

Preparación:

1. Cortar el pan en rodajas muy finas, lavar con agua fría y sal los cangrejos, picar finamente el perejil, pelar y cortar en rodajas los huevos duros.
2. Cocer los cangrejos en agua hirviendo con sal. A continuación colocarlos y separar las colas; pelarlas y reservarlas. En un mortero, machacar el caparazón y las patas.
3. Poner de nuevo el caldo a hervir y echar la mezcla del mortero, con el caparazón y las patas.
4. Mientras, tostar las rodajas de pan en el horno.
5. Disponer el pan en pucheros individuales y rociar con el caldo

hirviendo y colado. Agregar las colas de los cangrejos, el huevo duro troceado y perejil picado.
6. Servir muy caliente.

Sopa de almendras

Para 9 personas
Tiempo de preparación: 1 hora
Dificultad: baja

Ingredientes:

450 g de almendras crudas sin piel • 2 yemas de huevo • 8 cucharadas de azúcar • 2 rebanaditas de pan • 3 cucharadas de mantequilla • una pizca de canela en polvo • 1 1/2 l de leche • sal.

Preparación:

1. En un mortero, machacar las almendras.
2. Tostar las rebanaditas de pan y machacarlas en el mortero.
3. En una cazuela, poner a cocer la leche junto con las almendras, el pan picado, el azúcar, la mantequilla y sal.
4. Dejar la cazuela a fuego muy lento durante unos 30 minutos y remover para evitar que se pegue.
5. En una sopera, desleír las 2 yemas de huevo y cuando la sopa esté espesa agregarla a las dos yemas. Mezclar y espolvorear con la canela en polvo. Servir caliente.

Sopa de cangrejos de río

Para 6 personas
Tiempo de preparación: 55 minutos
Dificultad: alta

Ingredientes:

30 cangrejos de río • 200 g de mantequilla • 1 dl de crema de leche • 1 copa de brandy • 3 dl de vino blanco • 1 l de agua • 150 g de arroz • 100 g de cebollas • 100 g de zanahorias • 3 chalotes • tomillo, laurel, perifollo, perejil y estragón • pimienta de cayena • sal.

Preparación:

1. Pelar las cebollas, zanahorias y chalotes, picar todo bien pequeño.
2. En una cazuela, derretir la mantequilla, añadir las hortalizas y rehogar lentamente; añadir las hierbas aromáticas en poca cantidad y dejar estofar 15 minutos.
3. Lavar bien, escurrir y castrar los cangrejos (arrancar la aleta del medio de la cola y después sacar el intestino), saltear en la cazuela con el picadillo, hasta que estén bien rojos.
4. Rociar con el brandy y flambear, luego echar el vino blanco y el agua. Salpimentar y dejar cocer unos 15 minutos más, tapado.

Sopa de castañas

Para 6 personas
Tiempo de preparación: 3 horas
Dificultad: media

Ingredientes:
2 l de agua • 1 1/2 kg de castañas • 2 cebollas • 1 diente de ajo
• 1/2 oreja de cerdo • 1 vaso de aceite • un trozo de tocino
• vinagre • sal.

Preparación:
1. Mondar las castañas.
2. Poner a cocer las castañas en agua con sal, hasta que empiecen a hervir.
3. Retirar las castañas del fuego y quitarles la piel.
4. En una olla al fuego con agua y sal, poner una cebolla, el ajo, el tocino, la oreja de cerdo las castañas. Dejar cocer todo junto durante dos horas.
5. En una sartén con aceite caliente, hacer un sofrito de cebolla y echarle unas gotas de vinagre.
6. Agregar el sofrito al caldo, dejándolo hervir todo junto veinte minutos.
7. Retirar la olla del fuego y trocear el tocino y la oreja de cerdo.
8. En una sopera, poner el tocino y la oreja de cerdo troceados. Al mismo tiempo, verter el caldo caliente y las castañas.

Sopa de congrio y hortalizas

Para 4 personas
Tiempo de preparación: 1 hora y 10 minutos
Dificultad: media

Ingredientes:
1/2 kg de congrio • 4 zanahorias tiernas • 2 cebollas • 2 puerros
• 1 hoja de laurel • 1 diente de ajo • aceite de oliva • sal
• pimienta molida.

5. Entretanto, lavar el arroz, poner a hervir agua (el doble que el volumen del arroz). Cuando hierva, echar el arroz, salpimentar y dejar hervir 18 minutos; luego, chafar con un tenedor.
6. Cuando estén cocidos los cangrejos, escurrir, pelarlos, separar las colas, cortar en dados y reservar.
7. Mientras en el mortero, machacar las cabezas, pasarlas por el colador; añadir todo lo de la cocción y el arroz machacado; poner al fuego, dejar arrancar la ebullición y remover cuidadosamente.
8. Fuera del fuego, añadir la mantequilla restante, batir vivamente, para que quede bien amalgamado.
9. Añadir los dados de colas de cangrejo.
10. Diluir con la crema de leche en el momento de servir.

Sopa de gato de Cádiz

Para 6 personas
Tiempo de preparación: 25 minutos
Dificultad: baja

Ingredientes:
400 g de pan • 4 dientes de ajo • aceite • sal.

Preparación:
1. Cortar el pan en rebanaditas muy finas y colocarlas en una cazuela de barro.
2. Pelar los ajos pero dejarlos enteros.
3. En una sartén con aceite al fuego, freír los ajos enteros y añadir agua y sal. Poner atención en esta operación ya que puede salpicar.
4. Cuando rompa a hervir, verter el líquido sobre el pan, que debe quedar muy empapado.
5. Sazonar y colocar la cazuela al horno para gratinar.

Preparación:

1. Pelar las cebollas y los puerros, dejando sólo la parte blanca, las zanahorias, el diente de ajo y triturar todo.
2. Lavar el pescado y trocearlo.
3. En una cazuela con agua hirviendo, disponer las hortalizas y cocerlas unos cinco minutos. Añadir entonces el pescado, la hoja de laurel, rociar con un chorrito de aceite y salpimentar.
4. Dejar la cazuela a fuego lento, hasta que el pescado quede muy hecho. Pasarlo por el tamiz y convertir todo en un puré fino.
5. Poner el puré en la cazuela y ésta al fuego, dejándola unos minutos más.
6. Si la sopa quedase demasiado espesa, añadir un poco de agua caliente.

Sopa de ajo con jamón

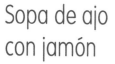

Para 4 personas
Tiempo de preparación: 47 minutos
Dificultad: baja

Ingredientes:

5 dientes de ajo • 100 g de jamón • 1/2 kg de pan de pueblo del día anterior • agua • aceite • sal.

Preparación:

1. Cortar el pan y el jamón en trozos pequeños.
2. Pelar los dientes de ajo.
3. En una sartén amplia con aceite bien caliente, rehogar los dientes de ajo con el jamón.
4. Añadir el pan y mezclar hasta que absorba toda la grasa.
5. Rociar el pan con agua caliente y poner al fuego hasta que quede una mezcla espesa. Espolvorear con sal.
6. Servir bien caliente.

Sopa de ajo zamorana

Para 6 personas
Tiempo de preparación: 1 hora
Dificultad: baja

Ingredientes:

400 g de pan de Otana de unos 3 días • 100 g de manteca de cerdo • 4 dientes de ajo • 1 cucharada de pimentón • sal.

Preparación:

1. Pelar los dientes de ajo.
2. Trocear el pan y echarlo en una cazuela de barro típica de Zamora, cubriéndolo con agua caliente y disponiéndola sobre el fuego.
3. Mientras, en una cazuelita con manteca caliente, dorar los dientes de ajo. Retirar la cazuelita del fuego y machacar en un mortero los dientes de ajo junto con el pimentón.
4. Agregar a lo majado la manteca de freír los ajos y formar una pasta compacta. Espolvorear con sal.
5. Juntar esta pasta con el pan que se encuentra en la cazuela de barro. Dejar a fuego vivo unos diez minutos, mezclando todo continuamente con una cuchara de palo.
6. Rebajar el fuego hasta dejarlo lento y terminar de hacer la sopa unos quince minutos más.
7. Servir la sopa en la misma cazuela.

Sopa de habas

Para 4 personas
Tiempo de preparación: 1 hora y 35 minutos
Dificultad: media

Ingredientes:

1 kg de habas frescas • 250 g de guisantes frescos • 4 cebollas tiernas • 1 1/2 l de agua • 2 ramitas de ajedrea • 1/2 dl de crema de leche fresca • 40 g de mantequilla • sal • pimienta.

Preparación:

1. Desgranar las habas, dejando la piel a las más tiernas.
2. Desgranar los guisantes.
3. En una olla o marmita, derretir la mantequilla y sofreír las cebollas cortadas finas; dejar en el fuego hasta que se doren un poco.
4. En la misma olla de las cebollas, añadir los guisantes, las habas y las ramitas de ajedrea, salpimentar, tapar y dejar que se rehoguen durante unos veinte minutos, lentamente.
5. Cuando esté bien rehogado, verter sobre las verduras 1 1/2 litro de agua hirviendo, aumentar el fuego y esperar a que vuelva a hervir, luego dejar cocer a fuego medio.
6. Cuando esté todo cocido, las habas deben haberse deshecho, sacar la ajedrea.
7. En el momento de servir, calentar una sopera, verter la crema de habas, añadir la crema de leche fresca y batir enérgica y cuidadosamente con las varillas.
8. Servir bien caliente. Se puede acompañar con unos cuscurros de pan fritos o tostados.

Sopa de ajo cacereña

Para 4 personas
Tiempo de preparación: 55 minutos
Dificultad: baja

Ingredientes:

1/2 pan del día anterior
• 6 dientes de ajo
• 2 cucharaditas de pimentón
• 6 cucharones de caldo
• aceite • sal.

Preparación:

1. Pelar los dientes de ajo, machacarlos en un mortero y saltearlos en una sartén con aceite caliente. Pasar el aceite y el ajo a una cazuela de barro; rociarlos con el caldo y espolvorear un poco de sal y el pimentón. Disponer la cazuela sobre el fuego y dejar que hierva unos 5 minutos.

2. Cortar el pan en rebanadas finas y dorarlas en una sartén con aceite caliente; disponerlas en una cazuela de barro, verter el caldo y batir fuertemente hasta que el pan quede completamente deshecho.
3. Dejar unos minutos más sobre fuego lento, rectificar de sal y servir en la misma cazuela.

Sopa de la huerta

Para 4 personas
Tiempo de preparación: 3 horas y 20 minutos
Dificultad: media

Ingredientes:

1/4 kg de «fabes» • 1 cebolla • 100 g de chorizo • 3 dientes de ajo • 100 g de tocino • 100 g de jamón • 2 rebanadas de pan del día anterior • pimienta molida • aceite • sal.

Preparación:

1. Pelar y picar la cebolla y triturar, una vez pelados, los dientes de ajo. Trocear el jamón, el tocino y el chorizo.
2. Escurrir las judías puestas en remojo la víspera.
3. Cortar el pan en cuadraditos y freírlos en aceite hirviendo. Escurrirlos y conservarlos en un plato.
4. En una cazuela de barro con aceite caliente, rehogar la cebolla. Añadir el ajo picado, el tocino, el jamón y el chorizo. Remover y agregar las judías escurridas y 2 1/2 litros de agua fría. Salpimentar y dejar a fuego normal hasta que las judías estén blandas.
5. Cuando todo esté en su punto, echarlo en una sopera y añadir los costrones de pan fritos. Servir caliente.

Sopa de la reina

Para 6 personas
Tiempo de preparación: 2 horas y 15 minutos
Dificultad: baja

Ingredientes:

5 tomates maduros fuertes • 4 cebollas • 2 pimientos rojos
• 1 rama de apio y de tomillo • 2 cucharadas de harina
• 2 1/2 l de caldo • aceite • sal.

Preparación:

1. En una cazuela de barro al fuego, agregar aceite y, cuando esté caliente, añadir las cebollas picadas muy finas.
2. Al rato, añadir los tomates, pelados y picados, el apio en trocitos, el tomillo y la sal. Dejar cocer todo junto.
3. Añadir el caldo y dejar cocer durante 1 1/2 horas; a continuación, pasarlo todo por el chino.
4. En una cazuela con un poco de aceite, tostar la harina y añadirla al caldo.
5. Servir la sopa caliente y adornada con unas tiritas de pimiento, previamente asado.

Sopa de ajo sencilla

Para 4 personas
Tiempo de preparación: 50 minutos
Dificultad: baja

Ingredientes:

5 dientes de ajo • pan de 2 días • 2 pimientos secos •
2 huevos • aceite • sal.

Preparación:

1. Cortar el pan en rodajas muy finas, aplastar los dientes de ajo con

el puño, poner en remojo, con agua caliente, los pimientos y, una vez escurridos, cortarlos en tiras.
2. En un puchero de barro con aceite caliente, dorar los dientes de ajo, añadir las tiras de pimiento, y mezclarlo todo.
3. Agregar las rebanadas de pan y rehogar con 1 1/2 l de agua fría con un poco de sal.
4. Cuando comience la ebullición, rebajar el fuego y dejar media hora, aproximadamente.
5. Subir de nuevo el fuego y añadir los dos huevos, removiendo continuamente hasta que queden cuajados. Rectificar la sal a voluntad, según el gusto personal.
6. Servir bien caliente en el mismo puchero.

Sopa de marisco

Para 6 personas
Tiempo de preparación: 1 hora y 5 minutos
Dificultad: media

Ingredientes:

250 g de almejas • 250 g de mejillones • 250 g de gambas
• 250 g de cigalas • 4 nécoras • 2 trozos de rape o de merluza
• 1 cebolla • 2 dientes de ajo • 100 g de pan • perejil • una pizca
de azafrán • aceite • sal • agua.

Preparación:

1. Limpiar bien los mejillones y las almejas, dejándolas en remojo con agua y sal durante unas horas para que suelten toda la arena. A los mejillones conviene rasparles las conchas también para que queden bien limpios.
2. En una cazuela con agua y sal, poner a cocer todo el marisco conjuntamente con el pescado durante 10 minutos.
3. Una vez cocido todo, reservar el caldo.
4. Separar la carne del marisco de su concha y las espinas del pescado.
5. Colar el caldo y ponerlo en otra olla.
6. En una sartén con aceite caliente, hacer un sofrito con el ajo y la cebolla, que previamente hemos picado.
7. Seguidamente agregar al sofrito toda la carne del pescado y del marisco, previamente troceadas, y rehogarlo todo junto durante 5 minutos, aproximadamente.
8. Verter todo lo que hay en la sartén en la olla del caldo. Salar y añadir una pizca de azafrán.
9. Dejar cocer todo junto durante unos 20 minutos.
10. Retirar la olla del fuego, añadir los tropezones de pan y espolvorear con perejil picado.

Sopa manchega

Para 4 personas
Tiempo de preparación: 1 hora y 5 minutos
Dificultad: baja

Ingredientes:

1 cebolla • 1 diente de ajo • 1 manojo de espárragos finos
• 1 1/2 l de caldo de cocido • unas hebras de azafrán • unas
rebanadas de pan del día anterior • perejil • pimienta • aceite.

Preparación:

1. Pelar y triturar la cebolla y el diente de ajo.
2. Picar finamente el perejil.
3. Pelar y retirar la parte más dura de los espárragos y trocearlos.
4. Machacar en un mortero el ajo, el perejil, el azafrán, sal y pimienta.
5. En una sartén con aceite caliente, sofreír los trocitos de espárragos junto con la cebolla.
6. En una cazuela de barro, colocar en el fondo las rebanadas de pan y verter encima el caldo caliente, el sofrito de cebolla y espárragos y la picada del mortero.
7. Llevar la cazuela a fuego muy lento y dejarla unos veinte minutos.
8. Servir en la misma cazuela.

Caldo navarro

Para 4 personas
Tiempo de preparación:
1 hora y 10 minutos

Ingredientes:

1/2 gallina • 1 clavo • 1 hoja de laurel • canela
• azafrán • perejil y sal.

Preparación:

1. Limpiar, lavar y secar la gallina, y trocearla por la parte de los huesos para que al hervir suelte bien toda la sustancia.
2. Envolver con una gasa el clavo, la hoja de laurel, perejil, una pizca de azafrán en rama y un pedacito de canela.
3. En una cazuela honda, poner la gallina, los ingredientes envueltos en la gasa y sal, y agregar agua hasta 2 tercios del recipiente.
4. Tapar la cazuela y dejar cocer durante una hora, aproximadamente.
5. Colar el caldo, rectificar de sal y conservar en el frigorífico para poder retirar la grasa de la superficie.

Sopa de menudillos de gallina

Para 6 personas
Tiempo de preparación: 1 hora
Dificultad: media

Ingredientes:

2 higadillos, 2 mollejas y la sangre de 2 gallinas • 3 dientes de ajo
• 1 1/2 l de caldo • unas cuantas rebanadas de pan • pimentón
• sal • aceite • pimienta molida • perejil.

Preparación:

1. Picar las mollejas, los higadillos y la sangre, junto con el perejil.
2. Pelar los dientes de ajo y cortarlos en filetes a lo largo.
3. En una sartén con aceite caliente, sofreír los menudillos picados, los dientes de ajo y, finalmente, espolvorear con pimentón.
4. Echar el sofrito en una cazuela con 1 1/2 litros de caldo caliente, machacando, antes de hacerlo, la mitad del sofrito en un mortero. Añadir enseguida lo machacado al caldo.
5. Sazonar con sal y pimienta. Dejar la cazuela a fuego normal para que dé unos cuantos hervores.
6. Poner las rebanadas de pan en unos cuencos individuales y verter la sopa encima.

Caldo de jerez

Para 6 personas
Tiempo de preparación: 2 horas y 15 minutos
Dificultad: baja

Ingredientes:

750 g de carne de ternera • 1 hueso • cuello, patas y molleja de pollo • 1 nabo • 1 chirivía • 3 zanahorias • 1 rama de apio • 1 puerro • 1 patata • 6 huevos • 1 vaso de vino al jerez • azúcar • sal.

Preparación:

1. Pelar y lavar las hortalizas; limpiar la carne y los menudillos de pollo.
2. En una olla al fuego con 2 1/2 litros de agua, agregar todos los ingredientes (excepto la patata, el azúcar y los huevos) y dejarlos cocer a fuego lento durante dos horas.
3. Media hora antes de finalizar la cocción, añadir la patata, pelada y entera.
4. Colar el caldo, reservar la carne para el segundo plato, quemar un poco de azúcar y añadirlo al caldo.
5. Servir el caldo en tazones individuales; añadir un poco de jerez y una yema de huevo cruda.

Sopa de mejillones

Para 6 personas
Tiempo de preparación: 45 minutos
Dificultad: baja

Ingredientes:

2 kg de mejillones • 2 tomates maduros • 2 cebollas
• unas rebanadas de pan • pimienta • sal • 1 l de agua
• unas ramitas de hinojo.

Picada:

2 dl de aceite • 3 ajos • perejil • unas hebras de azafrán.

Preparación:

1. Limpiar los mejillones y abrirlos al vapor.
2. Retirar las valvas, reservar los mejillones, colar el agua que queda y reservar también.
3. En una cacerola al fuego, freír en aceite caliente las cebollas cortadas finamente; antes de que tome color, añadir los tomates, pelados y cortados pequeños, y el hinojo cortado pequeño. Cuando esté todo bien sofrito añadir las rebanadas de pan (pocas, pues la sopa no ha de quedar espesa), dar unas vueltas con el sofrito, añadir tres cuartas partes de los mejillones y el litro de agua. Dejar que empiece a hervir, batir con la batidora, dejar cocer lentamente unos treinta minutos.
4. Picar en el mortero los ajos, el perejil y el azafrán tostado. Ponerlo todo en la sopa y dejar hervir fuerte unos cinco minutos más. Añadir los mejillones enteros que tenemos reservados. Servir templado.

Sopa de ajo de Teruel

Para 4 personas
Tiempo de preparación: 40 minutos
Dificultad: media

Ingredientes:

3 dientes de ajo • 300 g de pan del día anterior • 2 huevos
• 1/2 cucharada de pimentón • aceite • sal.

Preparación:

1. Cortar en pedazos muy pequeños el pan.
2. Pelar los dientes de ajo.
3. En un puchero con agua hirviendo, poner los dientes de ajo, previamente fritos en una sartén con aceite caliente.
4. En el aceite restante, dorar el pan durante unos segundos a fuego lento. Espolvorear con pimentón.
5. Añadir inmediatamente el pan con el pimentón y el aceite al puchero con agua hirviendo y los ajos. Salar.
6. Dejar cocer durante 20 minutos, aproximadamente.
7. Mientras, batir los huevos y verterlos poco a poco en la sopa hirviendo, mezclando continuamente hasta que coagulen y la sopa quede cremosa.
8. Servir caliente.

Sopa de ostras

Para 6 personas
Tiempo de preparación: 1 hora y 10 minutos
Dificultad: media

Ingredientes:

1 1/2 l de caldo de pescado • 20 ostras • 2 yemas de huevo
• 1 bote de crema de leche • sal • agua.

Preparación:

1. Limpiar bien las ostras bajo el grifo de agua fría para quitar todas las impurezas y la arena que pudieran tener.
2. En una cazuela con agua hirviendo, escaldar las ostras durante unos momentos y escurrirlas teniendo la precaución de recoger el agua.
3. Dejar reducir a fuego lento el agua de las ostras hasta que quede hacia la mitad y juntarla con el caldo de pescado.
4. Dejar hervir todo el caldo durante 10 minutos. Probarlo y rectificar la sal.
5. Al final del hervor, verter la crema de leche y las dos yemas de huevo, removiendo con cuidado hasta que esté bien ligado.
6. Por último, añadir al caldo las ostras que teníamos aparte.
7. Servir caliente repartiendo las ostras entre todos los platos a modo de tropezones.

Sopa navideña

Para 4 personas
Tiempo de preparación: 40 minutos
Dificultad: media

Ingredientes:

2 huevos • 250 g de pan del día anterior • 12 cucharadas soperas de azúcar • 1 l de agua • aceite.

Preparación:

1. Trocear el pan.
2. En un recipiente hondo, batir con energía los huevos.
3. En una sartén con aceite hirviendo freír los pedazos de pan hasta que queden dorados. Escurrirlos y retirarlos del aceite.
4. En una cazuela con el agua, añadir el azúcar, removiendo continuamente hasta que el agua rompa a hervir.

5. Añadir el pan frito y, 10 minutos después, añadir despacio los huevos batidos.

6. Mezclar continuamente el pan con los huevos y el azúcar y cuando rompa a hervir de nuevo, retirar la cazuela del fuego.

7. Introducir la cazuela en el horno encendido con anterioridad y gratinar la sopa hasta que quede el pan dorado.

Sopa de pescado

Para 6 personas
Tiempo de preparación: 1 hora y 45 minutos
Dificultad: media

Ingredientes:

1 cabeza de merluza • 300 g de rape • 200 g de congrio
• 500 g de pescado de roca • 6 langostinos • 3 dientes de ajo
• 100 g de cebollas • 100 g de zanahorias • 100 g de puerros
• 100 g de tomates maduros • 1 cucharada de Pernod
• 1 dl de aceite y 2 l de agua • laurel, perejil, sal • pimienta • pan.

Preparación:

1. Lavar, escamar y vaciar todos los pescados.
2. En una olla un poco grande, calentar el aceite, poner los dientes de ajo, la cebolla, la zanahoria y el puerro, todo cortado pequeño; dejar sofreír y añadir el tomate pelado y cortado en trozos. Añadir el pescado de roca y la cabeza de merluza, dejar rehogar bien a fuego lento.
3. Bañar con el agua, salpimentar, aromatizar con el laurel, perejil y el Pernod, dejar cocer unos treinta minutos.
4. Pasado ese tiempo, colar, y desmenuzar el pescado y reservar.
5. Volver a poner la olla al fuego con el caldo, añadir el rape, el congrio y los langostinos cortados en trozos. Cuando vuelva a hervir, dejar cocer unos quince minutos y añadir el pescado desmenuzado.
6. Verter en una sopera y servir caliente con unos cuscurros de pan previamente tostados y frotados con ajo.

Sopa de ajo con caldo de gallina

Para 4 personas
Tiempo de preparación:
40 minutos
Dificultad: baja

Ingredientes:

6 dientes de ajo • 4 cucharadas de puré de tomate • 300 g de pan del día anterior • caldo de gallina • 2 huevos • 1/2 cucharada de pimentón • aceite • sal.

Preparación:

1. Pelar los dientes de ajo.
2. Cortar el pan en rebanadas finas.
3. Batir los huevos en un plato hondo.
4. En una cazuela de barro o una sartén amplia, calentar aceite y sofreír el ajo y el pan hasta que queden bien dorados.
5. Espolvorear con pimentón, mezclar con una cuchara de madera y rociar con el caldo.
6. Añadir el puré de tomate y los huevos batidos y rectificar de sal, si fuese necesario.
7. Dejar la cazuela a fuego lento durante 10 minutos, aproximadamente.
8. Servir caliente.

Sopa de pimientos

Para 4 personas
Tiempo de preparación: 55 minutos
Dificultad: baja

Ingredientes:

3 pimientos rojos • 200 g de pan del día anterior
• 2 dientes de ajo • 1/2 cucharada de pimentón • aceite • sal.

Preparación:

1. Cortar el pan en rebanadas finas y tostarlas en el horno; retirarlas y reservarlas.
2. En una cazuela con bastante aceite, sofreír los pimientos cortados a cuadrados y el diente de ajo pelado.
3. Cuando estén bien rehogados, espolvorear con el pimentón y la sal, verter 1 l de agua caliente y dejar sobre fuego normal durante 20 minutos, aproximadamente.
4. Poner el pan tostado en una sopera y echar encima el caldo con los pimientos. Rectificar de sal y servir enseguida. Debe evitarse tanto que esta sopa quede clara como demasiado espesa.

Preparación:

1. Pelar y picar fina la cebolla.
2. Escaldar en agua caliente los tomates, quitarles la piel y trocearlos.
3. En un plato hondo, batir los huevos enteros.
4. En una cazuela con manteca y aceite, sofreír la cebolla y los tomates.
5. Cuando el sofrito esté en su punto, rociar con 1 1/2 litros de agua hirviendo y añadir el pan rallado. Dejar a fuego lento una media hora.
6. Colar el caldo y ponerlo de nuevo en la cazuela, espolvoreándolo con sal y pimienta y, por último, añadir los huevos batidos.
7. Siempre a fuego lento, batir unos instantes la sopa para que los huevos formen unos hilos.
8. Adornar con perejil.

Sopa de repollo

Para 4 personas
Tiempo de preparación: 55 minutos
Dificultad: baja

Ingredientes:

1 repollo blanco • 4 rodajas de pan del día anterior • aceite
• 1 cucharada de vinagre • manteca • harina • picatostes • sal.

Preparación:

1. Lavar cuidadosamente el repollo bajo el grifo de agua fría. Cortarlo en trozos desiguales y lavarlo otra vez.
2. En una cazuela con agua hirviendo, sal y una cucharada de vinagre, poner los trozos de repollo a cocer en fuego normal unos veinte minutos.
3. Cortar el pan en dados pequeños y freírlos en una sartén con aceite hirviendo.
4. Poner a escurrir el repollo y conservar el caldo.

Caldo de gallina estilo Las Ventas

Para 6 personas
Tiempo de preparación: 2 horas y 45 minutos
Dificultad: baja

Ingredientes:

1 gallina; si puede ser, de corral • 1 repollo • 1 apio pequeño
• 2 nabos • 4 zanahorias • sal • 1 hueso de caña de vaca
• 1 hueso de rodilla de vaca • 3 cebollas
• 100 g de rebanaditas de pan.

Preparación:

1. Limpiar y vaciar la gallina, chamuscar los restos de plumas y atarla.
2. Lavar el repollo y cortarlo en 6 trozos.
3. Pelar los nabos y las zanahorias y trocear.
4. Lavar el apio y cortar la parte blanca y tierna en pedazos.
5. En una olla con agua hirviendo y sal, cocer las hortalizas durante 30 minutos a fuego lento. Añadir la col y dejar cocer 20 minutos más.
6. Colar el caldo y reservar las hortalizas al calor; verter el caldo de nuevo en la olla. Cuando empiece a hervir, echar la gallina y los huesos. Dejar sobre fuego normal, aproximadamente una hora.
7. Servir en una fuente la gallina troceada con las hortalizas.
8. En unos cuencos individuales, disponer rebanadas de pan y rociar con el caldo de gallina muy caliente.
9. Servir la sopa como entrante.

Sopa de tomate

Para 4 personas
Tiempo de preparación: 1 hora
Dificultad: baja

Ingredientes:

1 cebolla • 1/2 kg de tomates • 100 g de pan rallado
• 4 huevos • aceite • manteca • pimienta molida • perejil • sal.

5. En una cazuela de barro, calentar cuatro cucharadas de manteca, espolvorear con 4 cucharadas de harina, bajar el fuego y remover continuamente, durante unos instantes. Añadir enseguida el caldo del repollo.

6. Pasar por la trituradora o el pasapurés el repollo y a continuación agregarlo al caldo.

7. Dejar la cazuela sobre fuego muy lento, con la sopa, hasta que tome el aspecto de una crema líquida y sin grumos.

8. Servir acompañando con los picatostes fritos.

Sopa de vigilia

Para 4 personas
Tiempo de preparación: 1 hora
Dificultad: baja

Ingredientes:

100 g de rape • 1 cabeza de rape • 150 g de judías blancas cocidas • 1 huevo duro • 1 cebolla • 4 puerros • 1 zanahoria • 1/2 col • 2 tomates maduros • 1 hoja de laurel • 1 1/2 l de agua • 3 granos de pimienta negra • tomillo • perejil • aceite • sal.

Preparación:

1. En una olla al fuego con 1 1/2 l de agua, poner media cebolla troceada, la cabeza de pescado, el rape, una hoja de laurel, tomillo y perejil, sal y pimienta. Cuando empiece a hervir, espumar y dejar cocer a fuego fuerte durante unos 20 minutos.

2. En una cazuela aparte con aceite, rehogar la zanahoria y los puerros pelados y cortados en finas rodajas, la col bien lavada y troceada y el resto de cebolla laminada.

3. Remover y, al cabo de unos minutos, añadir los tomates pelados, sin semillas y picados pequeños. Dejar rehogar bien el conjunto.

4. Mojar con el caldo colado de la cocción del pescado y dejar hervir lentamente.

5. Cuando las verduras estén tiernas, añadir las judías y el rape cortado en pequeños trozos; dejar cocer 10 minutos más y retirar del fuego.

6. En el momento de servir añadir el huevo duro picado.

Sopa balear

Para 4 personas
Tiempo de preparación: 45 minutos
Dificultad: baja

Ingredientes:

200 g de carne de ternera picada • 50 g de jamón del país picado • 2 cebollas medianas • 1 dl de aceite de oliva • 100 g de tomate rallado • 4 cucharadas de harina • 4 dientes de ajo • un poco de miga de pan mojada en vino tinto • sal • perejil • pimienta.

Preparación:

1. En un cazo, con aceite caliente, sofreír las cebollas picadas. Cuando empiecen a parecer transparentes, añadir el tomate que ya habremos rallado, dejar cocer un poco y rociar con un poco de agua; dejar hervir unos minutos y pasarlo todo por el colador chino.

2. En una cazuela de barro con un poco de aceite, dorar 2 cucharadas de harina. Cuando esté tostada, añadir el sofrito anterior pasado por el chino, completar con un litro de agua caliente. Salpimentar y dejar hervir 15 minutos.

3. Mientras, en un cuenco, amasar la carne de ternera mezclada con el jamón, añadir los ajos y el perejil finalmente picados, trabajar un poco; añadir la miga de pan remojada con vino, bien escurrida.

4. Amalgamar bien todo hasta formar una masa, hacer con ella unas albóndigas pequeñas, pasarlas por harina y freír en aceite caliente hasta que estén doradas.

5. Cuando hayan pasado los 15 minutos de hervir las sopas, comprobar el punto de sal.

6. Servir las sopas calientes, acompañadas de las albondiguillas.

Sopa Jijote

Para 4 personas
Tiempo de preparación: 2 horas y 25 minutos
Dificultad: alta

Ingredientes:

1/4 de gallina • 250 g de carne melosa de buey • 4 rebanadas de pan del día anterior • 100 g de magro de jamón • 3 tomates maduros • 1 cebolla • sal • aceite.

Preparación:

1. Cortar la carne a trozos.

2. Picar finamente la cebolla.

3. Cortar el jamón en pedazos pequeños.

4. Poner sobre el fuego una cazuela con agua y sal.

5. Cuando el agua esté tibia, añadir la carne, la gallina y el jamón. Dejar hervir a fuego normal hasta que la carne quede tierna.

6. Mientras, en un cazo con agua hirviendo, escaldar los tomates; retirarles la piel y triturarlos.

7. En una sartén con aceite caliente sofreír la cebolla y el tomate.

8. Colar el caldo con la carne, la gallina y el jamón, y reservarlo.

9. Retirar huesos y piel de la gallina y picar su carne junto con la de buey y el jamón.

10. En un puchero de barro poner el caldo, el sofrito y la carne picada. Rectificar de sal y dejar 20 minutos más.

11. Cortar el pan en pedacitos, freírlo en aceite muy caliente y ponerlo en una sopera. Rociar con el caldo hirviendo y servir.

Sopa de gañán

Para 4 personas
Tiempo de preparación: 45 minutos
Dificultad: baja

Ingredientes:

1/4 kg de patatas • 1 cebolla • 1 pimiento • 4 dientes de ajo • 2 huevos duros • aceite • sal.

Preparación:

1. En un puchero con 1 l de agua hirviendo y sal, poner la cebolla y el pimiento picados y las patatas cortadas a dados. Dejar cocer durante 10 minutos, aproximadamente.

2. Mientras, en una sartén con aceite caliente, dorar los dientes de ajo y añadirlos al puchero. Dejar unos 10 minutos más a fuego normal y añadir finalmente los huevos duros partidos en rodajas.

3. Pasados 5 minutos, retirar del fuego y dejar reposar unos instantes. Por último, servir caliente en una sopera.

Sopa de rape

Para 6 personas
Tiempo de preparación: 1 hora y 15 minutos
Dificultad: media

Ingredientes:

1 kg de cabeza de rape y espinas • 150 g de cebolla • 200 g de tomates maduros • 1 ramito de hinojo tostado • 1 ramito compuesto (laurel, tomillo, perejil) • sal • pimienta • 2 dl de aceite • pan cortado a rebanadas finas.

Picada:

3 ajos • 25 g de almendras tostadas • azafrán.

Preparación:

1. Rehogar en aceite la cebolla cortada en láminas; dorarla ligeramente y agregar los tomates también cortados. Dejar evaporar el agua un poco hasta que se concentre todo.

2. Aparte, preparar un caldo con dos litros y medio de agua, las espinas y la cabeza de rape, el ramito compuesto y el hinojo. Dejar hervir unos 30 minutos. Espumar de vez en cuando.

3. Cuando el caldo esté a punto, colarlo y reservar la carne que pueda tener la cabeza del rape. Poner el caldo junto con el sofrito de cebolla y tomate, añadir las rebanadas de pan y dejar hervir unos quince minutos. Pasado este tiempo, batir para desmenuzar bien el pan.

4. En el mortero, picar los ajos, las almendras tostadas y el azafrán, echarlo al caldo y añadir los trozos de carne de la cabeza del rape. Dejar hervir unos cinco minutos. Comprobar el punto de sal y pimienta. Servir bien caliente.

5. Se le puede añadir unos mejillones abiertos al vapor.

Sopa torrada

Para 4 personas
Tiempo de preparación: 1 hora y 15 minutos
Dificultad: baja

Ingredientes:

1 l de caldo de ave • 400 g de carne picada de ternera • 1 diente de ajo • 50 g de harina • 1 huevo • 200 g de pan de payés • 2 dl de aceite de oliva • canela en polvo • perejil • pimienta • sal.

Preparación:

1. En un bol, trabajar la carne de ternera con el huevo batido, añadir el ajo y perejil picados, salpimentar, aromatizar con un poco de canela en polvo, amasar bien. Preparar unas albóndigas pequeñas y pasarlas por harina.

2. Poner el caldo, ya preparado, al fuego. Cuando empiece a hervir, añadir las albóndigas y dejar cocer unos quince minutos. Sacar las albóndigas, reservar.

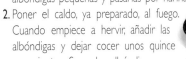

3. Reservar el caldo y mantenerlo caliente.
4. En una cacerola aparte, calentar el aceite, poner el pan cortado en rebanadas, dejar dorar.
5. Añadir el caldo, en el que hemos cocido las albóndigas, dejar cocer lentamente, tapado, unos sesenta minutos, batir enérgicamente con las varillas, añadir las pequeñas albóndigas. Servir muy caliente.

Sopa de lentejas estilo Trujillo

Para 4 personas
Tiempo de preparación: 1 hora y 20 minutos
Dificultad: baja

Ingredientes:

200 g de lentejas • 100 g de arroz • 4 patatas • 2 cebollas
• 1 hoja de laurel • 1 cucharada de jugo de carne concentrado
• aceite • sal.

Preparación:

1. Dejar en remojo las lentejas desde la noche anterior.
2. En un puchero con agua, sal y un chorrito de aceite poner a cocer las lentejas junto con la hoja de laurel y las cebollas picadas.
3. Cuando las lentejas estén en su punto, colarlas, reservando el caldo, y convertirlas en puré mediante el triturador.
4. Poner de nuevo el caldo de cocción en el puchero y éste, sobre el fuego; salar y añadir el arroz y las patatas cortadas a dados, y sobre fuego normal hasta que estén en su punto. Añadir el puré de lentejas.
5. Añadir entonces el jugo de carne, mezclar bien durante unos 15 minutos y servir.

Sopa marinera

Para 4 personas
Tiempo de preparación: 55 minutos
Dificultad: media

Ingredientes:

1/2 kg de berberechos • 1/2 kg de mejillones • 2 dientes de ajo
• 12 rebanadas de pan • 2 cebollas medianas
• 2 tomates maduros • 1/2 cucharada de
pimentón • perejil • aceite • sal.

Preparación:

1. Limpiar cuidadosamente los mejillones, quitándoles todas las barbas.
2. Poner en remojo los berberechos en un poco de agua fría con una pizca de sal.

3. Pelar y trocear finamente las cebollas y los dientes de ajo.
4. Retirar la piel de los tomates y triturar la pulpa hasta formar un puré.
5. En una cazuela con un litro de agua hirviendo, dar unos hervores a los berberechos y los mejillones. Colar el caldo y retirar las conchas de los moluscos.
6. En una sartén con un poco de aceite caliente, sofreír la cebolla y los ajos. Añadir el puré de tomate y dejar a fuego lento hasta que se espese. Espolvorear el sofrito con el pimentón y retirar la sartén del fuego.
7. Juntar el sofrito con el caldo, agregar los berberechos y los mejillones.
8. Sazonar y dejar de nuevo al fuego unos diez minutos.
9. Tostar las rebanadas de pan, que deben ser delgaditas.
10. Colocar en una sopera las rebanadas tostadas de pan. Verter el caldo encima y decorar con perejil muy picado.

Sopa de pescado santanderina

Para 4 personas
Tiempo de preparación: 1 hora y 30 minutos
Dificultad: media

Ingredientes:

1/2 kg de rape • 1 cabracho • 200 g de chirlas • 100 g de arroz
• 2 cebollas • 2 tomates maduros • 2 puerros • 1 diente de ajo
• 1 huevo duro • 1 hoja de laurel • pimienta
• 1/2 dl de vino blanco seco • aceite • sal.

Preparación:

1. Poner al fuego el pescado en un puchero grande con agua y sal junto con la hoja de laurel, una cebolla troceada y un chorro de vino blanco. Dejar cocer 30 minutos.
2. Pasado este tiempo, retirar el pescado del caldo, quitar las pieles y espinas y reservar.
3. Colar el caldo y devolverlo al puchero.
4. En una cacerola aparte con aceite rehogar una cebolla cortada fina, y añadir el ajo picado, y los puerros y los tomates pelados y cortados en dados. Dejar que se rehogue a fuego lento unos 15 minutos y luego pasarlo por el colador chino.
5. En una cacerola, colocar el sofrito, el caldo colado, un poco más de vino blanco y el arroz. Cocer durante unos 18 minutos. Incorporar las chirlas y los trozos de pescado y comprobar el punto de sal y pimienta. Hervir hasta que se abran las chirlas.
6. En el último momento, añadir el huevo duro picado. Servir inmediatamente.

ARROCES, HUEVOS Y PASTAS

Arroz a la vasca

Para 6 personas
Tiempo de preparación: 1 hora
Dificultad: media

Ingredientes:

600 g de arroz • 500 g de pollo • 4 mollejas de pollo
• 4 hígados de pollo • 125 g de carne magra de cerdo
• 150 g de jamón magro • 150 g de chorizo
• 100 g de guisantes • 2 pimientos choriceros • 2 pimientos rojos
de conserva • 3 dientes de ajo • 3 huevos • 1 dl de aceite de oliva
• caldo de carne • sal • pimienta.

Preparación:

1. Hervir los huevos 12 minutos, refrescar y reservar.
2. Limpiar bien el pollo, quitándole la piel y cortándolo en trozos pequeños.
3. Limpiar las mollejas y trocearlas; los higadillos también.
4. Cortar la carne de cerdo en dados, así como el jamón y el chorizo en rodajas.
5. Picar bien los dientes de ajo y freír, en una cazuela de barro.
6. Cuando estén fritos los ajos, añadir todos los ingredientes troceados anteriormente; rehogar todo cuidadosamente.
7. Añadir los guisantes, los pimientos choriceros (sin semillas) a trozos; remover bien.
8. Echar el arroz, mezclar bien y mojar con el caldo de carne caliente: el doble en proporción al volumen del arroz; salpimentar.
9. Dejar cocer 25 minutos. Debe quedar un arroz seco y suelto.
10. Adornar por encima con tiras de pimiento rojo y los huevos cocidos en rodajas.
11. Dejar descansar unos minutos y servir.

Paella a la marinera

Para 4 personas
Tiempo de preparación: 50 minutos
Dificultad: media

Ingredientes:

400 g de arroz • 2 dientes de ajo • 400 g de mejillones
• 2 dl de aceite • 250 g de rape • 1 1/4 l de caldo
• 200 g de gambas pequeñas • azafrán • harina • 4 cigalas
• 1 sepia • 250 g de calamares • pimentón • perejil • sal • limón
• 100 g de tomates • 1 cebolla • 1 cabeza de merluza
• espinas de pescados • pimienta.

Preparación:

1. Lavar y cortar el rape en trozos. Salar y pasar por harina.
2. En una cazuela al fuego, calentar aceite y freír el rape, sacar y reservar.

3. En el mismo aceite, freír la cabeza de merluza y las espinas, salpimentar, y echar el agua, dejar hervir unos treinta minutos. Colar con colador fino.
4. Mientras, en la paella, poner 1 decilitro de aceite, freír las gambas, las cigalas; retirar.
5. Poner la sepia, bien lavada y troceada, los calamares limpios y cortados en rodajas; rehogar y añadir la cebolla picada; antes de que se dore, poner el ajo y perejil picados, luego el tomate rallado.
6. Cuando esté todo bien rehogado, poner una cucharadita de pimentón y el arroz; remover vivamente, echar enseguida 1 1/4 litros de caldo caliente.
7. Cocer a fuego vivo unos minutos y volver a poner los otros pescados.
8. Cocer los mejillones al vapor, quitar una valva, colar el jugo y echarlo al arroz.
9. Dejar cocer a fuego medio unos 8 minutos más.

Arroz al horno con pato

Para 4 personas
Tiempo de preparación: 2 horas y 20 minutos,
más el tiempo de remojo
Dificultad: media

Ingredientes:

400 g de arroz • 1 pato de 1 kg y 250 g • 200 g de garbanzos
• 1 pimiento • 1 butifarra negra • 100 g de tomates maduros
• azafrán • 1 1/2 l de agua • perejil • pimentón • 1 dl de aceite
• sal • pimienta.

Preparación:

1. El día anterior poner los garbanzos en remojo en abundante agua y sal.
2. El día de la preparación, poner en una olla al fuego 1 1/2 litros de agua. Cuando rompa a hervir, echar los garbanzos, bien lavados; dejar hervir, a fuego medio.

3. Mientras, limpiar el pato, chamuscar y lavarlo cuidadosamente y cortarlo en trozos.
4. En una cazuela con un poco de aceite, rehogar los trozos de pato. Cuando estén dorados, añadir a la olla de los garbanzos y dejar cocer unos cuarenta minutos.
5. Salpimentar.
6. En una cazuela de barro, poner un poco de aceite, freír el pimiento cortado pequeño, añadir el tomate, el perejil, el pimentón, dar unas vueltas y añadir el arroz, remover vivamente y bañar con la mitad, aproximadamente, del caldo o agua, caliente; aromatizar con el azafrán.
7. Repartir bien el arroz, poner encima los trozos de pato, la butifarra negra cortada en rodajas y los garbanzos.
8. Comprobar el punto de sal, rectificar si es necesario.
9. Llevar al horno, precalentado unos dieciocho minutos.
10. Servir en la misma cazuela, bien caliente.

Arroz con bacalao

Para 4 personas
Tiempo de preparación: 1 hora y 10 minutos
Dificultad: baja

Ingredientes:

300 g de bacalao en remojo desde la víspera • 4 tazas de arroz
• 100 g de guisantes extrafinos pelados • 1 pimiento rojo
• 2 dientes de ajo • 4 alcachofas muy tiernas • 1 tomate grande maduro • azafrán en hebras • 1 cebolla pequeña
• sal • aceite de oliva.

Preparación:

1. Por la mañana, antes de preparar el arroz, cambiar el agua del bacalao varias veces.
2. Una vez desalado, cortarlo en pedazos y desmigajarlo.
3. Asar el pimiento rojo, retirarle la piel y cortarlo en tiras.
4. Pelar las cebollas y los dientes de ajo y picarlos finamente.
5. Retirar las hojas duras de las alcachofas y cortar el corazón en 8 pedazos.
6. En una cazuela con aceite hirviendo, dorar la cebolla y el ajo y añadir el tomate pelado y triturado.
7. Remover unos segundos con la cuchara de madera y agregar unas tiritas de pimiento asado.
8. Dejar a fuego muy lento unos tres minutos.
9. Disponer el bacalao sobre el sofrito y el azafrán tostado y triturado. Rociar con 1/2 litro de agua.
10. Cuando rompa a hervir el guiso, echar el arroz y a los 10 minutos añadir los guisantes y las alcachofas. Dejar la cazuela a fuego vivo unos diez minutos más.
11. Retirar la cazuela del fuego y disponerla sobre un pedazo de papel de periódico para absorber la humedad, dejándolo reposar.
12. Adornar por encima con unas tiras de pimiento.

Arroz con bogavante

Para 6 personas
Tiempo de preparación: 45 minutos
Dificultad: media

Ingredientes:

750 g de arroz • 1 1/2 kg de bogavante
• 1 1/2 kg de berberechos • 1 1/2 kg de almejas • 1 dl de aceite
• 2 cebollas • 1 diente de ajo • perejil • una pizca de azafrán • sal.

Preparación:

1. En una cazuela de barro con aceite caliente, hacer un sofrito con la cebolla, el ajo y el perejil, todo bien picado.
2. En otra cazuela, cocer las almejas y los berberechos.
3. Una vez comprobado que el sofrito está preparado, echar el arroz, removiéndolo todo con cuidado.
4. Sazonar.
5. Disolver el azafrán en el agua de las almejas y los berberechos y verterlo todo sobre el arroz.
6. Añadir el bogavante que habremos troceado previamente y dejar cocer a fuego lento.
7. Una vez que ya está todo cocido, dejar reposar.
8. Servir en la misma cazuela.

Paella valenciana

Para 4 personas
Tiempo de preparación: 1 hora y 20 minutos
Dificultad: alta

Ingredientes:

400 g de arroz • 1/2 pollo • 1/2 conejo • 250 g de costillas de cerdo • 16 caracoles «vaquetes» • 100 g de tomates
• 1 pimiento rojo • 2 dientes de ajo • 200 g de «garrofons» frescos
• 100 g de judías «ferraura» • 2 l de agua • perejil • azafrán
• pimentón • 1 dl de aceite • sal • pimienta.

Preparación:

1. Poner aceite en la paella y llevar al fuego. Cuando esté caliente el aceite, sofreír el pollo, cortado en trozos, el conejo y la costilla de cerdo, todo troceado; darle vueltas para que se dore todo por igual.
2. Retirar los trozos de carne y reservar.
3. En el mismo aceite, rehogar el pimiento cortado en dados, añadir las judías «ferraura» y los «garrofons».
4. Sofreír un poco y añadir los ajos y el perejil finamente picados.
5. Antes de que tomen color, añadir el tomate rallado, rehogar un poco y poner el pimentón, remover vivamente, volver a poner las carnes y verter el agua caliente.
6. Salpimentar.
7. Primero dejar cocer un poco a fuego vivo, luego bajarlo y dejarlo a fuego medio; debe cocer unos cuarenta minutos.
8. Comprobar el punto de cocción de las carnes, añadir los caracoles y una pizca de azafrán.
9. Volver a subir el volumen del fuego y echar el arroz, en forma de lluvia, procurando que quede bien repartido.
10. Dejar cocer durante unos doce minutos.
11. Comprobar el punto de sal y cocción.
12. Dejar reposar unos cinco minutos y servir

Arroz con marisco

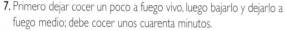

Para 4 personas
Tiempo de preparación: 1 hora y 5 minutos
Dificultad: media

Ingredientes:

500 g de arroz • 500 g de cigalas • 250 g de gambas
• 250 g de almejas • 250 g de mejillones • 50 g de jamón cortado a taquitos • 2 cebollas • 2 pimientos rojos • 100 g de guisantes
• 1 dl de aceite • 1 ramita de perejil • una pizca de azafrán
• sal • pimentón.

Preparación:

1. Cocer unas tiras de pimiento y unos guisantes; retirar y reservar ambas cosas para realizar la decoración final.
2. Picar la cebolla y el perejil, trocear los pimientos.
3. Calentar el aceite en una cazuela; una vez caliente, añadir la cebolla, el pimiento, el perejil, el pimentón, el azafrán y los taquitos de jamón. Cuando veamos que el sofrito está casi hecho, probar y rectificar de sal, no añadir la sal antes ya que con el jamón puede quedar demasiado salado.
4. Añadir las almejas y los mejillones que previamente habremos limpiado y raspado.
5. Una vez abiertas las valvas de almejas y mejillones, incorporar las cigalas y las gambas.
6. Añadir 1 litro de agua (siempre se utiliza el doble de cantidad de agua que de arroz) y llevar a ebullición; mantenerla durante 5 minutos, aproximadamente.

7. Verter el arroz en forma de lluvia y dejarlo cocer durante unos 15 minutos, aproximadamente; debe evitarse removerlo.
8. Retirar la cazuela del fuego y dejar reposar el arroz.
9. Finalmente adornaremos con las tiras de pimiento y con los guisantes.

Paella a la aragonesa

Para 4 personas
Tiempo de preparación: 1 hora y 30 minutos
Dificultad: alta

Ingredientes:

4 tazas de arroz • 1/2 conejo tierno • 1/4 kg de carne magra
• 2 calamares limpios • 8 cangrejos de río • 2 pimientos rojos
• 150 g de guisantes desgranados • 3 dientes de ajo • 1 cebolla
• 1/2 vaso de vino • 1 hoja de laurel • perejil • azafrán en rama
• aceite • sal.

Preparación:

1. Asar los pimientos, retirarles la piel y las pepitas y cortarlos a tiras iguales.
2. Lavar cuidadosamente los cangrejos y cocerlos en un cazo con agua hirviendo, una hoja de laurel, 1/2 vasito de vino y sal.
3. Cortar en arandelas los calamares; trocear el conejo y la carne magra.
4. En una cazuela de barro amplia con aceite hirviendo, dorar la carne magra y el conejo, espolvorear con sal y añadir los ajos picados.
5. Rehogar la carne con el sofrito y agregar los calamares, los guisantes y la cebolla.
6. Rociar con un poco de agua y cocer todo ello hasta que la carne esté tierna.
7. Añadir la mitad del pimiento asado y el arroz; mezclar. Rociar con

10 tazas de agua hirviendo, rectificar de sal y añadir 1 diente de ajo previamente machacado en un mortero junto con el azafrán en rama y el perejil y disuelto todo ello en un poco de agua.

8. Mantener la cazuela sobre fuego normal durante 10 minutos y agregar finalmente los cangrejos. Proseguir la cocción durante 10 minutos más, aproximadamente.

9. Retirar la cazuela del fuego, adornar el arroz con el resto de tiras de pimiento. Servir.

Arroz a la zamorana

Para 4 personas

 Preparación: 1 hora y 20 minutos

Dificultad: media

Ingredientes:

400 g de cebollas • 250 g de arroz • 100 g de manteca de cerdo • 200 g de nabos tiernos • 250 g de pata, hocico y oreja de cerdo • 6 dientes de ajo • 250 g de jamón magro • 4 lonchas de tocino fresco • 1/2 cucharada de pimentón dulce • perejil • tomillo • orégano • sal.

Preparación:

1. En una cazuela amplia de barro, derretir la manteca; rehogar en ella la cebolla pelada y triturada y los nabos pelados y cortados en trozos pequeños.

2. Añadir perejil picado, orégano, tomillo y los dientes de ajo pelados y triturados.

3. Espolvorear con sal y pimentón.

4. Añadir la pata, oreja y hocico de cerdo, lavado y cortado en trozos pequeños y deshuesados. Agregar el jamón triturado y salar.

5. Cuando comiencen a hervir todos los ingredientes, agregar el arroz y dejar cocer a medias a fuego vivo.

6. Retirar del fuego y recubrir con lonchas de tocino fresco.

7. Tapar la cazuela y llevar al horno.

8. Cuando el tocino quede bien tostado, destapar y retirar la cazuela del horno.

9. Dejar reposar antes de servirlo.

Arroz con conejo a la aragonesa

Para 4 personas
Tiempo de preparación:
1 hora y 10 minutos
Dificultad: baja

Ingredientes:

200 g de champiñones • 4 huevos • 1 cebolla pequeña • 2 cucharadas de salsa de tomate • 50 g de mantequilla • 3 pimientos de lata • 1 diente de ajo • 1 limón • 1 rebanada de miga de pan • pimienta • aceite • sal.

Preparación:

1. Lavar, limpiar y cortar el conejo en pedazos pequeños.

2. Pelar los dientes de ajo, los tomates y la cebolla.

3. Cortar en cuadrados los pimientos y el jamón, triturar los tomates y picar la cebolla y el perejil.

4. En una cazuela amplia y baja con aceite caliente, sofreír el jamón, el conejo, la cebolla, el ajo, el pimiento, los guisantes, el tomate y el perejil; espolvorear con sal.

5. Cuando estén todos los ingredientes rehogados, añadir los caracoles y el arroz. Mezclar y rociar con unas 5 tacitas de caldo hirviendo.

6. Mover bien la cazuela con las manos y mantener durante unos 15 o 20 minutos a fuego vivo.

7. Retirar la cazuela del fuego, dejar reposar el arroz durante unos minutos.

8. Servir en la misma cazuela.

Arroz con cordero a la navarra

Para 4 personas
Tiempo de preparación: 1 hora
y 30 minutos
Dificultad: baja

Ingredientes:

1 espalda de cordero • 4 tazas de arroz
• pimienta molida • harina • manteca de cerdo • sal.

Preparación:

1. Retirar la grasa sobrante del cordero y, después, cortarlo en trozos regulares.
2. En una olla con agua hirviendo y sal, cocer el arroz durante 20 minutos.
3. Mientras, calentar manteca en una cazuela y saltear en ella la carne, espolvoreada con sal y pimienta y rebozada en harina.
4. Cuando el arroz esté en su punto, escurrirlo y añadirlo a la carne, ya ligeramente dorada. Verter también la salsa de tomate.
5. Mezclar todo e introducir la cazuela en el horno unos 10 minutos antes de servir.

Arroz «a banda»

Para 4 personas
Tiempo de preparación: 55 minutos
Dificultad: baja

Ingredientes:

1 kg de pescados: lucerna, araña, mero, etc. • 4 langostinos grandes • 12 mejillones • 400 g de arroz • 250 g de cebollas
• 4 patatas medianas • 250 g de tomates maduros
• 1 hoja de laurel • 2 dientes de ajo • 1 dl de aceite
• perejil • tomillo • orégano • azafrán • pimienta • sal.

Preparación:

1. Limpiar bien el pescado. Raspar los mejillones y lavarlos bien.
2. Abrirlos al vapor; sacar las valvas. Reservar el jugo que sueltan.
3. Con las cabezas de los pescados y espinas, hacer un caldo poniendo una olla al fuego con unos dos litros de agua, la mitad de las cebollas cortadas en tiras finas, un tomate cortado en trozos, las hierbas aromáticas y sal.
4. Cuando empiece a hervir, espumar cuidadosamente y dejar hervir unos treinta minutos.
5. En una cazuela amplia con 1 decilitro de aceite, freír el resto de cebollas y las patatas peladas, pero enteras. Remover para que se doren por igual.

Paella con costilla

Para 4 personas
Tiempo de preparación: 45 minutos
Dificultad: media

Ingredientes:

4 tazas de arroz • 250 g de costillas de cerdo troceado
• 1/2 coliflor bien blanca • 1 cebolla • 2 dientes de ajo
• 4 huevos • sal • aceite.

Preparación:

1. Lavar la coliflor y cortarla en ramilletes pequeños.
2. Pelar y picar la cebolla; pelar y cortar en filetes los dientes de ajo.
3. En una cazuela de barro amplia y plana con aceite hirviendo, dorar la costilla troceada, añadir la cebolla y cuando esté en su punto rociar con 8 tazas de agua; espolvorear con sal.
4. Cuando empiece a hervir, agregar los dientes de ajo y la coliflor.
5. Dejar sobre fuego normal durante 10 minutos y verter 2 tazas más de agua hirviendo.
6. Agregar el arroz procurando dejar a un lado la coliflor; mantener la cazuela sobre fuego normal durante 20 minutos más, aproximadamente. Puede añadirse más agua en caso de espesar antes del tiempo de cocción.
7. Diez minutos antes de retirar el arroz, añadir los cuatro huevos uno al lado del otro procurando no romper la yema; tapar la cazuela.
8. Servir caliente.

6. Cuando estén doradas, cubrir con el caldo preparado anteriormente y colado, cocer tapado unos treinta minutos.

7. Cuando las patatas y cebollas estén casi cocidas, preparar el pescado cortado en rodajas gruesas, salpimentar y ponerlos en la cazuela encima de las verduras, añadir el jugo de los mejillones y el azafrán tostado.

8. Cocer a fuego vivo unos 7 u 8 minutos, para cocer el pescado.

9. Poner una paella al fuego con el resto del aceite, sofreír los ajos picados, dejar dorar ligeramente, incorporar los tomates pelados, sin pepitas y picados bien menudos; dejar rehogar lentamente, hasta que se evapore el agua.

10. Añadir el arroz, dejar sofreír un poco, remover con cuidado, bañar con el caldo de cocer los pescados (doble volumen de caldo que de arroz). Dejar hervir con el fuego un poco vivo. Comprobar el punto de sal y pimienta.

11. Precalentar el horno y dejar cocer los últimos 10 minutos.

12. Para servir en la misma paella, adornar con los mejillones.

13. En una fuente, presentar los pescados. Procurar que las rodajas estén enteras, los langostinos por encima. Salpicar con perejil picado.

14. Servir acompañado de una salsa de «allioli» o de una salsa marinera.

Arroz negro

Para 4 personas
Tiempo de preparación: 45 minutos
Dificultad: media

Ingredientes:
400 g de arroz de grano normal • 500 g de sepias pequeñas (reservar todas las tintas) • 1 pimiento verde • 250 g de tomates maduros • 3 dientes de ajo • 2 dl de aceite • 1 1/4 l de agua • 100 g de cebollas • pereji • sal.

Preparación:
1. Limpiar las sepias, separar y reservar las tintas, trocear.
2. Calentar aceite en una cazuela de barro. Cuando esté caliente, sofreír la sepia troceada.
3. Cuando la sepia tome un poco de color, añadir la cebolla cortada fina, dejar dorar un poco y poner los ajos picados, luego el pimiento troceado y, pasado un momento, los tomates.
4. Remover y dejar que todo tome un color un poco oscuro pero cuidando que no se queme.
5. Cuando esté todo bien sofrito, añadir el agua caliente y tapar, dejar cocer unos veinte minutos.
6. Pasado este tiempo, diluir la tinta de las sepias en un poco de agua caliente y añadirla, sazonar.
7. Aumentar la intensidad del fuego y añadir el arroz repartido por igual; remover.
8. Cocer destapado y a fuego medio 18 o 20 minutos. Comprobar el punto de cocción.
9. Dejar descansar 5 minutos y servir.

Arroz con carne

Para 6 personas
Tiempo de preparación: 1 hora y 5 minutos
Dificultad: media

Ingredientes:
250 g de arroz • 1/2 conejo troceado • 3 salchichas • 1 trozo de codillo de jamón • sal • aceite • caldo • 250 g de guisantes cocidos • 1/2 tazón de tomate triturado • 2 dientes de ajo • 2 cebollas • 200 g de costilla de cerdo • 3 pimientos verdes.

Preparación:
1. Trocear en pedazos pequeños toda la carne.
2. Pelar cuidadosamente las cebollas y el ajo.
3. Cortar a pedacitos los pimientos verdes, triturar las cebollas y picar el ajo.
4. En una sartén amplia con aceite hirviendo dorar la carne.
5. Añadir la cebolla, el ajo y el pimiento; mezclar. Agregar los guisantes y el arroz y sofreír.
6. Poner la carne y el sofrito en una cazuela de barro y cubrirlo con caldo. Dejar a fuego normal durante 5 minutos, aproximadamente.
7. Finalmente, introducir la cazuela en el horno y acabar la cocción del arroz durante unos 15 minutos más. Servir en la misma cazuela.

Arroz con hortalizas

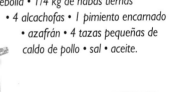

Para 4 personas
Tiempo de preparación: 1 hora
Dificultad: media

Ingredientes:
4 tazas pequeñas de arroz • 5 dientes de ajo • 1 cebolla • 1/4 kg de habas tiernas • 4 alcachofas • 1 pimiento encarnado • azafrán • 4 tazas pequeñas de caldo de pollo • sal • aceite.

Preparación:

1. Desgranar las habas.
2. Pelar las alcachofas, conservando sólo el corazón y trocearlas. Cortar el pimiento en cuadraditos.
3. Pelar y picar la cebolla y los dientes de ajo.
4. En una cazuela amplia y plana con aceite hirviendo, sofreír la cebolla y el ajo.
5. Agregar el arroz y mezclar. Rociar con el caldo hirviendo y añadir las verduras, la sal y el azafrán.
6. Dejar la cazuela a fuego normal, mezclar y cuando empiece a hervir mantener durante 15 o 20 minutos más hasta que el arroz esté en su punto.
7. Antes de servir, dejar que repose unos instantes.

Arroz con tropezones

Para 4 personas
Tiempo de preparación: 1 hora y 25 minutos
Dificultad: media

Ingredientes:

4 tacitas de arroz • 150 g de carne magra de cerdo
• 100 g de jamón serrano • 100 g de longaniza • 1 cebolla
• aceite de oliva • sal.

Preparación:

1. Cortar en pedazos pequeños la carne y el jamón, y la longaniza.
2. Pelar y picar la cebolla.

3. En una cazuela con aceite hirviendo, sofreír la carne.
4. Cuando la carne esté dorada, añadir el jamón y la longaniza; mezclar y agregar la cebolla.
5. Remover durante unos 2 minutos, rociar con 10 tacitas de agua y salar.
6. Con la primera ebullición, añadir el arroz, mezclar un poco y dejar sobre fuego fuerte durante 20 minutos, aproximadamente.
7. Retirar la cazuela del fuego y dejarla reposar unos minutos.
8. Servir en la misma cazuela.

Arroz con congrio

Para 4 personas
Tiempo de preparación: 1 hora y 30 minutos
Dificultad: media

Ingredientes:

4 tazas de arroz • 250 g de congrio • 1/4 de pollo de la parte del muslo • 2 calamares pequeños • azafrán • aceite • 3 dientes de ajo • pimienta molida • sal.

Preparación:

1. Limpiar y lavar el congrio. Cortarlo en rodajas de unos dos centímetros de grosor.
2. Trocear y deshuesar el pollo.
3. Vaciar los calamares, cortarlos en arandelas delgadas y reservar los tentáculos para otro guiso.
4. Tostar el azafrán y machacarlo en un mortero junto con los dientes de ajo pelados y triturados. Agregar un poco de agua.
5. En una cazuela de barro plana con aceite caliente, dorar primero los pedazos de pollo y a continuación agregar el congrio y los calamares. Rebajar el fuego y dejar unos minutos.
6. Agregar el arroz, mezclarlo con los ingredientes y rociarlo con 10 tazas de agua. Salpimentar, y añadir la picada con el agua.
7. Dejar la cazuela a fuego normal unos veinte minutos.
8. Cuando el arroz esté en su punto, es decir, no demasiado hecho, retirar la cazuela del fuego, dejarla reposar unos instantes. Servir.

Arroz con conejo

Para 4 personas
Tiempo de preparación: 60 minutos
Dificultad: baja

Ingredientes:

500 g de conejo • 400 g de arroz de grano medio • 1 dl de aceite • 1 1/2 l de agua • 3 alcachofas medianas • 2 toma-tes • 1/4 kg guisantes desgranados • 1 cebolla pequeña • 1 diente de ajo • sal • pimienta • azafrán • perejil.

Arroz con almejas a la manera cántabra

Para 4 personas
Tiempo de preparación: 35 minutos
Dificultad: media

Ingredientes:

200 g de arroz
- 1/2 kg de almejas frescas
- 1 pimiento verde
- 2 dientes de ajo
- pimienta
- 1 1/2 l de caldo de pescado
- aceite de oliva • sal • perejil.

Preparación:

1. Poner al fuego una cazuela de barro con aceite y, cuando esté caliente, rehogar el pimiento verde cortado pequeño. Mantenerlo hasta que se ablande un poco.
2. Añadir los dientes de ajo picados y, antes de que tomen color, echar el arroz y las almejas, bien lavadas.
3. Rehogarlo todo.
4. Espolvorear con una buena cantidad de perejil bien picado y cubrir el conjunto con el caldo de pescado hirviendo (el volumen del caldo ha de ser 3 veces al volumen del arroz).
5. Salpimentar al gusto.
6. Mantener a fuego vivo durante 15 minutos, aproximadamente. Cuando el arroz esté casi hecho, retirarlo y dejar descansar unos cinco minutos.
7. Servir en la misma cazuela.

Preparación:

1. Limpiar y trocear el conejo, sazonar. En una cazuela al fuego con el aceite, freír los trozos de conejo; cuando estén dorados, añadir la cebolla cortada fina, dejar que tome un poco de color, agregar los ajos picados y los tomates rallados, remover y dejar cocer lentamente.
2. Mientras, preparar las alcachofas quitando las hojas duras y rociándolas con limón para que no se pongan negras. Hervir en abundante agua y sal, escurrir y reservar.
3. Cuando esté listo el sofrito con el conejo, añadir el agua hirviendo, tapar y dejar cocer unos treinta minutos; sazonar.
4. Pasado este tiempo, comprobar cómo está el conejo, añadir el azafrán tostado, desmenuzado, y un poco de pimienta. Echar los guisantes, dejar hervir 10 minutos.
5. Añadir el arroz, repartido por igual, dejar cocer 10 minutos, y añadir las alcachofas, decorando; dejar cocer 8 o 10 minutos más.
6. Cuando esté en su punto, retirar del fuego, poner perejil picado, dejar reposar un momento y servir.

Arroz con almejas a la vasca

Para 4 personas
Tiempo de preparación: 1 hora
Dificultad: media

Ingredientes:

Caldo:

1 cabeza de merluza • 1 zanahoria • 1 cebolla • perejil • 1 hoja de laurel • 2 dl de aceite.

Arroz:

500 g de arroz • 500 g de almejas • 3 dientes de ajo • 1 1/4 dl de vino blanco seco • sal.

Preparación:

1. Preparar el caldo con la cabeza de la merluza, la zanahoria, la cebolla cortada en trozos, una hoja de laurel, unas ramitas de perejil y la sal. Dejar cocer unos treinta minutos; colar.

2. Lavar bien las almejas en varias aguas y abrirlas al vapor en una cacerola. Sacar y retirar una valva de las almejas y reservar. El jugo que hayan soltado, colarlo y añadirlo al caldo.
3. En una cazuela de barro, calentar el aceite y sofreír los ajos picados junto con un puñado de perejil también picado, rociar con el vino blanco y dejar evaporar.
4. Añadir el arroz, rehogar bien e incorporar las almejas.
5. Verter el caldo de pescado bien caliente (el doble en volumen al del arroz). Sazonar.
6. Con el fuego a temperatura regular, dejar cocer unos veinte minutos, a partir de la ebullición.
7. Cuando esté listo, retirar del fuego y dejar reposar 5 minutos.
8. Servir en la misma cazuela, espolvoreado con perejil picado.

Arroz con pulpo

Para 4 personas
Tiempo de preparación: 1 hora y 15 minutos
Dificultad: media

Ingredientes:

500 g de arroz • 2 kg de pulpo • 4 cebollas • 2 tomates • 1 pimiento rojo • 1/2 cucharada de pimentón • 1 dl de leche.

Preparación:

1. Lavar el pulpo bajo un chorro de agua fría.
2. Poner una olla con agua al fuego y llevarla a ebullición; cocer el pulpo; meterlo y sacarlo del agua tres veces, dejando que en cada intervalo el agua llegue otra vez, a ebullición.
3. Rehogar, en una cazuela de barro con el aceite ya bien caliente, las cebollas picadas, el pimiento, los tomates troceados o triturados y el pulpo troceado y el pimentón.
4. Remover continuamente para evitar por todos los medios de que se pegue.
5. Una vez hecho el sofrito, agregar una cucharada del agua de cocer el pulpo.
6. Dejarlo cocer todo junto durante 20 minutos, añadiendo más agua, si vemos que el sofrito se espesa demasiado.
7. Incorporar el arroz y rehogar unos minutos, añadiendo a continuación 10 cucharadas de agua, aproximadamente.
8. Rectificar de sal y dejar que hierva durante 20 minutos más, aproximadamente.
9. Dejar reposar un momento y servir caliente.

Huevos fritos a la mallorquina

Para 4 personas
Tiempo de preparación: 25 minutos
Dificultad: baja

Ingredientes:

8 huevos bien frescos • 4 rodajas anchas de sobrasada
• 400 g de tomates • aceite para freír • sal • pimienta.

Preparación:

1. En una sartén con abundante aceite, freír los huevos de uno en uno y colocarlos en una fuente bien escurridos de grasa.
2. Retirar un poco de aceite y freír la sobrasada cuidando que no se rompan las rodajas, quitarles la piel y colocarlas en la fuente al lado de los huevos. Rociarlo todo con la grasa que haya quedado en la sartén y pasarlos enseguida a la mesa para tomarlos bien calientes.
3. Pelar los tomates, si los escaldamos un momento la piel saldrá mejor, y cortarlos en dados, aliñarlos con sal, pimienta y un poco de aceite y servir para acompañar los huevos.

Tortilla de harina

Para 6 personas
Tiempo de preparación: 35 minutos
Dificultad: baja

Ingredientes:

8 huevos • 4 cucharadas de harina • 1 vaso de leche
• aceite de oliva • pimienta • sal.

Preparación:

1. En un cuenco, batir los huevos, incorporar la leche y añadir la harina poco a poco, batiendo con cuidado para que resulte una pasta homogénea y suave, sin grumos.
2. Salpimentar.
3. Dejar reposar unos veinte minutos.
4. Calentar aceite en una sartén; cuando esté bien caliente, echar la pasta preparada, remover con cuchara de madera; cuando esté dorada por un lado, darle la vuelta y dorarla por la otra cara.
5. Servir caliente, acompañada de una ensalada verde.

Tortilla de ajos tiernos

Para 4 personas
Tiempo de preparación: 20 minutos
Dificultad: baja

Ingredientes:

2 manojos de ajos tiernos • 6 huevos • aceite • sal • pimienta.

Preparación:

1. Cortar las raíces de los ajos y pelarlos quitando la primera piel.
2. Quitarles las puntas de abajo y cortarlos pequeños.
3. En una sartén al fuego, calentar aceite y rehogarlos lentamente, añadiendo pequeñas cantidades de agua caliente, cuidando de que no se quemen.
4. Cuando estén blancos, escurrir.
5. Batir los huevos, mezclar los ajos, salpimentar y cuajar la tortilla en la sartén, dándole la vuelta y dorándola por ambos lados.
6. Servir caliente.

Huevos revueltos con espárragos

Para 4 personas
Tiempo de preparación: 45 minutos
Dificultad: baja

Ingredientes:

1 manojo de espárragos • 8 huevos • mantequilla • pimienta molida • sal.

Preparación:

1. Limpiar los espárragos y cortar la parte tierna en pedazos de 1 cm.
2. Ponerlos a blanquear en una cazuela con agua hirviendo y sal durante unos 15 minutos.
3. Escurrirlos.
4. Tras retirarlos y escurrirlos, rehogar los espárragos a fuego lento en una sartén con mantequilla.
5. En una cazuela aparte, cascar los huevos, salpimentarlos y añadir un poco de mantequilla, mezclándolos continuamente, a fuego vivo, con una cuchara de madera para evitar que se peguen.
6. Cuando los huevos estén cuajados, retirar la cazuela del fuego, incorporar los espárragos y mezclar.

7. Pueden decorarse con 4 espárragos cocidos enteros que se habrán reservado desde el principio.
8. Servirlos inmediatamente.

Huevos revueltos con bacalao a la manera extremeña

Para 4 personas
Tiempo de preparación: 25 minutos
Dificultad: media

Ingredientes:

8 huevos • 1/2 kg de bacalao • 4 dientes de ajo • 1/2 guindilla • aceite • sal.

Preparación:

1. Dejar el bacalao en remojo desde la noche anterior a su preparación.
2. Desmigajar el bacalao remojado, escurrirlo y secarlo; en una sartén amplia con un poco de aceite hirviendo, dorar los dientes de ajo pelados y la 1/2 guindilla.
3. Retirar todos estos ingredientes y conservar.
4. En el aceite restante, saltear el bacalao unos instantes. Retirar y mezclar con los huevos batidos.
5. En otra sartén aparte con un poco de aceite sobre fuego suave, disponer el bacalao con los huevos, añadir el ajo y la guindilla machacados en mortero y revolver continuamente con una espátula de madera; rectificar de sal, mezclar un poco más, siempre a fuego muy lento.
6. Servir caliente.

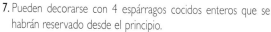

Huevos fritos con jamón

Para 4 personas
Tiempo de preparación: 25 minutos
Dificultad: baja

Ingredientes:

8 huevos • 4 lonchas de jamón magro • 1/2 tazón de puré de tomate • 1 vaso de leche • manteca • azúcar • sal.

Preparación:

1. Poner la leche y el jamón en un plato hondo.
2. Dejar el jamón en remojo.
3. Untar con manteca 4 cazuelitas individuales refractarias.
4. Disponer en cada una, una loncha de jamón bien escurrido y, encima, dos huevos estrellados.
5. Calentar el puré de tomate, espolvorearlo con un poco de sal y azúcar.
6. Llevar las cazuelitas al horno y retirarlas cuando las claras de huevo estén cuajadas.
7. Verter encima de cada una un poco de puré de tomate caliente.
8. Servir enseguida.

Huevos con chorizo a la extremeña

Para 4 personas
Tiempo de preparación: 20 minutos
Dificultad: baja

Ingredientes:

8 huevos • sal • aceite • 8 rodajas de chorizo extremeño.

Preparación:

1. En una sartén amplia con aceite caliente, dorar el chorizo y cascar inmediatamente los huevos encima de él.
2. Servir caliente.

3. Salar los huevos al gusto. Pueden servirse también en cazuelitas de barro individuales.

Tortilla de bacalao

Para 4 personas
Tiempo de preparación: 30 minutos
Dificultad: baja

Ingredientes:

4 pimientos verdes • 4 dientes de ajo • 1 dl de aceite • 8 huevos • 300 g de bacalao • sal • pimienta • perejil.

Preparación:

1. Tener remojado y desalado el bacalao.
2. Desmenuzar, quitar la piel y las espinas.
3. En un cazo con un poco de aceite, rehogar los

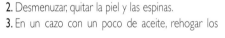

pimientos cortados en tiras, dejar cocer lentamente, para que queden blancos y que no cojan color.

4. Añadir el bacalao, rehogar un poco más y añadir el ajo y perejil bien picados. Salpimentar con moderación. Rehogar un poco más y retirar.

5. Repartir en cuatro partes y batir los huevos, dos cada vez, y mezc?? con una de las partes del preparado de bacalao.

6. Poner un poco de aceite en una sartén y formar una tortilla rec?? dorándola por ambas caras.

7. Cuando tengamos las cuatro tortillas preparadas, presentar?? mesa rodeadas de ensalada verde.

Tortilla con tropezones

Para 4 personas
Tiempo de preparación: 45 minutos
Dificultad: baja

Ingredientes:

4 huevos • 50 g de jamón magro • 50 g de chorizo
• 1 cebolla pequeña • sal • aceite • 1/2 kg de patatas.

Preparación:

1. Primeramente pelar las patatas y cortarlas en cuadrados pequeños.
2. Enseguida cortar el chorizo y el jamón en trozos pequeños.
3. Pelar y triturar la cebolla.
4. Batir los huevos.
5. En una sartén con aceite hirviendo, freír las patatas a fuego normal. Tapar la sartén y dejar unos minutos más a fuego muy lento.
6. Antes de retirar las patatas de la sartén, añadir la cebolla triturada, el jamón y el chorizo.
7. Dejar 10 minutos más, revolviendo con una espátula de madera.
8. Disponer las patatas y sus ingredientes bien escurridos de aceite en la fuente con los huevos batidos. Espolvorear con sal.
9. Retirar el aceite de la sartén, dejar sólo unas dos cucharadas. Cuando esté bien caliente, formar una tortilla jugosa pero dorada por el exterior. Servirla inmediatamente.

Tortilla de gambas

Para 4 personas
Tiempo de preparación: 25 minutos
Dificultad: baja

Ingredientes:

400 g de gambas • 12 huevos • aceite • sal • laurel • agua.

Preparación:

1. En una cazuela con agua al fuego, poner a cocer las gambas, añadiéndole el laurel y la sal.
2. Al cabo de 2 o 3 minutos, retirar la cazuela del fuego.
3. Pelar el marisco.
4. Batir tres huevos y sazonar.
5. En una sartén con aceite caliente, verter los huevos batidos y añadir las gambas peladas.
6. Remover bien y, cuando el huevo empiece a cuajar, formar la tortilla.
7. Servir inmediatamente.

Huevos en molde

Para 4 personas
Tiempo de preparación: 50 minutos
Dificultad: baja

Ingredientes:

4 cuadrados de pan del día anterior de unos 4 cm de espesor
• 4 huevos • aceite (o manteca de cerdo) • leche • sal.

Preparación:

1. Con ayuda de la punta de un cuchillo de cocina afilado, formar en el centro de cada cuadrado de pan un pequeño hueco.

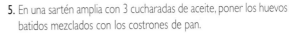

2. Separar las yemas de los huevos.

3. Batir las claras a punto de nieve.

4. Poner leche en un recipiente hondo.

5. En una sartén mediana pero honda, con abundante aceite o manteca caliente, dorar los cuadros de pan previamente rebozada la parte inferior en leche.

6. Disponer en cada hueco una yema de huevo. Espolvorear con un poco de sal.

7. Dejar unos minutos hasta que la parte baja esté bien tostada y verter con una cuchara aceite caliente en la yema.

8. Recubrir finalmente cada molde de pan con clara de huevo batida y rociarla con aceite hirviendo para que cuaje.

9. Escurrir bien para retirar todo el aceite impregnado en el pan y servir enseguida muy caliente.

Tortilla de costrones de pan

Para 4 personas
Tiempo de preparación: 25 minutos
Dificultad: baja

Ingredientes:

7 huevos • 2 rebanadas de pan • aceite • sal
• pimienta blanca molida.

Preparación:

1. Cortar las rebanadas de pan en cuadraditos de un centímetro de espesor, aproximadamente. Los costrones se formarán al freír la miga.

2. En una sartén mediana con aceite abundante y bien caliente, dorar los costrones de pan. Evitar que el aceite se queme.

3. Colar el aceite sobrante de freír los costrones para usarlo al hacer la tortilla.

4. Batir los huevos en una fuente honda. Si se desea una tortilla melosa, basta con batir los huevos unos instantes pero, si se desea la tortilla muy hecha, batir durante más tiempo los huevos.

5. En una sartén amplia con 3 cucharadas de aceite, poner los huevos batidos mezclados con los costrones de pan.

6. Espolvorear con sal y pimienta al gusto.

7. Dorar la tortilla por ambos lados, dándole la vuelta para que adquiera un bonito color dorado. Si la tortilla se cuece con fuego rápido queda dorada en menos tiempo pero no tan cocida por dentro. Por el contrario, a fuego lento queda más hecha.

Huevos con pimientos

Para 4 personas
Tiempo de preparación: 1 hora y 35 minutos
Dificultad: media

Ingredientes:

4 huevos • 2 pimientos rojos grandes • sal • aceite • harina.

Preparación:

1. En un puchero con agua fría sobre el fuego, cocer los huevos durante unos 20 minutos. Dejarlos enfriar en agua fría, pelarlos y cortarlos a rodajas.

2. Mientras, asar los pimientos y, después, pelarlos y cortarlos a tiras.

3. En una cazuela de barro plana con aceite, poner los pimientos y dejarlos a fuego muy lento unos minutos hasta que queden rehogados en su propio jugo.

4. Espolvorear con una cucharada de harina, removiendo continuamente, y verter un chorro de agua.

5. Sazonar con un poco de sal, disponer encima los huevos y dejar sobre fuego lento unos 3 minutos.

Huevos a la flamenca

Para 4 personas
Tiempo de preparación: 40 minutos
Dificultad: media

Ingredientes:

8 huevos • 4 lonchas de jamón • 4 lonchas de chorizo
• 150 g de habas desgranadas • 150 g de guisantes desgranados
• 150 g de judías verdes • 2 alcachofas • 4 cucharadas de puré
de tomate • 150 g de zanahorias • 1 cebolla • 2 dientes de ajo
• aceite • sal.

Preparación:

1. En una sartén con aceite, freír la cebolla y los dientes de ajo bien picados.
2. Antes de que la cebolla empiece a tomar color, añadir las habas, los guisantes, las judías y las zanahorias cortadas en trocitos; también las alcachofas, en trozos pequeños y la sal.
3. Dejar rehogar todo junto unos minutos y añadir el puré de tomate.
4. Dejar cocer a fuego lento durante 15 minutos.
5. En cuatro cazuelitas de barro individuales, distribuir las verduras, cascar encima los huevos y adornar con una loncha de jamón y otra de chorizo.
6. Introducir en el horno las cazuelitas por espacio de 5 minutos.
7. Servir.

Huevos a la trufa

Para 4 personas
Tiempo de preparación: 45 minutos
Dificultad: alta

Ingredientes:

2 trufas grandes • 2 l de agua • 70 g de mantequilla
• 1/2 l de leche • 2 dl de vinagre • 8 huevos muy frescos
• 8 tostadas • 40 g de harina • nuez moscada • sal • pimienta.

Preparación:

1. De un pan de molde de kilo, cortar 8 rebanadas de unos tres centímetros de grosor.
2. Sacar la corteza y tostar las rebanadas por ambos lados en el grill.
3. Cuando aún estén calientes, hacer un pequeño agujero, con la punta de un cuchillo, sacando un poco de miga pero cuidando de no traspasar al otro lado.
4. Los huecos hechos en la miga servirán para poner luego los huevos escalfados.
5. Hacer una bechamel clarita con la leche, la harina y la mantequilla. Sazonar con sal, pimienta y nuez moscada.
6. Poner al fuego el agua y el vinagre en un cazo grande. Cuando empiece a hervir, bajar el fuego y mantener la ebullición muy suave.
7. Agregar los huevos de uno en uno; se echan en el agua con cuidado, seguidos, para que la cocción sea igual para todos. Esperar 2 minutos que el agua hierva muy despacio.
8. Pasado este tiempo, sacarlos con la espumadera y sumergirlos en un recipiente con agua fría; después, ponerlos sobre un paño seco para que escurran bien.
9. A medida que los vayamos sacando del paño colocarlos cuidadosamente uno en cada tostada.
10. Encima de cada huevo poner un poco de bechamel y unas láminas muy finas de trufa, salteada con la mantequilla. Servir enseguida.

Huevos a la navarra

Para 4 personas
Tiempo de preparación: 20 minutos
Dificultad: baja

Ingredientes:

4 huevos • 200 g de salchichón de Pamplona • puré de tomate
• perejil • 5 cucharadas de queso rallado • mantequilla
• sal • pimienta.

Preparación:

1. En una sartén, calentar el puré de tomate con sal, pimienta y perejil, finamente picado.
2. Disponer el puré de tomate frito en una fuente refractaria y romper encima los huevos, cuidando de que la yema quede entera y centrada respecto a la clara.
3. Alrededor de los huevos, disponer trocitos de mantequilla y el salchichón cortado a rodajas no muy gruesas.
4. Espolvorear con el queso rallado e introducir la fuente en el horno.
5. Dejar unos minutos, vigilando que las yemas no cuajen más que las claras.

Tortilla de camarones y gambas

Para 4 personas
Tiempo de preparación: 25 minutos
Dificultad: media

Ingredientes:

300 g de gambas y camarones • 200 g de harina de trigo
• 200 g de cebolla tierna • 200 g de harina de maíz
• sal • aceite • perejil.

Preparación:

1. Picar la cebolla, el perejil y mezclar con las gambas y los camarones pelados y cortados en trozos pequeños.
2. Agregar la harina y mezclarlo todo y sazonar.
3. Añadir también un poco de agua templada, hasta conseguir una pasta de consistencia media.
4. Dejar reposar la pasta durante 3 horas.
5. En una sartén con abundante aceite muy caliente, verter un poco de pasta con la ayuda de una cuchara sopera.
6. Dejar dorar las tortillas por ambos lados. Deben quedar secas y crujientes.
7. Servir recién hechas.

Costrada

Para 4 personas
Tiempo de preparación: 1 hora y 5 minutos
Dificultad: media

Ingredientes:

Pan del día anterior (especial para sopas) • 100 g de chorizo de Pamplona
• 4 cebollas • 4 huevos
• sal • aceite • caldo
• 4 zanahorias tiernas.

Preparación:

1. Cortar el pan en rebanadas finas y tostarlas en el horno.
2. Pelar y cortar a rodajas las zanahorias, pelar y triturar las cebollas, y cortar a cuadrados el chorizo.
3. En un puchero con agua hirviendo y sal, cocer las zanahorias y las cebollas.
4. Colarlas y convertirlas en puré.
5. Mientras, en una sartén con aceite, sofreír el chorizo.
6. En una fuente semihonda refractaria, disponer una capa de pan; sobre ella, otra de chorizo y puré de zanahoria y cebolla, y rociar con la grasa del chorizo.
7. Repetir la operación, terminando con una capa de pan.
8. Rociar con caldo y el resto de la grasa del chorizo, cascar los 4 huevos encima, e introducir en el horno muy caliente.
9. Retirar la fuente cuando los huevos estén cuajados.
10. Servir sin cambiar la costrada de recipiente.

Tortilla de champiñones

Para 4 personas
Tiempo de preparación: 40 minutos
Dificultad: baja

Ingredientes:

200 g de champiñones • 4 huevos • 1 cebolla pequeña
• 2 cucharadas de salsa de tomate • 50 g de mantequilla
• 3 pimientos de lata • 1 diente de ajo • 1 limón • 1 rebanada de miga de pan • pimienta • aceite • sal.

Preparación:

1. Limpiar, rociar con zumo de limón y cortar en láminas los champiñones.
2. Picar fina la cebolla y rehogarla con la mantequilla; añadir los champiñones, cociendo a fuego vivo.
3. Sazonar con sal y pimienta.
4. Batir los huevos, añadir la miga de pan desmenuzada, las dos cucharadas de salsa de tomate, el diente de ajo picado y los champiñones.
5. En una sartén con un poco de aceite, cuajar la tortilla, dorándola por ambos lados, pero dejándola jugosa por dentro.
6. Dejar descansar un momento en la sartén y servir.

Tortilla de lacón

Para 4 personas
Tiempo de preparación: 35 minutos
Dificultad: media

Ingredientes:

4 huevos • 150 g de lacón • miga de pan del día anterior • leche • aceite • sal.

Preparación:

1. Picar el lacón.
2. Poner en remojo 1/2 tazón de miga de pan en leche. Escurrir bien.
3. Batir en un plato hondo los huevos y espolvorearlos con sal.
4. Mezclar los huevos con la miga de pan y el lacón.
5. Calentar una sartén, verter unas 4 cucharadas de aceite. Cuando esté hirviendo, formar la tortilla.
6. Debe quedar dorada por fuera pero jugosa por dentro.
7. Puede hacerse también con 8 huevos en vez de 4. Servir caliente.

Huevos con sangrecilla

Para 6 personas
Tiempo de preparación: 40 minutos
Dificultad: baja

Ingredientes:

1 kg de sangre de cordero cocida • 1 cebolla pequeña • 4 huevos • aceite de oliva • 5 cucharadas de puré de tomate • pimienta blanca molida • perejil • sal.

Preparación:

1. Pelar y picar finamente la cebolla, triturar el perejil y trocear la sangre.
2. En una sartén amplia con 5 cucharadas de aceite caliente, dorar ligeramente la cebolla picada.
3. Cuando esté en su punto, añadir la sangre y remover continuamente la mezcla durante unos minutos a fuego lento.
4. Espolvorear la sangre con sal y pimienta y agregar el puré de tomate y el perejil. Dejar la sartén sobre fuego normal durante 3 minutos más.
5. A continuación en otra sartén con aceite abundante y muy caliente, freír los huevos.

6. En una fuente para servir, disponer los huevos en un lado y, en otro, la sangre bien caliente.
7. Este plato puede adornarse con costrones de pan frito cortado en triángulos.

Tortilla de patatas con lomo a caballo

Para 4 personas
Tiempo de preparación: 1 hora y 5 minutos
Dificultad: baja

Ingredientes:

1 kg de patatas • 400 g de lomo en 8 trozos • 8 huevos • 2 cebollas • 1/2 cucharada de pimentón • 1 manojo de hierbas (laurel, tomillo, perejil) • sal • aceite.

Preparación:

1. En una fuente de barro poner los trozos de lomo, rociarlos con un buen chorro de aceite, añadir el pimentón y el manojo de hierbas. Dejarlo en adobo unas dos horas en un lugar fresco.
2. Pelar las patatas y cortarlas en rodajitas finas.
3. En una sartén con aceite hirviendo, freír las patatas. Cuando empiecen a adquirir un poco de color, tapar la sartén y dejarlas a fuego muy lento. Escurrirlas cuando estén blandas y conservarlas cerca del calor.
4. Retirar el aceite de la sartén y dejar sólo 3 cucharadas. Freír en él las cebollas peladas y trituradas. Añadirlas a las patatas.
5. Batir los huevos con un poco de sal en un recipiente hondo. Añadir las patatas y la cebolla.
6. En una sartén amplia con 4 cucharadas de aceite, formar la tortilla, redonda y gruesa. Darle la vuelta cuando esté dorada por abajo y acabar la cocción por el otro lado.
7. Disponer la tortilla en una fuente para servir.
8. Escurrir el lomo en adobo, secarlo, untarlo con un poco de aceite y dorarlo por ambos lados.
9. Cortar la tortilla en trozos y en cada uno de ellos disponer 2 trozos de lomo.

Tortilla de picatostes

Para 4 personas
Tiempo de preparación: 35 minutos
Dificultad: baja

Ingredientes:

8 huevos • 3 rodajas de pan del día anterior • 100 g de chorizo
• pimienta molida • sal • aceite.

Preparación:

1. Cortar el pan en tiras y después en cuadrados pequeños.
2. Retirar la piel del chorizo y cortarlo en rodajas.
3. En una sartén pequeña con aceite hirviendo, freír los picatostes.
4. En un recipiente hondo, batir los huevos y sazonarlos con sal y pimienta.
5. En el aceite sobrante de freír los picatostes, saltear las rodajas de chorizo.
6. En una sartén amplia con un poco de aceite hirviendo, saltear los picatostes y el chorizo ya fritos.
7. Darles una vuelta con el tenedor y verter encima los huevos batidos.
8. Revolver y mezclar bien la mezcla de huevos, picatostes y chorizo.
9. Cuando la tortilla esté dorada por abajo, darle la vuelta con la ayuda de un plato y dorarla por la otra parte.
10. La tortilla puede quedar dorada por fuera y jugosa por dentro o muy hecha, según el gusto de cada uno.
11. Servirla caliente.

Tortilla paisana

Para 4 personas
Tiempo de preparación:
30 minutos
Dificultad: baja

Ingredientes:

8 huevos • 10 espárragos blancos • 100 g de guisantes extrafinos • 100 g de jamón serrano • 100 g de chorizo «casero».

Preparación:

1. Conservar sólo la parte más blanca de los espárragos y cortar en trozos de unos dos centímetros, aproximadamente.
2. Retirar la piel del chorizo y cortarlo en cuadraditos.
3. Picar también el jamón.
4. En una sartén amplia con 4 cucharadas de aceite, saltear los espárragos, los guisantes desgranados, el jamón y el chorizo.

5. Batir en un recipiente hondo los huevos.
6. Mezclar todos los ingredientes continuamente durante unos minutos.
7. Añadir al contenido de la sartén los huevos batidos. Coger la sartén por el mango y moverla, despegando con un tenedor los bordes de la tortilla.
8. Cuando la tortilla empieza a cuajar, envolverla como si se tratara de una tortilla a la francesa, dejándola hecha por fuera pero jugosa por dentro.

Huevos con bechamel y tomate

Para 6 personas
Tiempo de preparación: 40 minutos
Dificultad: baja

Ingredientes:

6 huevos frescos • 100 g de jamón de York • 50 g de salsa de tomate • 200 g de salsa bechamel • 50 g de mantequilla.

Preparación:

1. Engrasar con mantequilla unos moldes de flan individuales.
2. Poner un círculo de jamón en el fondo del molde y forrar con unas tiras de jamón los laterales.
3. Cascar en cada molde un huevo y ponerlos a cocer en el horno precalentado al baño María durante unos 15 minutos.
4. Seguidamente comprobar el punto de cocción pinchando con una aguja.
5. Dejar enfriar y desmoldar en una fuente.
6. Mezclar la salsa bechamel con la salsa de tomate y cubrir los huevos con esta salsa.

Huevos revueltos con bacalao a la manera cántabra

Para 4 personas
Tiempo de preparación: 25 minutos
Dificultad: baja

Ingredientes:

8 huevos frescos • 1/2 kg de bacalao remojado • 4 dientes de ajo
• 1/2 dl de crema de leche • sal • aceite de oliva • pimienta
• 1 trozo de guindilla.

Preparación:

1. Desmigar el bacalao, escurrirlo bien y secarlo con un paño limpio.
2. En una sartén con aceite caliente, dorar un poco el bacalao junto con los ajos picados y el trocito de guindilla. Cuando haya tomado un poco de color, retirar del fuego.
3. En un bol grande, batir los huevos, salpimentar y añadir la crema de leche y el bacalao bien escurrido. Revolverlo todo.
4. En la misma sartén con un poco de aceite caliente, a fuego suave, verter todo el preparado, removiendo continuamente hasta que cuaje. Servir.

Huevos al estilo de Badajoz

Para 4 personas
Tiempo de preparación: 55 minutos
Dificultad: baja

Ingredientes:

8 huevos • 100 g de jamón magro • 8 tomates medianos
• 4 cucharadas de queso rallado • aceite • sal.

Preparación:

1. Cortar por la mitad los tomates y disponerlos boca abajo; vaciar un poco su interior, salarlos, rociarlos con un chorrito de aceite y rellenarlos con el jamón picado; disponerlos en una fuente refractaria.
2. En una sartén pequeña con abundante aceite hirviendo, freír los huevos, procurando, con la ayuda de una cuchara, que la clara envuelva bien la yema.
3. Colocar un huevo encima de cada medio tomate y espolvorear con el queso rallado; introducir la fuente en el horno, y mantenerla hasta que los huevos tomen un poco de color y los tomates estén algo blandos.

Huevos al plato

Para 4 personas
Tiempo de preparación: 25 minutos
Dificultad: baja

Ingredientes:

8 huevos • 3 dientes de ajo • 1 rebanada de pan • canela en
polvo • azafrán • sal • aceite • agua • almendras crudas.

Preparación:

1. Dar un hervor a las almendras, dejarlas enfriar y pelarlas.
2. En una sartén al fuego con un poco de aceite, freír los ajos pelados y enteros, las almendras y el pan.
3. Retirar el frito y machacarlo en un mortero, añadiendo unas hebras de azafrán y un poco de canela en polvo.
4. Añadir un poco de aceite en el majado, un poco de agua y sal.
5. Repartir la picada en cuatro cazuelitas individuales, cascar dos huevos en cada una, procurando que no se rompan las yemas.
6. Introducir las cazuelitas en el horno caliente hasta que la clara quede cuajada, sazonar y servir.

Huevos rellenos

Para 4 personas
Tiempo de preparación: 45 minutos
Dificultad: baja

Ingredientes:

8 huevos frescos • 250 g de merluza fresca • 100 g de salsa de
tomate • 40 g de harina • 40 g de mantequilla • 2 1/2 dl de leche
• nuez moscada • sal • pimienta.

Preparación:

1. Hervir los huevos con abundante agua y un poco de sal durante 12 minutos a partir del primer hervor.
2. Pasarlos por agua fría.
3. Pelar y partir los huevos por la mitad a lo largo.

4. Sacar las yemas cuidadosamente. Reservar.
5. Hervir la merluza con un poco de agua y sal, sólo unos minutos. Escurrirla, quitarle la piel y las espinas y desmenuzarla.
6. Mezclar con la salsa de tomate formando una pasta para relleno. Con esta preparación, rellenar las claras de huevo.
7. En un cazo aparte, derretir la mantequilla, añadir la harina y dejar cocer, sin que tome color, removiendo con las varillas.
8. Verter la leche tibia, removiendo para que no se formen grumos; dejar espesar.
9. Sazonar con sal, pimienta y nuez moscada.
10. Cubrir los huevos con esta bechamel y adornar con el sobrante de yemas desmenuzadas.
11. Servir a continuación.

Tortilla piperada

Para 4 personas
Tiempo de preparación: 40 minutos
Dificultad: baja

Ingredientes:

8 huevos • 3 pimientos rojos • 250 g de cebollas • 4 tomates rojos y fuertes • 3 dientes de ajo • perejil • aceite • pimienta • sal.

Preparación:

1. Lavar y cortar los pimientos en tiras finas, sacándoles las semillas.
2. Seguidamente pelar las cebollas y cortarlas también en tiras finas.
3. En un cazo al fuego con un poco de aceite, sofreír los pimientos y cebollas a fuego suave, unos quince minutos; salpimentar.
4. Proceder a tapar con un papel de barba engrasado, hundiéndolo por el centro de manera que toque el pimiento y la cebolla; tapar, además, con la tapadera; dejar cocer unos diez minutos más.
5. A continuación escaldar y pelar los tomates, cortarlos en cuadros pequeños, freír en un cazo con muy poco aceite, añadir el ajo y perejil finamente picados.
6. Mezclar enseguida este sofrito con las cebollas y los pimientos.
7. Dividir este preparado en cuatro partes y formar cuatro tortillas redondas, con dos huevos cada una. Dorar por ambos lados.
8. Es conveniente que este plato sea servido bien caliente.

Salsa de huevo duro

(para pescados)

Tiempo de preparación: 10 minutos más el tiempo de cocción de la salsa bechamel
Dificultad: media

Ingredientes:

1 tazón de salsa bechamel • 2 huevos duros • 1 limón • perejil.

Preparación:

1. Triturar los huevos duros una vez pelados.
2. Picar finamente una ramita de perejil.
3. Exprimir el limón y reservar el zumo.
4. Añadir a la salsa bechamel el huevo picado, el perejil y el zumo de limón.
5. Mezclar con espátula de madera y servir en una salsera acompañando pescados de carne dura cocidos al vapor o asados.

Cazoleta de huevos

Para 4 personas
Tiempo de preparación: 1 hora y 40 minutos
Dificultad: alta

Ingredientes:

5 huevos • 250 g de espinacas o acelgas • puré de tomate • 200 g de harina • queso rallado • leche • 100 g de manteca de cerdo • mantequilla • sal.

Preparación:

1. Limpiar cuidadosamente la verdura y cortarla en juliana.
2. En un cazo con agua fría, poner a cocer 4 huevos durante unos 20 minutos.
3. Mientras, poner en un recipiente hondo la harina dejando un hueco en el centro para echar la manteca de cerdo cortada en pedacitos, la yema cruda de 1 huevo y un poco de leche, salar y amasar bien.
4. Poner la masa en forma de bola sobre el mármol y aplanarla con el rodillo. Cortar en ella unos cuadrados pequeños.
5. Enfriar los huevos bajo el grifo de agua fría, pelarlos y cortarlos en rodajas finas.
6. Cocer la verdura durante 20 minutos, aproximadamente, escurrirla y triturarla.

7. Encima de cada cuadrado disponer una rodaja de huevo y un pequeño montículo de verdura.

8. Doblar la pasta y unir los bordes con la punta de un tenedor.

9. Untar con mantequilla una cazoleta amplia para el horno y disponer en ella los cuadrados rellenos. Verter encima el puré de tomate y un trocito de mantequilla. Espolvorear con queso rallado.

10. Introducir la cazoleta en el horno hasta que quede gratinado.

11. Servir en la misma cazoleta.

Huevos cuajados con espinacas

Para 4 personas
Tiempo de preparación: 55 minutos
Dificultad: media

Ingredientes:

8 huevos • 800 g de espinacas • 3 dientes de ajo • I tacita de caldo de carne • pimentón dulce • sal • aceite.

Preparación:

1. Lavar bien las espinacas y escurrir.

2. En una olla al fuego con agua y sal, agregar las espinacas al primer hervor y dejarlas cocer durante 15 minutos.

3. Escurrir bien las espinacas y trocearlas.

4. En una sartén al fuego con aceite, freír los dientes de ajo previamente pelados y cortados en láminas, las espinacas y el pimentón; añadir un poco de caldo y sal.

5. Dejar cocer a fuego lento, chafando bien las espinacas hasta conseguir una pasta.

6. Repartir la pasta en cuatro cazuelitas individuales para horno.

7. Cascar dos huevos en cada cazuelita y llevar a horno caliente hasta que la yema quede cuajada.

8. Sazonar y servir caliente.

Huevos revueltos con jamón de Montánchez

Para 4 personas
Tiempo de preparación: 35 minutos
Dificultad: baja

Ingredientes:

8 huevos • 100 g de jamón de Montánchez
• mantequilla • aceite • sal.

Preparación:

1. Trocear el jamón. Separar las claras de las yemas de los

huevos y en un recipiente hondo batir las yemas con un poco de sal y 4 cucharadas de agua.

2. En otro recipiente, batir las claras a punto de nieve, y añadir, poco a poco, I cucharada de mantequilla derretida.

3. En una sartén con 5 cucharadas de aceite, saltear el jamón y, cuando empiece a tomar color, añadir, lentamente, los huevos batidos, removiendo continuamente para que cuajen sin pegarse al fondo de la sartén.

4. Rectificar de sal y servir caliente.

Entrante de huevos duros

Para 4 personas
Tiempo de preparación: I hora
Dificultad: baja

Ingredientes:

8 huevos • 2 pimientos rojos de lata • 50 g de aceitunas rellenas
• 1/2 tazón de puré de tomate (o uno fresco y asado).

Preparación:

1. En un cazo de agua fría, cocer los 8 huevos a fuego normal. Veinte minutos después, retirarlos y pelarlos debajo del grifo de agua fría.

2. Cortar el pimiento morrón en tiras finas de 1/2 cm de espesor.

3. Preparar una fuente para servir plana con un lecho de puré de tomate y disponer encima los huevos duros cortando una rodaja de medio centímetro de grosor de la parte más ancha del huevo.

4. Una vez están uno al lado del otro, clavarles en la parte alta un palillo y, en él, enganchar una tira de pimiento morrón cayendo a los dos lados del huevo imitando unos brazos.

5. Clavar también en el palillo una aceituna y al final del palillo la punta del huevo recortada.

6. Lograr el efecto de un hombrecito con boina.

7. El lecho también puede ser de mayonesa o con tiritas de lechuga.

Tortilla del Madrid goyesco

Para 4 personas
Tiempo de preparación: 55 minutos
Dificultad: baja

Ingredientes:

2 mollejas pequeñas de ternera y varias de cordero • 2 tomates maduros • pimienta molida • 6 huevos • 1 cucharadita de jerez • manteca • queso rallado • 1 cebolla pequeña
• 1 cucharada sopera de jamón picado • sal • aceite • perejil.

Preparación:

1. Poner las mollejas en remojo con agua fría durante 1 hora.
2. Cocerlas en agua con sal unos minutos.
3. Escurrirlas, retirarles las grasas y telillas hasta dejarlas limpias y cortarlas en tiras finas.
4. Pelar y picar la cebolla para que quede bien fina. Triturar el perejil.
5. Escaldar en agua hirviendo los tomates, quitarles la piel y las semillas y picarlos.
6. En una sartén con manteca caliente, saltear las mollejas a fuego vivo.
7. Añadir inmediatamente un poquito de cebolla picada, sal, pimienta, perejil y 1 cucharadita de jerez.
8. En otra sartén amplia, con un poco de aceite, freír una cucharada sopera de cebolla picada e igual cantidad de jamón.
9. Cuando el sofrito esté dorado, añadir los 6 huevos bien batidos, una cucharada de queso rallado y un poco de perejil.
10. Formar la tortilla plana y dorada por los dos lados y disponerla en una fuente redonda. Colocar en el centro el sofrito de las mollejas decorando cada lado de la fuente con una cucharada de tomate preparado en sofrito con sal, azúcar y pimienta.

Tortilla de pimientos y tomates

Para 6 personas
Tiempo de preparación: 40 minutos
Dificultad: baja

Ingredientes:

6 huevos • 5 tomates • 1 cebolla grande • 2 pimientos verdes
• 30 g de mantequilla • orégano • pimentón dulce • aceite • sal.

Preparación:

1. Pelar y picar finamente la cebolla.
2. Lavar los pimientos, quitar las semillas y cortar a tiras.
3. Pelar los tomates y cortarlos a trozos.
4. En una sartén con un poco de aceite, freír la cebolla y antes de que empiece a tomar color, añadir las tiras de pimiento y los tomates.
5. Dejar sofreír todo junto por espacio de 15 minutos; mientras, añadir una cucharadita de orégano, el pimentón y un poco de sal.

6. Separar las yemas de las claras y reservar.
7. En un bol, batir las yemas de los huevos con un poco de sal; aparte, montar las claras y luego incorporarlas a las yemas.
8. Agregar el sofrito a los huevos batidos y mezclar bien.
9. En una sartén con la mantequilla caliente y un poquito de aceite, incorporar toda la mezcla. Dejar cocer unos cinco minutos, aproximadamente.
10. Dar la vuelta a la tortilla y, cuando empiece a cuajar, dejar cocer dos minutos más.
11. Poner en una fuente para servir.

Tortilla navarra

Para 4 personas
Tiempo de preparación: 1 hora y 15 minutos
Dificultad: baja

Ingredientes:

400 g de patatas • 2 cebollas • 2 tomates maduros
• 4 huevos • aceite • sal.

Preparación:

1. Pelar las patatas y cortarlas a cuadrados pequeños y uniformes. A continuación, y por separado, pelar y triturar cuidadosamente los tomates y las cebollas.
2. Poner aceite en una sartén y freír en él los cuadros de patata a fuego lento.
3. A media cocción de las patatas, añadir la cebolla, tapar la sartén y dejar a fuego lento.
4. Finalmente, unos minutos antes de retirar, agregar el tomate, sazonar con sal y mezclar. Dejar unos 5 minutos más.
5. Agregar los huevos batidos, remover con cuidado y formar una tortilla jugosa por dentro y dorada por fuera.

Tortilla extremeña

Para 4 personas
Tiempo de preparación: 25 minutos
Dificultad: baja

Ingredientes:

8 huevos • 250 g de chorizo extremeño • 1 guindilla picante
• 1/2 cucharada de pimentón • aceite • sal.

Preparación:

1. Cortar el chorizo en rodajas y retirarles la piel; trocear la guindilla, y batir los huevos en un recipiente hondo.
2. En una sartén con un poco de aceite caliente, saltear las rodajas de chorizo junto con la guindilla; espolvorear con un poco de sal y el pimentón y agregar enseguida los huevos batidos.
3. Formar una tortilla redonda, jugosa por dentro pero dorada por fuera, disponerla en una fuente para servir y dejarla reposar unos 5 minutos.

Huevos con hortalizas

Para 4 personas
Tiempo de preparación: 1 hora y 35 minutos
Dificultad: media

Ingredientes:

8 huevos • 1 kg de patatas • 1/2 kg de tomates maduros
• 1/2 kg de guisantes desgranados cocidos
• 150 g de chorizo extremeño • 150 g de jamón magro
• 1 cebolla • pimienta • sal • aceite.

Preparación:

1. Pelar las patatas y cocerlas con agua y sal durante unos 30 minutos; dejarlas enfriar y cortarlas a cuadrados; pelar y picar la cebolla; escaldar los tomates durante unos minutos, retirarles la piel y triturarlos, y trocear el jamón y el chorizo.
2. En una cazuela amplia con aceite hirviendo, sofreír la cebolla y los tomates, y, cuando esté todo bien rehogado, añadir las patatas, el jamón y el chorizo; salpimentar, mezclar y dejar a fuego lento unos 15 minutos.
3. Añadir los guisantes ya cocidos, revolver y cascar encima de la mezcla los huevos.
4. Introducir la cazuela en el horno y dejarla hasta que la clara quede cuajada.

Macarrones con salchichas

Para 4 personas
Tiempo de preparación: 1 hora
Dificultad: media

Ingredientes:

250 g de macarrones • 4 salchichas • 800 g de tomates maduros
• 1 cebolla • 100 g de queso rallado • 1 cucharada de mantequilla
• 3 cucharadas de aceite • 1 cucharadita de azúcar • sal • aceite.

Preparación:

1. Cocer los macarrones en abundante agua con sal durante 12 minutos.
2. Pelar y picar muy fina la cebolla; trocear, despepitar y pisar con el tenedor los tomates.
3. Calentar el aceite en una sartén y sofreír la cebolla hasta que quede transparente; añadir el tomate, remover y cocer a fuego moderado durante unos 15 minutos.
4. Seguidamente tamizar el tomate, añadir la sal y el azúcar y remover; reservar 3 cucharadas y mezclar el resto con los macarrones y la mitad del queso.
5. Quitar la tripa a las salchichas, desmenuzarlas y añadirlas a los macarrones; cubrir con la salsa reservada, espolvorear con queso y trocitos de mantequilla.
6. Gratinar al horno caliente unos 25 minutos y servir.

Tallarines al pesto con muslitos de pollo

Para 4 personas
Tiempo de preparación: 35 minutos
Dificultad: media

Ingredientes:

250 g de tallarines • 4 muslos de pollo
• 4 cucharadas de salsa al pesto • 1 huevo • 100 g de pan rallado
• 4 tomates maduros • aceite de oliva • sal.

Preparación:

1. Hervir los tallarines en abundante agua con sal por espacio de unos 15 minutos, aproximadamente.
2. Pelar, despepitar y trocear menudos los tomates.
3. Batir el huevo.
4. Rebozar los muslos de pollo en el huevo y el pan rallado; calentar el aceite y freír los muslos.
5. Escurrir los tallarines y servirlos en 4 platos; cubrir con el tomate y aliñar con sal y aceite.

6. Acompañar con los muslos y una cucharada de salsa al pesto.
7. Servir.

Canelones

Para 4 personas
Tiempo de preparación: 3 horas
Dificultad: alta

Ingredientes:

600 g de harina • 700 g de champiñones • 250 g de jamón
• 100 g de carne picada de ternera • 150 g de queso parmesano
rallado • 1 cebolla • 4 huevos • 1 cucharada de mantequilla
• 1 ramito de finas hierbas • 1 vasito de aceite de oliva
• salsa de tomate • pimienta • sal.

Preparación:

1. Poner la harina en una fuente; añadir los huevos en el centro y sazonar con sal; mezclar con un tenedor añadiendo agua poco a poco hasta lograr una pasta blanda y consistente.
2. Extender harina sobre la mesa y amasar la pasta durante unos 15 minutos, añadiendo de tanto en tanto pizcas de harina.
3. Dividir la pasta en seis partes iguales y extenderlas con el rodillo hasta lograr un espesor muy fino.
4. Recortar la masa en rectángulos de 7 3 9 cm y dejar reposar durante 1 hora; escalfarlos en agua caliente salada durante 5 minutos; secarlos, pasarlos por agua fría; escurrirlos y dejarlos sobre un lienzo.
5. Lavar, pelar y cortar finamente los champiñones; pelar y picar la cebolla; picar finos el jamón y las hierbas.
6. Calentar en una sartén honda el aceite y rehogar los champiñones junto con el jamón, la cebolla, las finas hierbas y la carne; salpimentar y dejar cocer hasta que esté todo bien cocido, añadiendo un poquito de agua caliente si se seca demasiado.
7. Dejar enfriar y añadir 2 o 3 cucharadas de queso parmesano y rectificar la sazón si fuese necesario.

8. Colocar 2 cucharadas de esta mezcla en el centro y a lo largo de cada rectángulo de masa y enrollarlos cuidadosamente.

9. Untar una fuente con la mantequilla y colocar en ella los canelones; cubrirlos con salsa de tomate, espolvorearlos con el parmesano rallado.

10. Calentar el horno a temperatura media y dorar los canelones durante 30 minutos; servir calientes.

Cocarrois

Para 4 personas
Tiempo de preparación: 1 hora
(más el tiempo de reposo)
Dificultad: baja

Ingredientes:

Masa:
400 g de harina • 50 g de manteca de cerdo • 2 cucharadas de aceite de oliva • 1 huevo • 2 cucharadas rasas de azúcar.

Relleno:
750 g de espinacas • 50 g de pasas de Corinto • 40 g de piñones • 1 cucharada de pimentón • 1 cucharada de aceite de oliva • pimienta • sal.

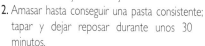

Preparación:

1. Colocar en un bol el huevo, la manteca y el aceite y remover con una espátula de madera hasta lograr una mezcla untuosa; añadir medio vasito de agua y el azúcar, remover y añadir poco a poco la harina sin dejar de trabajar.

2. Amasar hasta conseguir una pasta consistente; tapar y dejar reposar durante unos 30 minutos.

3. Lavar bien las hojas de espinacas; cortarlas y cocerlas al vapor durante unos 10 minutos; escurrirlas prensándolas con las manos.

4. Calentar el aceite y rehogar las espinacas durante unos minutos; salpimentar y añadir los piñones y las pasas y mezclar; agregar el pimentón, remover rápidamente y retirar del fuego.

5. Espolvorear harina sobre la mesa y extender la masa con un rodillo; cortarla en discos de unos 20 cm de diámetro y repartir en ellos el relleno.

6. Unir los bordes de cada disco formando un cordón por encima del relleno; colocarlos en una fuente enmantecada.

7. Calentar el horno a 180 °C y cocer los cocarrois hasta que estén dorados.

Macarrones con salsa de atún

Para 4 personas
Tiempo de preparación: 40 minutos
Dificultad: media

Ingredientes:

250 g de macarrones • 100 g de atún al natural • 1 cebolla • 3 tomates • 1 diente de ajo • 1 vasito de vino blanco seco • 1 cucharadita de azúcar • 1 cucharada de mantequilla • 3 cucharadas de aceite • 2 cucharadas de queso parmesano rallado • orégano • laurel • sal.

Preparación:

1. Cocer los macarrones en abundante agua con sal; refrescarlos, escurrirlos y reservar.

2. Pelar y picar muy finos la cebolla y el ajo; pelar, despepitar, trocear y pisar con el tenedor los tomates.

3. Calentar en una cacerola el aceite y sofreír el ajo y la cebolla unos 5 minutos; añadir el tomate pisado, remover, agregar el vino y el azúcar, sazonar con las especias y la sal y cocer a fuego moderado unos 25 minutos.

4. Añadir los macarrones, la mantequilla, el queso y el atún desmenuzado.

5. Revolver y servir.

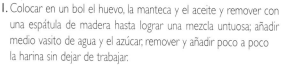

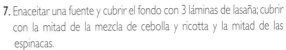

7. Enaceitar una fuente y cubrir el fondo con 3 láminas de lasaña; cubrir con la mitad de la mezcla de cebolla y ricotta y la mitad de las espinacas.

8. Cubrir con otras 3 láminas de lasaña y añadir otra capa de cebolla y ricotta y de espinacas; cubrir con las últimas láminas de lasaña; cubrir con la salsa de tomate, espolvorear con el resto del parmesano rallado y rociar con el aceite restante.

9. Tapar y hornear a temperatura y altura medias durante 10 minutos; destapar y hornear 5 minutos más.

10. Dejar reposar y servir.

Macarrones a la española

Para 4 personas
Tiempo de preparación: 20 minutos
Dificultad: baja

Ingredientes:

600 g de macarrones • 75 g de jamón
• 1 cebolla • 1 taza de tomate tamizado
• aceite de oliva • mantequilla • queso rallado • pimienta
• sal.

Preparación:

1. Cocer los macarrones en una cacerola con agua con sal y 2 cucharadas de aceite; pasarlos por agua fría y escurrirlos.

2. Pelar y picar la cebolla; picar fino el jamón.

3. Calentar 2 cucharadas de aceite en una cazuela y sofreír la cebolla; añadir el tomate tamizado y el jamón, salpimentar y cocer durante unos 5 minutos.

4. Añadir los macarrones removiéndolos con una cuchara de madera.

5. Pasarlos a una fuente refractaria y espolvorearlos con bolitas de mantequilla y queso rallado; ponerlos al horno moderado durante unos 10 minutos.

Pasta negra con salsa de estragón

Para 4 personas
Tiempo de preparación: 1 hora y
15 minutos más el reposo
Dificultad: alta

Ingredientes:

400 g de sepias • 500 g de harina • 4 huevos • 1 cebolla
• 100 g de queso parmesano rallado • 1 hoja de laurel
• 5 vasitos de vino blanco seco • 1 taza de nata
• 5 cucharadas de aceite de oliva • 3 ramitas de eneldo
• 1 ramita de tomillo • sal • pimienta.

Lasaña de espinacas

Para 4 personas
Tiempo de preparación: 45 minutos
(más el tiempo de reposo)
Dificultad: media

Ingredientes:

300 g de espinacas • 800 g de tomates • 100 g de jamón magro
• 250 g de queso ricotta • 100 g de queso parmesano rallado
• 9 láminas de lasaña • 1 cebolla • 1 diente de ajo • 5 cucharadas
de aceite de oliva • 1 cucharadita de tomillo • nuez moscada
• pimienta negra en grano • sal.

Preparación:

1. Lavar y cocer las espinacas al vapor.

2. Pelar y picar en daditos la cebolla; cortar en daditos el jamón; pelar y picar fino el ajo.

3. Escurrir y picar las espinacas; sazonarlas con nuez moscada recién rallada, pimienta recién molida y sal; reservar.

4. Calentar en una sartén 2 cucharadas de aceite y rehogar las cebollas con el jamón durante 3 o 4 minutos.

5. Trocear los tomates y añadirlos a una cazuela con su jugo; incorporar el ajo, sazonar con el tomillo, pimienta y sal y cocer a fuego suave durante unos 5 minutos.

6. Añadir el queso ricotta a la cebolla sofrita, remover y añadir un poco más de la mitad del parmesano, salpimentar y calentar en el horno.

Preparación:

1. Lavar las sepias; despellejarlas y separarles la bolsita de tinta.
2. Poner la harina en círculo y echar en el centro los huevos, 1 cucharada de aceite y 4 o 5 cucharadas de tinta de las sepias, sazonar con sal y trabajar hasta tener una masa suave; dejar reposar 30 minutos.
3. Estirar la pasta y cortarla en cuadritos de 0,5 cm; hervir la pasta en agua salada durante 3 minutos, refrescarla y reservar.
4. Pelar y picar la cebolla y el eneldo; calentar el resto del aceite y sofreír la cebolla durante 5 minutos; añadir la sepia, el vino, el laurel y el tomillo; salpimentar y cocer a fuego suave por espacio de 1 hora.
5. Poner en una cazuela la nata y el eneldo picado y cocer a fuego suave.
6. Escurrir y cortar muy finas las sepias; añadir el caldo de su cocción a la cazuela, salpimentar y cocer hasta un punto ligeramente espeso.
7. Calentar la pasta en agua hirviendo; escurrirla y repartirla en los platos; acompañar con las sepias y la salsa de salvia espolvoreando con queso rallado.

Raviolis

Para 4 personas
Tiempo de preparación: 1 hora
(más el tiempo de reposo)
Dificultad: alta

Ingredientes:

350 g de harina • 300 g de carne de ternera picada fina
• 1 loncha gruesa de tocino ahumado • 6 huevos • 3 cebollas
• 1 taza de leche • 80 g de queso parmesano rallado
• 100 g de mantequilla • 1 vasito de aceite de oliva
• 1 ramito de finas hierbas • páprika • pimienta • sal.

Preparación:

1. Colocar la harina en un cuenco; añadir una cucharadita rasa de sal, 2 huevos enteros y 4 yemas, amasar hasta tener una pasta consistente.
2. Agregar poco a poco la leche hasta lograr una pasta más blanda y elástica; hacer una bola, cubrirla con un paño y dejarla reposar unos 30 minutos.
3. Pelar y picar muy finas las cebollas; trocear fino el tocino.
4. Calentar el aceite en una sartén y sofreír las cebollas hasta que estén doradas; añadir poco a poco la carne, el tocino y condimentar con sal, pimienta, páprika y las finas hierbas picadas; mezclar y espolvorear con un poco de parmesano rallado, mezclar y retirar del fuego.
5. Dividir la masa en dos partes y, sobre la mesa enharinada, extender una de ellas con el rodillo hasta que quede muy fina.
6. Colocar cada 5 cm una cucharadita de relleno y humedecer con un pincel los espacios entre los montoncitos de relleno.
7. También sobre la mesa enharinada extender la otra parte de la masa y cubrir con ella la anterior; unirla apretando suavemente alrededor de cada montoncito de relleno; esperar unos minutos y separar los raviolis con una ruedecilla dentada.
8. Calentar abundante agua salada en una cacerola y cocer los raviolis sin que lleguen a hervir durante unos 10 minutos.
9. Retirarlos con una espumadera, escurrirlos bien y colocarlos en una fuente untada con una parte de la mantequilla; rociar los raviolis con el resto de la mantequilla fundida; espolvorear con el parmesano y gratinarlos en el horno. Servir los raviolis calientes.

Espaguetis a la carbonara

Para 4 personas
Tiempo de preparación: 20 minutos
Dificultad: media

Ingredientes:

400 g de espaguetis • 1 cucharada de aceite de oliva
• 100 g de panceta entreverada • 4 huevos • 50 g de queso
parmesano rallado • 1 dl de vino blanco seco • sal • pimienta.

Preparación:

1. Calentar el aceite en una sartén, rehogar la panceta cortada en cuadritos y dorarla ligeramente; añadir el vino y dejarlo evaporar.
2. Retirar la sartén del fuego; reservar.
3. Separar las claras de las yemas. Batir las claras a punto de nieve y añadir las yemas batidas, el queso parmesano y un poco de pimienta recién molida. Reservar.
4. Calentar abundante agua en una cacerola amplia, con 3 cucharadas de sal; cuando hierva, agregar los espaguetis en abanico.
5. Cocerlos unos 8 minutos a fuego vivo; escurrirlos y añadirlos a la sartén de la panceta reservada; ponerlos a fuego suave, removiendo para que se impregnen bien de sabor.
6. Calentar una fuente de servir y poner en ella los espaguetis.
7. Servir enseguida, acompañados de la salsa en la salsera.

PESCADOS
Y MARISCOS

Lenguados sabrosos

Para 4 personas
Tiempo de preparación: 30 minutos
Dificultad: baja

Ingredientes:

500 g de filetes de lenguado congelado • perejil • 1 diente de ajo • 4 cucharadas de aceite • harina • albahaca • sal.

Preparación:

1. Descongelar los filetes en su envoltorio.
2. Lavarlos, secarlos bien y pasarlos por harina.
3. Sofreír en una cazuela con aceite el diente de ajo, luego quitarlo y agregar el perejil y la albahaca picados.
4. Añadir los filetes, salarlos y cocerlos durante 8 minutos.
5. Se sirven inmediatamente muy calientes.

Emperador con tomate

Para 4 personas
Tiempo de preparación: 1 hora
Dificultad: baja

Ingredientes:

4 tajadas de emperador congelado • 6 tomates bien maduros
• 1/2 vaso de aceite • 1 diente de ajo • 1/2 cucharadita de orégano • pimienta • sal.

Preparación:

1. Descongelar el pescado en su envoltorio y lavarlo ligeramente bajo el chorro de agua del grifo.
2. Dorar en una cazuela con aceite el diente de ajo y luego retirarlo.
3. Agregar al aceite el perejil y la albahaca picados.
4. Darles una vuelta y añadir los tomates, pelados y picados.
5. Cuando la salsa se haya espesado, colocar en la cazuela los trozos de pescado.
6. Sazonar con sal y mucha pimienta, añadirle un pellizco de orégano.
7. Cocer durante 15 minutos, dando la vuelta de vez en cuando al pescado.

Merluza a la «pizzaiola»

Para 4 personas
Tiempo de preparación: 1 hora
Dificultad: media

Ingredientes:

1 merluza congelada de 1 kg • 500 g de tomates
• aceite • abundante perejil • harina • 1 diente de ajo
• 1 pellizco de orégano • sal.

Preparación:

1. Dejar descongelar el pescado en su envoltorio.
2. Cortarlo en rodajas gruesas y quitarles la piel.
3. Pasarlas por harina.
4. Calentar el aceite en una sartén.
5. Colocar las rodajas de pescado en el fondo y dejarlas freír durante 10 minutos por cada lado.

6. Retirarlas con la espumadera y reservarlas en un lugar caliente.
7. Colocar en el mismo aceite el ajo y el perejil picado.
8. Al cabo de unos minutos el tomate triturado.
9. Condimentar con el orégano y la sal y dejar cocer unos 10 minutos hasta que la salsa se haya espesado.
10. Quitarla del fuego y verterla sobre el pescado, espolvoreándola con orégano.

Truchas doradas

Para 4 personas
Tiempo de preparación: 30 minutos
Dificultad: baja

Ingredientes:

4 truchas pequeñas congeladas • 30 g de mantequilla
• 1 limón • pimienta • sal.

Preparación:

1. Descongelar y lavar las truchas.
2. Condimentarlas con sal y pimienta y agregarles la mantequilla fundida.
3. Introducir la fuente en el horno unos 15 minutos hasta que las truchas estén bien doradas.
4. Se sirven calientes, adornadas con gajos de limón.

Suprema de merluza al vapor

Para 4 personas
Tiempo de preparación: 20 minutos
Dificultad: media

Ingredientes:

1 merluza de 1 kg aproximadamente
• 100 g de champiñones • 1 limón
• 1 cebolla • 1 zanahoria • 1 manzana
• 1 vasito de vino blanco seco • 1 vasito
de crema de leche • 2 cucharadas de
mantequilla • sal • pimienta.

Preparación:

1. Quitar la cabeza y la espina de la merluza; cortar cada filete en dos; salpimentar y rociar con un poco de vino blanco.
2. Poner en la vaporera un vaso de agua con sal, el resto del vino y un chorro de zumo de limón; llevar a ebullición y cocer al vapor la merluza durante unos 12 a 15 minutos; añadir unas bolitas de mantequilla a media cocción.
3. Pelar y picar la cebolla; limpiar y cortar menudos los champiñones; cortar en daditos finos la manzana.
4. Fundir la mantequilla y rehogar la cebolla y los champiñones; agregar un chorrito de caldo de cocción; cocer 5 minutos y echar la crema de leche; cocer hasta que la salsa esté bien ligada.
5. Poner la merluza en una fuente refractaria, quitarle la piel y regarla con la salsa; dorarla un minuto en el gratinador y servir con los daditos de manzana.

4. Agregarlo a la preparación de la cazuela.
5. Añadir el tomate y más aceite.
6. Dejar cocinar durante 15 minutos más.

Bacalao al ajoarriero

Para 4 personas
Tiempo de preparación: 1 hora
Dificultad: media

Ingredientes:

1,5 kg de bacalao • 6 dientes de ajo • 2 cebollas
• 1 lata pequeña de tomates • 3 pimientos verdes
• aceite de oliva.

Preparación:

1. Poner el aceite en una cazuela, calentarlo y agregarle la cebolla y el pimiento picados. Rehogar un momento.
2. Añadir los ajos picados y seguir la cocción.
3. Mientras tanto, preparar el bacalao sin espinas ni piel y desmenuzado.

Truchas al vino

Para 4 personas
Tiempo de preparación: 1 hora
Dificultad: media

Ingredientes:

*4 truchas asalmonadas • zumo de un limón • 4 rodajas
de limón • 1 cucharada de perejil picado • 1 vaso de vino blanco
• 2 cucharadas de aceite • 75 g de almendras
tostadas y picadas • pimienta • sal.*

Preparación:

1. Limpiar las truchas y ponerles pimienta y sal.
2. Rellenar el interior de las truchas con las almendras y pasarlas por harina.
3. Derretir la mantequilla en una sartén y freír las truchas por ambos lados, a fuego medio para que se cuezan bien por dentro.
4. Retirar las truchas y colocarlas en una fuente.
5. Verter el vino en la sartén y hervirlo un par de minutos.
6. Echar la salsa sobre el pescado.

Boquerones rebozados

Para 4 personas
Tiempo de preparación: 1 hora
Dificultad: baja

Ingredientes:

1 kg de boquerones • 3 huevos • harina • sal • aceite • limón.

Preparación:

1. Limpiar los boquerones y quitarles la cabeza y la espina central.
2. Secarlos con un paño limpio.
3. Salar y enharinar el pescado.
4. Batir los huevos y rebozar los boquerones.
5. En una sartén al fuego con aceite caliente, freírlos por ambos lados.
6. Distribuir los boquerones en una fuente para servir; decorarla con rodajas de limón.

Ingredientes:

*800 g de bonito • 1 kg de patatas • 2 cebollas pequeñas
• 4 rebanadas de pan • aceite • sal.*

Preparación:

1. Retirar la piel del bonito y cortarlo en trozos no demasiado pequeños.
2. Pelar y trocear las patatas.
3. Triturar las cebollas, una vez peladas.
4. En una cazuela de barro honda con agua hirviendo y sal, cocer las patatas.
5. Mientras, en una sartén con aceite hirviendo, dorar ligeramente las cebollas y añadir el sofrito a la olla con las patatas.
6. Veinte minutos después, agregar el bonito, tapar la cazuela y dejar unos quince minutos más a fuego normal.
7. Cinco minutos antes de retirar del fuego, agregar las rebanadas de pan, darles un ligero hervor y servir enseguida.

Marmita de bonito

Para 4 personas
Tiempo de preparación: 55 minutos
Dificultad: baja

Caballa asada

Para 4 personas
Tiempo de preparación: 20 minutos
Dificultad: baja

Ingredientes:

4 caballas de 200 g, aproximadamente • 4 tomates
• 4 cebollas pequeñas • 2 pimientos verdes • aceite • vinagre
• sal.

Preparación:

1. Limpiar bien el pescado y sazonar.
2. En una plancha caliente, asar el pescado previamente untado con aceite.
3. Picar 2 tomates, las cebollas y los pimientos.
4. Cortar los otros 2 tomates en rodajas.
5. Repartir el pescado en cuatro platos, adornar con el picadillo y las rodajas de tomate.
6. Aliñar con aceite, vinagre y sal.

Pastel de bonito

Para 8 personas
Tiempo de preparación: 1 hora y 30 minutos
Dificultad: media

Ingredientes:

2 kg de bonito • 4 zanahorias • 6 tomates maduros • 1 cebolla
• 3 cebollitas tiernas • 12 huevos • 1 limón •
pan rallado • mantequilla • 1 dl de
aceite • sal • pimienta.

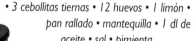

Preparación:

1. Picar pequeña la cebolla, pelar y rallar los tomates.
2. Limpiar bien el bonito y retirarle la piel y las espinas. Cortar a dados.
3. En una cazuela con aceite, sofreír el bonito. Añadir la cebolla y los tomates. Salpimentar, tapar y dejar cocer unos 30 minutos.
4. Pasado este tiempo, triturar todo con una batidora.
5. En un bol grande, batir los huevos, añadir la mezcla anterior, y amalgamarlo bien.
6. Comprobar el punto de sal y rectificar si es necesario.
7. Untar un molde rectangular con mantequilla y, seguidamente, espolvorear con pan rallado.
8. Verter la mitad de la mezcla en el molde y, encima, disponer una capa de cebollas tiernas y zanahoria hervida. Cubrir con el resto del preparado de bonito.
9. Precalentar el horno a 180 °C e introducir el molde, al baño María. Mantener durante 1 hora, aproximadamente.
10. Dejar enfriar un poco, desmoldar y adornar el pastel con rodajas de limón.

Cazuelita de angulas

Para 6 personas
Tiempo de preparación: 10 minutos
Dificultad: baja

Ingredientes:

600 g de angulas (100 g por persona) • 6 dientes de ajo
• 6 guindillas • caldo de carne • aceite.

Preparación:

1. En una cazuelita de barro individual con aceite, freír el ajo y las guindillas.
2. Cuando el ajo empiece a dorarse, añadir dos cucharadas de caldo de carne y 100 gramos de angulas.
3. Dejar cocer las angulas durante un minuto y retirar enseguida del fuego.
4. Servir caliente.
5. Repetir la misma operación cinco veces.

Cabracho al ajillo

Para 4 personas
Tiempo de preparación: 35 minutos
Dificultad: baja

Ingredientes:

1 1/2 kg de cabracho • 1 kg de patatas • 1 cebolla
• 1 pimiento verde • 2 dientes de ajo • perejil • ha-
rina • 1 dl de vino blanco seco • 1/2 dl de aceite
de oliva • sal.

Preparación:

1. En una cazuela de barro con el aceite caliente, añadir la cebolla, los dientes de ajo picados muy pequeños y el perejil picado. Freír lentamente.

2. Pelar las patatas y cortarlas en rodajas de 1 cm, aproximadamente; picar pequeño el pimiento y añadirlo junto con las patatas a la cazuela. Cubrir con agua y dejar cocer a fuego lento.

3. Cuando las patatas estén casi cocidas, agregar el cabracho partido en rodajas, previamente sazonado. Espolvorear con un poco de harina, rociar con el vino y dejar hervir unos 5 minutos más. A continuación, dar la vuelta al pescado y mantener otros 5 minutos la cocción.

4. Mover la cazuela en vaivén varias veces. Dejar reposar unos minutos y servir.

Bonito al horno

Para 6 personas
Tiempo de preparación: 1 hora y 10 minutos
Dificultad: media

Ingredientes:

1 kg y 200 g de bonito • 4 cebollas • 100 g de jamón
• ajo machacado • 750 g de patatas • 1 copa de vino blanco
• 100 g de chorizo • perejil • aceite.

Preparación:

1. Cortar el bonito en 4 lomos, sacarle las espinas y lavarlos.

2. Mezclar con el jamón y el chorizo, frotando los lomos con ajo y perejil.

3. En una cazuela de barro con aceite, poner el bonito, las patatas y las cebollas en rodajas, el pimiento rojo y una copa de vino blanco.

4. Meter en el horno a temperatura baja, durante 45 minutos.

5. Servir inmediatamente.

Salmonetes al vino

Para 4 personas
Tiempo de preparación: 30 minutos
Dificultad: media

Ingredientes:

12 salmonetes de 100 g cada uno • 2 cebollas • 1 copa de vino
• aceite • limón • sal • pimienta • romero.

Preparación:

1. Limpiar y abrir los salmonetes desde la cabeza a la cola, por la parte del vientre, para poder quitar la espina.

2. Sazonar los salmonetes.

3. Enharinarlos.

4. En una sartén con aceite caliente, freír los salmonetes, dándoles vuelta.

5. Introducir los salmonetes en una cazuela de barro y poner el romero encima.

6. Añadir el aceite restante de la sartén encima de los salmonetes.

7. Picar finamente la cebolla y añadirla a la cazuela; agregar la copa de vino.

8. Introducir la cazuela en el horno durante 10 minutos.

9. Servir bien caliente en la misma cazuela.

10. Adornarlo con rodajas de limón.

Caballa al horno con pimientos

Para 4 personas
Tiempo total de cocción: 25 minutos
Tiempo de preparación: 40 minutos
Dificultad: media (microondas combinado)

Ingredientes:

2 caballas de unos 400-500 g cada una • 3 pimientos rojos • 2 cebollas • 2 dientes de ajo y sal • 1 limón • 2 ramitas de tomillo • 1 ramita de perejil • 1 vasito de vino tinto • 4 cucharadas de aceite de oliva • pimienta negra recién molida • 1 hoja de laurel

Preparación:

1. Pelar y cortar en daditos las cebollas; pelar y picar gruesos los ajos; picar el perejil; cortar los pimientos en cuadraditos; exprimir el limón.
2. Vaciar, lavar y secar las caballas; salpimentarlas por dentro y por fuera y rociarlas con zumo de limón.
3. Poner todos los vegetales en una fuente alargada, rociar con el aceite, añadir el laurel y el tomillo, salpimentar y cocer en el microondas durante 6 minutos.
4. Calentar el horno a 220 °C; añadir el vino, colocar las caballas sobre las verduras, poner la fuente a la altura media del horno y cocer durante 10 minutos; dar vuelta a las caballas, remover las verduras y cocer 10 minutos más.
5. Cortar las caballas en filetes, colocar éstos sobre los vegetales, espolvorear con perejil. Servir.

Salmón al estilo de Limpias

Para 4 personas
Tiempo de preparación: 35 minutos
Dificultad: baja

Ingredientes:

4 rodajas de salmón de 150 g cada una • 4 lonchas finas de jamón • 1 diente de ajo • 100 g de miga de pan rallado • 1 limón • pimienta blanca • 1 manojo de perejil • aceite • sal.

Preparación:

1. Pasar un trapo húmedo por las rodajas de salmón, sazonar con sal y pimienta, y rociar con zumo de limón.
2. Colocarlas en una fuente un poco honda, regar con un poco de aceite, dejar macerar unos 20 minutos.
3. En un bol, mezclar la miga de pan con el jamón cortado pequeño y el ajo y el perejil muy picados.
4. Unos 25 minutos antes de servir el pescado, rebozar las rodajas de salmón con el picadillo preparado en el bol.
5. Seguidamente, asar el pescado en una parrilla a fuego vivo durante 2 o 3 minutos por cada lado.
6. Disponer el salmón en una fuente, rociar con zumo de limón y servir.

Cocotxas de bacalao

Para 4 personas
Tiempo de preparación: 30 minutos
Dificultad: baja

Ingredientes:

1/2 kg de cocotxas de bacalao • 1 cucharadita de pimentón • 1 1/4 dl de aceite de oliva • 2 cebollas • 60 g de pan rallado • perejil • pimienta • sal.

Preparación:

1. Desalar las cocotxas de bacalao en agua fría, durante 24 horas, cuidando de cambiar el agua tres o cuatro veces.
2. Escurrirlas y lavarlas.
3. Sofreírlas en una sartén con el aceite bien caliente.
4. Cocer luego en una cacerola con agua, junto con una cebolla partida y un poco de perejil.
5. En la misma sartén de freír las cocotxas, rehogar la otra cebolla cortada fina y perejil picado.
6. Añadir la sal.
7. Poner las cocotxas previamente escurridas en la sartén con la cebolla y el perejil.
8. En un mortero, picar las dos medias cebollas que se cocieron con el pescado, un par de yemas de huevo duro, el pan rallado, una cucharadita de pimentón y pimienta; machacar hasta obtener una pasta fina.
9. Añadir al guiso la pasta obtenida.
10. Dejar cocer el conjunto unos veinte minutos y servir bien caliente.

Congrio con fideos

Para 6 personas
Tiempo de preparación: 45 minutos
Dificultad: media

picado y salpimentar. Dejar cocer un poco y verter la crema de leche, que espesará un poco el conjunto.

3. Disponer 6 rectángulos de papel de aluminio de 50 × 30 cm. Salpimentar las rodajas de salmón y colocarlas en un extremo de cada uno de los rectángulos de papel de aluminio; repartir proporcionalmente la salsa sobre las rodajas de salmón y formar unas bolsas herméticas uniendo cuidadosamente los extremos del aluminio.

4. Precalentar el horno a 250 °C. Colocar las bolsas sobre una bandeja, introducir en el horno y dejar cocer durante 12 minutos, aproximadamente.

5. Servir enseguida, con las bolsas bien hinchadas; no se abrirán hasta que estén en la mesa.

Chipirones en su tinta

Para 4 personas
Tiempo de preparación: 1 hora
Dificultad: media

Ingredientes:
24 chipirones • 2 dientes de ajo • 4 cebollas grandes • 2 tomates • pimienta • pan • aceite • perejil • sal.

Preparación:
1. Separar la cabeza de los chipirones, cogiéndola por debajo de los ojos. Separar de la cabeza las tripas del chipirón, pero con cuidado, ya que en ellas está la bolsa de tinta, separar sin que se rompa. Reservar.
2. En una cazuela de barro con aceite, rehogar las cebollas picadas.
3. Cuando esté la cebolla blanda, agregar los tomates en trozos, los chipirones y los ajos picados. Dejar cocer lentamente unos cincuenta minutos aproximadamente, con la cazuela tapada.

Ingredientes:
6 rodajas abiertas de un congrio de 8 kg • 300 g de fideos muy gruesos • pimentón • 4 tomates pelados • 1 ramita de azafrán • 300 g de guisantes • 2 cebollas • sal • perejil • 1 pimiento verde • aceite • agua.

Preparación:
1. En una cazuela de barro con aceite, añadir una cebolla picada, el pimiento verde troceado, los guisantes, una ramita de azafrán, una pizca de pimentón y un cucharón de agua. Sazonar.
2. Dejar hervir todo junto durante 10 minutos.
3. Añadir los fideos y dejar hervir 15 minutos más.
4. Agregar el congrio y los tomates troceados.
5. Dejar cocer lentamente durante 10 minutos y servir caliente espolvoreado con perejil picado.

Salmón en papillote

Para 6 personas
Tiempo de preparación: 50 minutos
Dificultad: media

Ingredientes:
1/2 kg de salmón fresco en rodajas • 300 g de setas de temporada o champiñones • 4 chalotes o escalonias • 250 g de mantequilla • 5 dl de crema de leche • 3 dl de salsa de tomate • perejil • pimienta • sal.

Preparación:
1. En un cazo, derretir la mantequilla y rehogar las chalotes picadas pequeñas. Antes de que tomen color, añadir las setas, bien limpias y troceadas, y dejar cocer durante unos segundos.
2. Verter la salsa de tomate, aromatizar con el perejil finamente

4. Cuando los chipirones estén a medio hacer, agregar la tinta disuelta en un poco de agua. Rectificar de sal y pimienta.

5. Cuando estén tiernos los chipirones, sacarlos.

6. Pasar la salsa por el colador chino.

7. Volver a poner los chipirones en la cazuela y la salsa por encima, dejando hervir el conjunto unos cinco minutos. Comprobar el punto de sal y esparcir un poco de perejil picado.

8. Servir adornado con triángulos de pan frito.

Congrada (congrio seco)

Para 4 personas
Tiempo de preparación:
1 hora y 10 minutos
Dificultad: media

Ingredientes:

200 g de congrio seco • 12 avellanas tostadas • 12 nueces • 3 cebollas grandes. 1 cabeza de ajo • sal • aceite.

Preparación:

1. Poner el congrio en remojo con agua fría la víspera y mantenerlo durante toda la noche para que quede bien ablandado.

2. Pelar y picar finamente las cebollas, aplastar con el puño la cabeza del ajo, y machacar en un mortero las avellanas y las nueces.

3. A continuación, en un puchero con agua caliente y sal, cocer el congrio con la cebolla picada y la cabeza de ajo.

4. Cuando el congrio esté cocido, retirarlo del puchero y triturar finamente con la batidora la cebolla y los ajos junto con las avellanas y nueces machacadas.

5. Seguidamente, añadir todo ello al caldo de cocción del congrio, dejar a fuego lento y rociar con un poco de aceite.

6. A este caldo también puede añadírsele unas rodajas de pan.

7. Servir inmediatamente.

Congrio al ajoarriero

Para 4 personas
Tiempo de preparación: 1 hora y 5 minutos
Dificultad: baja

Ingredientes:

600 g de congrio • 3 dientes de ajo • harina • aceite • sal • pimienta • perejil.

Preparación:

1. Lavar el congrio, partirlo en trozos regulares, y rebozarlos con harina.

2. En una sartén con aceite hirviendo, freír los trozos de congrio rebozados e ir disponiéndolos en una cazuela plana de barro.

3. En el aceite sobrante, saltear el ajo y perejil picados, añadir un cucharón de agua, sal y pimienta. Dejar a fuego vivo unos minutos y, después pasar por el colador chino.

4. Verter esa salsa sobre el congrio y dejar la cazuela sobre fuego lento durante 20 minutos, aproximadamente.

5. Presentarlo en una bandeja.

Estofado de congrio

Para 4 personas
Tiempo de preparación: 1 hora
Dificultad: media

Ingredientes:

1 kg de congrio • 4 cebollas • 1 diente de ajo • 1 clavo de especia • 2 dl de vino blanco seco • 1 cucharada de vinagre • 1 ramillete de hierbas aromáticas (laurel, perejil, tomillo) • 1 dl de aceite • 2 dl de agua • sal • perejil • pimienta.

5. Sazonar. Al estar en su punto, retirar.

6. Colocarlos en una fuente, encima las láminas de champiñones y los langostinos cocidos, agregar la salsa que ha quedado de cocer el pescado.

7. Precalentar el horno a temperatura media, espolvorear el pescado con el queso rallado y llevar al gratinador unos minutos.

8. Servir enseguida.

Sardinas a la navarra

Para 4 personas
Tiempo de preparación: 1 hora y 5 minutos
Dificultad: baja

Ingredientes:

1 kg de sardinas • 2 cebollas • 3 dientes de ajo • 3 cucharadas de pan rallado • perejil • orégano • 1 cucharada de pimentón dulce • sal • pimienta.

Preparación:

1. Limpiar las sardinas, quitándoles tripas, cabeza y espina.

2. Pelar y triturar las cebollas, el perejil y los dientes de ajo.

3. Mezclar en un mortero, la cebolla, el perejil, los ajos, el orégano, el pan rallado, sal y el pimentón.

4. En una cazuela de barro refractaria, disponer una capa de sardinas, esparcir por encima la mitad del picado y rociar con un chorro de aceite.

5. Repetir la operación otra vez y si fuera necesario, otra más.

6. Introducir la cazuela en horno fuerte y dejarla unos 25 minutos.

7. Servir en la misma cazuela.

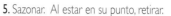

Preparación:

1. Cortar el congrio en cuatro trozos (de la parte ancha sin espinas).

2. En una salteadora, calentar aceite y saltear los trozos de congrio, dejar dorar por ambos lados, sacar y reservar.

3. En el mismo aceite, poner la cebolla, picada pequeña y el ajo picado, rehogar a fuego lento, rociar con el vino y evaporar.

4. Bañar con el agua y añadir el ramito de hierbas, el clavo y la cucharada de vinagre; salpimentar.

5. Incorporar otra vez el congrio a la salteadora, dejar cocer a fuego lento y agregar un poco de pimienta.

6. Cuando el congrio esté cocido, colocar los trozos en una fuente de servir, previamente calentada.

7. Rociar el pescado con la salsa de cocción y espolvorear con perejil picado. Servir bien caliente.

Delicias de lenguado al txacolí

Para 4 personas
Tiempo de preparación: 30 minutos
Dificultad: media

Ingredientes:

8 filetes de lenguado • 8 langostinos • 100 g de champiñones • 50 g de mantequilla • 1 chalote • 30 g de queso rallado • 1 limón • sal • 1 dl de vino txacolí.

Preparación:

1. Cocer los langostinos en agua y sal, unos tres minutos, refrescar, pelar y partir por la mitad a lo largo.

2. Lavar bien los champiñones, cortarlos en láminas y rociarlos con zumo de limón.

3. En una cacerola plana, derretir la mantequilla, añadir la chalote picada fina, dejar dorar un poco.

4. Rociar con txacolí, poner los filetes de lenguado encima.

Sardinas a la santanderina

Para 4 personas
Tiempo de preparación: 45 minutos
Dificultad: baja

Ingredientes:

16 sardinas frescas • 100 g de harina • 3 dl de aceite de oliva
• 1 cebolla • 4 dientes de ajo • 4 tomates maduros • sal • perejil.

Preparación:

1. Limpiar, salar y enharinar las sardinas.
2. Freírlas con la mitad del aceite y colocarlas en una cazuela de barro.
3. Pelar y picar bien la cebolla y los tomates. Rehogarlos en un poco de aceite y verter encima de las sardinas.
4. Freír los dientes de ajo pelados y cortados en láminas; añadir el perejil picado, y verter también sobre las sardinas.
5. Dejar cocer unos 2 minutos todos los ingredientes.
6. Servir inmediatamente en la misma cazuela de barro.

Frutos de mar con salsa mallorquina

Para 6 personas
Tiempo de preparación: 1 hora y 20 minutos
Dificultad: alta

Ingredientes:

12 vieiras • 24 gambas grandes • 24 almejas • 24 mejillones grandes • 1 dl de aceite de oliva • 700 g de tomates maduros • 300 g de cebollas • 4 dientes de ajo • 50 g de almendras en polvo • 50 g de piñones • 1 cucharada de pimentón
• 1 pizca de pimienta de Cayena
• sal • pimienta • 1 manojo de perejil.

Preparación:

1. Lavar cuidadosamente las almejas, raspar y lavar bien los mejillones.
2. Ponerlos en una cazuela, tapar y dejar abrir al vapor, escurrir y reservar el jugo que sueltan, colado con un colador fino.
3. Abrir las vieiras con un cuchillo, cuidadosamente, pasándolo entre las dos valvas, sacar la vieira y el coral; reservar.
4. Pelar y cortar pequeñas las cebollas. Poner una cazuela al fuego y calentar el aceite, rehogarlas; dejar dorar un poco.
5. Escaldar y pelar los tomates, sacar las semillas, picar y añadir a la cazuela, tapar y dejar cocer lentamente 15 minutos, remover de vez en cuando con la cuchara de madera.
6. En el mortero, picar los ajos pelados, el perejil y los piñones.
7. En un bol, mezclar lo majado del mortero, las almendras en polvo, el pimentón, la pimienta de Cayena, trabajar bien hasta obtener una pasta homogénea.
8. Cuando lo de la cazuela esté bien rehogado, echar el jugo que hemos reservado de los mejillones.
9. Añadir las vieiras y las gambas a la cazuela, dejar cocer 10 minutos a fuego lento. Salpimentar.
10. Sacar las vieiras y las gambas, escurridas.
11. Pasar la salsa por el colador chino, volver a poner la cazuela al fuego, mezclarle la salsa preparada con las almendras.
12. Añadir a la cazuela las vieiras, las gambas y luego los mejillones y las almejas.
13. Sacar una valva de las almejas y de los mejillones.
14. Dejar espesar removiendo con la cuchara de madera.
15. Calentar una fuente de servir que sea honda y verter todo lo de la cazuela en ella. Presentar a la mesa bien caliente.

Gazpacho de mero

Para 6 personas
Tiempo de preparación: 1 hora y 15 minutos
Dificultad: media

Ingredientes:

1 cabeza de mero • 1 kg de mero limpio y pulido • 250 g de pan en rebanadas • 1 kg de cebollas • 1 kg de tomates maduros
• 6 dientes de ajo • 1 hoja de laurel • 2 dl de aceite.

Picada:

4 ñoras • 2 dientes de ajo • 100 g de avellanas tostadas
• sal • pimienta.

Preparación:

1. Remojar las ñoras durante unas dos horas en agua tibia, sin semillas.
2. En una cacerola con un decilitro de aceite freír 2 dientes de ajo fileteados.
3. Cuando empiecen a tomar color, añadir la mitad de las cebollas cortadas a la pluma; dejarlas dorar un poco; añadir 1/2 kilo de tomates cortados en trozos pequeños.

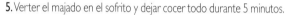

4. Rehogar unos cinco minutos, salpimentar, poner 1 hoja de laurel.

5. Añadir la cabeza de mero en trozos, rehogar y añadir 2 litros de agua, dejar hervir media hora, pasar por el colador chino, reservar.

6. Picada: Freír las ñoras, pasar al mortero, picar las avellanas tostadas, 2 dientes de ajo y sal, picar finamente.

7. En el mismo aceite de freír las ñoras, poner 2 dientes de ajo picados. Cuando empiecen a tomar color, añadir el resto de las cebollas cortadas finas; se rehogan a fuego muy lento unos cinco minutos.

8. Pasado ese tiempo, incorporar el mero limpio y pulido, cortado en trozos pequeños, y añadir las mollas que se puedan sacar de la cabeza hervida.

9. Rehogar otros cinco minutos, añadir el caldo, la picada; dejar cocer 10 minutos más y añadir las rebanadas de pan desmenuzadas, dejándolo cocer otros 10 minutos.

10. Servir en unos boles.

Sardinas encebolladas

Para 6 personas
Tiempo de preparación: 1 hora
Dificultad: media

Ingredientes:

1 1/2 kg de sardinas • 6 cebollas tiernas • 2 tomates maduros
• pimienta negra en grano • 2 dientes de ajo • sal • aceite
• azafrán • comino • 2 hojas de laurel • perejil • harina
• pimentón dulce • nuez moscada.

Preparación:

1. Limpiar bien las sardinas quitándoles la cabeza y las espinas.

2. Salar las sardinas, enharinarlas y freírlas en una sartén con abundante aceite caliente.

3. Retirar las sardinas de la sartén y, en el mismo aceite, freír la cebolla y el tomate picados. Verter una cucharada de harina y dejar tostar; agregar 1/2 cucharada de pimentón y dejar cocer todo junto.

4. Hacer un majado en el mortero con los ajos pelados, el comino, el azafrán, la nuez moscada rallada, unos granos de pimienta, el perejil y la sal; diluir con un poco de agua.

5. Verter el majado en el sofrito y dejar cocer todo durante 5 minutos.

6. A continuación, añadir las sardinas y dejar cocer unos minutos más.

7. Añadir agua, si queda demasiado espeso.

8. Se sirve tanto frío como caliente.

Bacalao a la antigua

Para 4 personas
Tiempo de preparación: 1 hora y 10 minutos
Dificultad: baja

Ingredientes:

1/2 kg de bacalao • 2 cebollas • 2 pimientos rojos
• 1 kg de patatas • 4 huevos duros • harina • aceite de oliva • sal.

Preparación:

1. Poner el bacalao en remojo la noche anterior.

2. Pelar y cortar a rodajas las patatas; pelar y cortar en arandelas las cebollas.

3. Asar los pimientos, pelarlos y cortarlos a tiras.

4. Retirar la cáscara de los huevos duros y cortarlos a cuartos a lo largo.

5. Escurrir bien el bacalao, rebozarlo con harina y freírlo en una sartén con aceite hirviendo.

6. Poner los trozos de bacalao en una fuente.

7. A continuación, en una fuente refractaria, disponer una capa de patatas y sobre ella otra de cebolla. Rociar con el aceite de freír el bacalao y rectificar de sal.

8. Introducir la fuente en el horno y, cuando las patatas estén casi tiernas, disponer encima los trozos de bacalao. Mantener hasta que las patatas estén bien tiernas.

9. Adornar con las tiras de pimiento y los huevos duros.

10. Servir caliente en la misma fuente refractaria.

Guiso de pulpo con patatas

Para 6 personas
Tiempo de preparación: 1 hora y 20 minutos
Dificultad: media

Ingredientes:

1 1/2 kg de pulpo • 1 1/2 kg de patatas • 3 cebollas
• 2 pimientos morrones rojos • 1/2 l de aceite • 2 hojas de laurel
• 1 cucharadita de pimentón dulce • 4 dientes de ajo y sal.

Preparación:

1. En una cazuela al fuego con agua y sal, poner una cebolla entera.
2. Cuando empiece a hervir el agua, sumergir el pulpo cogido por la cabeza y sacarlo del agua.
3. Repetir esta operación tres veces y después dejarlo cocer durante 15 minutos.
4. Sacar el pulpo de la cazuela y trocearlo.
5. Pelar las patatas y cortarlas en dados.
6. Introducir las patatas en el agua del pulpo y dejarlas cocer durante 15 minutos.
7. En una sartén con aceite, añadir los pimientos, las cebollas y los ajos picados. Salar y dejar sofreír ligeramente.
8. En la misma sartén, añadir los trocitos de pulpo, remover y echarle un poco de pimentón dulce y las hojas de laurel. Dejar cocer todo junto unos diez minutos.
9. Verter el pulpo con la salsa a la cazuela de las patatas, dejándolo cocer unos minutos. Retirar la cazuela del fuego.
10. Introducir la cazuela en el horno durante 15 minutos. Servir caliente.

Lamprea a la cazuela

Para 6 personas
Tiempo de preparación: 2 horas
Dificultad: media

Ingredientes:

3 lampreas • 150 g de jamón • 300 g de pan • mostaza
• 2 tomates pelados • 1/4 l de vino tinto • 1 hoja de laurel
• aceite • sal.

Preparación:

1. En una cazuela de barro con aceite, poner los ajos y el jamón picados y la hoja de laurel.
2. Dejar dorar y luego añadir la cebolla picada.
3. Agregar también el tomate triturado, dejándolo cocer todo junto durante 5 minutos.
4. Añadir el vino flambeado.
5. Agregar el pan frito y triturado para espesar la salsa, dejándola reducir durante 5 minutos.

6. En una olla con agua muy caliente, introducir las lampreas y sacarlas enseguida.
7. Raspar la primera piel de las lampreas y separar con cuidado las cabezas, cuidando de no desperdiciar la sangre.
8. Quitarle las tripas al pescado y también el nervio central.
9. Trocear el pescado y añadirlo a la cazuela del sofrito, incluida la sangre.
10. Seguidamente, dejar cocer durante 30 minutos. Transcurrido ese tiempo agregar la mostaza y la sal.
11. Se puede servir en la misma cazuela de barro, decorándola con arroz blanco y pan frito.

Bacalao a la madrileña

Para 4 personas
Tiempo de preparación: 1 hora y 20 minutos
Dificultad: baja

Ingredientes:

600 g de bacalao • harina • 1 kg de patatas • 1 cebolla grande
• 2 ramitas de perejil • 3 tomates maduros • sal • aceite
• pimienta molida • 1 diente de ajo • 1 vaso pequeño de agua
o caldo.

Preparación:

1. Poner en remojo el bacalao la víspera y cambiar el agua dos o tres veces durante la mañana siguiente.
2. Escurrir el bacalao, secarlo y cortarlo en pedazos de 4 centímetros de largo y 2 centímetros de ancho.
3. Pelar las patatas y cortarlas en rodajas de un centímetro de espesor.
4. Pelar y cortar la cebolla en arandelas.
5. Pelar el diente ajo y picarlo junto con el perejil.
6. Asar los tomates y retirarles la piel.
7. En una sartén con aceite hirviendo, freír el bacalao rebozado en harina.
8. Disponer el bacalao en una cazuela plana.
9. En el aceite restante, freír las patatas y disponerlas encima del bacalao y seguidamente sofreír la cebolla, el ajo y el perejil y el tomate.
10. Recubrir con todo ello el bacalao y patatas, rociar con agua, salpimentar y dejar a fuego lento unos diez minutos.

Bacalao al ajoarriero II

Para 4 personas
Tiempo de preparación:
40 minutos
Dificultad: baja

Ingredientes:

600 g de bacalao desalado • 6 dientes de ajo
• 2 huevos • 1 cucharada de pimentón • perejil
• 1 cucharada de vinagre • aceite • sal • pimienta.

Preparación:

1. Colocar el bacalao en una cazuela con agua al fuego.
2. Cuando empiece a formarse una espuma blanca, y antes de que empiece a hervir, retirar del fuego.
3. Escurrir bien el bacalao, quitarle las espinas y desmigar cuidadosamente.
4. En una cazuela de barro con aceite caliente, poner los ajos enteros y pelados y, cuando estén dorados, agregar el bacalao. Remover, tapar la cacerola y dejar cocer lentamente unos 20 minutos, removiendo de vez en cuando para que no se pegue.
5. Salpimentar.
6. A media cocción, añadir el pimentón diluido en vinagre.
7. En un bol, batir los huevos y verterlos sobre el bacalao 1 minuto antes de retirarlo del fuego. Remover bien, espolvorear con perejil picado, y servir en la misma cazuela.

Lucio a las hierbas

Para 4 personas
Tiempo de preparación: 1 hora y 40 minutos
Dificultad: alta

Ingredientes:

1 lucio de 1 1/2 kg • 1 hoja de apio • 1 rama de tomillo
• 1 hoja de laurel • 2 cebollas • 1 vasito de vino blanco
• sal • pimienta • 2 zanahorias tiernas.

Preparación:

1. Vaciar y limpiar el pescado.
2. Cortarlo en trozos.
3. Pelar las cebollas y las zanahorias y cortarlas en rodajas.
4. Trocear el apio.
5. Atar el tomillo y la hoja de laurel.
6. En una cazuela con un litro de agua cocer la zanahoria, la cebolla, el apio, las hierbas, sal, el vino blanco y los granos de pimienta.
7. Dejar a fuego normal unos veinticinco minutos. Escurrir el caldo.
8. Disponer los pedazos de lucio en una cazuela plana de barro,

rociarlos con el caldo preparado con anterioridad y colocar la cazuela al fuego.
9. A los 5 minutos del primer hervor, dejar el pescado a fuego lento con la cazuela tapada, hasta que quede casi mermado el caldo.
10. Retirar del fuego y servir enfriado.

Bacalao con garbanzos

Para 4 personas
Tiempo de preparación: 1 hora
Dificultad: baja

Ingredientes:

600 g de bacalao desalado • 400 g de garbanzos cocidos
• 1 cebolla grande • 2 dientes de ajo • 1 hoja de laurel • harina
• 1 vasito de vinagre • sal • aceite • perejil.

Preparación:

1. Partir el bacalao en pedazos pequeños y cocerlo durante unos 15 minutos; pelar y picar la cebolla y el diente de ajo y triturar el perejil.
2. En una sartén con aceite caliente, dorar la cebolla y añadir el ajo y

el perejil. A media cocción, agregar el laurel y 2 cucharadas de harina, rociar con I vasito de vinagre y otro de jugo del bacalao.

3. Poner los trozos de bacalao en una cazuela y rociarlos con el preparado anterior. Rectificar de sal y dejar a fuego vivo durante 5 minutos, aproximadamente.

4. Agregar los garbanzos, seguir la cocción unos 5 minutos más y, por último, servir.

Bacalao desmenuzado con almejas

Para 4 personas
Tiempo de preparación:
40 minutos
Dificultad: baja

Ingredientes:

1/2 kg de bacalao • 400 g de almejas • 2 cebollas
• 2 dientes de ajo • 2 huevos duros • pimienta • 20 g de harina
• I dl de vino blanco seco • aceite de oliva • sal y perejil.

Preparación:

1. Poner el bacalao en remojo 24 horas antes de su preparación, cambiando el agua por los menos cuatro veces.

2. Escurrir el bacalao y secarlo bien con un paño; quitar todas las espinas y desmenuzar muy pequeño, volver a secar bien y reservar.

3. Cortar muy finas las cebollas y rehogarlas en una cazuela de barro, con aceite caliente. Antes de que tomen color, añadir el bacalao y remover bien con cuchara de madera, dándole varias vueltas para rehogarlo bien.

4. En un mortero, picar los dientes de ajo y el perejil, sazonar con sal y pimienta, verter el vino blanco y pasarlo a la cazuela con el bacalao. Remover de vez en cuando, espolvorear con la harina y dejar cocer.

5. Incorporar las almejas, bien lavadas, e ir moviendo la cazuela.

6. Cuando esté en su punto, echar por encima los huevos duros picados.

Merluza al vapor con almendras

Para 4 personas
Tiempo de preparación: 20 minutos
Dificultad: media

Ingredientes:

600 g de filetes de merluza • 60 g de almendras • 2 limones • I ramita de perejil • I cucharada de mantequilla • sal • pimienta.

Preparación:

1. Exprimir medio limón; picar las almendras y el perejil.

2. Salpimentar los filetes de pescado; rociarlos con zumo de limón y ponerles unas bolitas de mantequilla.

3. Verter 2 tazas de agua con sal en la vaporera; agregarle rodajas de limón y llevar a ebullición.

4. Cocer al vapor los filetes de merluza durante unos 15 minutos, aproximadamente; agregar el perejil y cocer unos minutos más.

5. Por último, colocar los filetes en los platos y espolvorear el pescado con las almendras; acompañar con una rodajas de limón.

Bacalao en salsa verde

Para 4 personas
Tiempo de preparación: 50 minutos
Dificultad: media

Ingredientes:

800 g de bacalao grueso seco • 100 g de harina • 4 patatas • sal • pimienta • perejil • 1 cebolla • 3 dientes de ajo • 1 dl de aceite de oliva.

Preparación:

1. Cortar el bacalao en trozos grandes y ponerlo en remojo en abundante agua unas 36 horas.

2. Quitar las espinas, escurrir, enharinar y reservar.

3. En una cazuela de barro un poco plana y amplia con el aceite caliente, poner la cebolla cortada fina. Cuando empiece a tomar color, añadir las patatas peladas y cortadas en rodajas finas.

4. En un mortero, picar los dientes de ajo y el perejil; diluir la picada con un poco de agua y verterla sobre las patatas; seguidamente, rehogarlo todo junto.

5. A media cocción, agregar el bacalao que tenemos enharinado, dejar cocer lentamente y, si hace falta, añadir un poco de agua caliente.

6. Ir moviendo la cazuela de vez en cuando para que la salsa ligue. Rectificar de sal y pimienta.

7. Cuando esté en su punto, retirarlo y dejarlo reposar un poco. Espolvorear con un poco de perejil picado fino y servir.

Merluza a la tudelana

Para 4 personas
Tiempo de preparación: 1 hora y 15 minutos
Dificultad: baja

Ingredientes:

8 rodajas de merluza • 8 espárragos de Tudela • 1 pimiento rojo asado • 200 g de guisantes desgranados • 1 limón • 1 punta de guindilla • harina y aceite • vinagre y sal • 3 dientes de ajo.

Preparación:

1. Limpiar y secar la merluza, rebozarla con harina y dorarla en una sartén con aceite. Retirarla y disponerla en una cazuela de barro.

2. En el aceite restante, dorar los dientes de ajo y la guindilla. A continuación, rociar con el zumo de limón y unas gotas de vinagre.

3. Añadir el sofrito a la cazuela y espolvorear con sal.

4. Agregar los guisantes y los espárragos y dejar a fuego lento unos 15 minutos. Espesar la salsa con una cucharada de harina.

5. Dejar unos minutos más sobre el fuego y servir en la cazuela, adornando con el pimiento cortado a cuadrados.

Mejillones a la marinera

Para 6 personas
Tiempo de preparación: 45 minutos
Dificultad: baja

Ingredientes:

3 kg de mejillones • 1 cebolla grande • 400 g de tomates maduros • 1 pimiento pequeño • harina • perejil • 2 dientes de ajo • 1 vaso de vino • aceite • sal • pimienta blanca.

Preparación:

1. Lavar con abundante agua los mejillones; a continuación, raspar las valvas.

2. En una cazuela con un poco de aceite, sofreír la cebolla bien picada y, antes de que tome color, añadir los tomates pelados y troceados previamente y el pimiento cortado en tiras.

3. Cuando todo esté cocido, añadir una cucharadita de harina, remover bien.

4. Agregar los mejillones.

5. Añadir sal y pimienta blanca a la cazuela.

6. Machacar en un mortero los ajos y el perejil, diluir con el vino y agregar la salsa a los mejillones.

7. Tapar la cazuela y dejar cocer a fuego lento hasta que se abran.

8. Servir bien calientes en la misma cazuela.

Merluza al horno

Para 4 personas
Tiempo de preparación: 35 minutos
Dificultad: baja

Ingredientes:

800 g de merluza • 2 tomates maduros
• 1 cebolla • aceite • harina • sal • pimienta blanca
molida • caldo de pescado o agua.

Preparación:

1. Limpiar, secar, cortar a rodajas y salar la merluza.
2. En un plato con harina, rebozar las rodajas de merluza y disponerlas en una fuente refractaria.
3. Pelar y picar la cebolla.
4. Escaldar, pelar y hacer puré los tomates.
5. Recubrir el pescado con la salsa de tomate y la cebolla picada. Salpimentar y verter un chorro de aceite y un poco de caldo de pescado o agua.
6. Introducir la fuente en el horno normal y dejarla unos 20 minutos, aproximadamente.

Mero a la parrilla

Para 4 personas
Tiempo de preparación: 30 minutos
Dificultad: baja

Ingredientes:

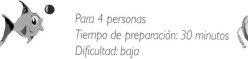

4 rodajas de mero (cada rodaja 250 g) • 1 limón • sal • aceite
• cogollitos de lechuga • patatas al vapor.

Preparación:

1. Antes de comenzar la receta hay que tener en cuenta que si secamos el agua del pescado, evitaremos que se nos pegue en la parrilla.
2. Sazonar el pescado y untarlo con aceite.
3. Colocar el pescado encima de una parrilla caliente.
4. Dejar dorar durante 5 minutos.
5. Darle la vuelta al pescado y dejarlo dorar 5 minutos más.
6. Retirar el pescado de la parrilla y colocarlo en una fuente para servir, adornándolo con rodajas de limón y acompañándolo con patatas al vapor y cogollitos de lechuga.

Merluza con patatas

Para 4 personas
Tiempo de preparación: 40 minutos
Dificultad: baja

Ingredientes:

4 rodajas de merluza (de 200 g cada una) • 700 g de patatas
• 50 g de guisantes • 1 cebolla pequeña • 4 dientes de ajo
• 1 cucharadita de pimentón dulce • 1 manojo de perejil • aceite
• sal.

Preparación:

1. En una cazuela con agua al fuego, añadir las patatas cortadas en rodajas, la cebolla, un diente de ajo, el perejil y la sal.
2. A media cocción, agregar la merluza y los guisantes.
3. En una sartén con aceite caliente, freír los tres ajos restantes y, una vez dorados, añadir el pimentón.
4. Retirar la sartén del fuego, para evitar que el pimentón se queme.
5. Escurrir las patatas y la merluza y colocarlas en la fuente.
6. Verter la salsa por encima.
7. Servir caliente.

Panojas malagueñas

Para 6 personas
Tiempo de preparación: 35 minutos
Dificultad: baja

Ingredientes:

1 1/2 kg de boquerones • harina • aceite • sal.

Preparación:

1. Limpiar bien los boquerones y escurrir.
2. Secarlos con un paño limpio.
3. Salarlos.
4. Enharinarlos uniéndolos por la cola, cada media docena, en forma de abanico.
5. En una sartén con aceite caliente, freír los boquerones, cuidando que no se peguen unos con otros.
6. Sacar los boquerones de la sartén.
7. Servir bien caliente y recién hecho.

Merluza con sidra

Para 4 personas
Tiempo de preparación: 1 hora y 15 minutos
Dificultad: media

Ingredientes:

8 rodajas de merluza • 3 cebollas • 1 botella de sidra • 1 docena de almejas • 1 guindilla grandes • perejil • aceite de oliva • sal.

Preparación:

1. En una sartén a fuego moderado, poner las almejas, moverlas con el mango y retirarlas cuando estén todas abiertas.
2. A continuación retirar las valvas.

3. Pelar las cebollas y picarlas.
4. Trinchar finamente el perejil.
5. Cortar una arandela de la guindilla.
6. Untar con aceite una fuente para horno, disponer en ella la merluza, recubrirla con la cebolla picada y encima las almejas.
7. Rociar con la sidra, salpicar con el perejil y poner encima la arandela de guindilla. Salar.
8. Llevar la merluza a horno moderado y dejarla hasta que la salsa de cocción la veamos reducida a la mitad.
9. Servir bien caliente en la misma fuente.

Merluza de Alcañiz

Para 4 personas
Tiempo de preparación: 1 hora
Dificultad: baja

Ingredientes:

1 kg de merluza • 1 kg de patatas • 1 cebolla pequeña • 1/2 tazón de puré de tomate • 1 hoja de laurel • aceite • 2 dientes de ajo • 1 vaso de vino blanco • caldo de pescado • harina • sal.

Preparación:

1. Poner las patatas a hervir, enteras y con piel.
2. Limpiar bien, secar, cortar a rodajas, salar y enharinar la merluza.
3. En una sartén con aceite hirviendo, freír la merluza hasta que se dore por ambos lados; retirarla y disponerla sobre una cazuela de barro.
4. En el mismo aceite, sofreír ligeramente la cebolla y los dientes de ajo pelados y triturados y una hoja de laurel.
5. Espolvorear el sofrito con un poco de harina, mezclar y rociar con el vino y caldo de pescado.
6. Añadir el tomate y dejar unos 3 minutos sobre el fuego.
7. Rociar la merluza con la salsa y poner la cazuela sobre el fuego. Mantener a fuego lento hasta que la salsa espese.
8. Servir el pescado en la misma cazuela, añadiendo las patatas cocidas, peladas y cortadas en cuartos a lo largo.

Pescados y mariscos a la sidra

Para 4 personas
Tiempo de preparación: 55 minutos
Dificultad: baja

Ingredientes:

2 lenguados de unos 500 g cada uno • 12 langostinos • 1/4 kg de almejas • 1 cebolla • 1/2 l de sidra • perejil • aceite • sal.

Preparación:

1. Limpiar el pescado, retirar tanto aletas como cabezas y cortarlos por la mitad.
2. Pelar y picar la cebolla.
3. Lavar los langostinos.
4. Poner en remojo las almejas en agua fría con un poco de sal.
5. En una cazuela de barro plana con aceite caliente, dorar la cebolla.
6. Espolvorear con el perejil picado finamente.
7. Disponer enseguida los lenguados encima, sazonar y colocar las almejas abiertas al vapor y sin su concha, así como los langostinos sin caparazón.
8. Sin remover el guiso, rociar con la sidra y dejar la cazuela a fuego muy lento hasta que el pescado esté en su punto.
9. Regar de vez en cuando el pescado e ingredientes con su propia salsa.
10. Cuando ésta esté reducida, servir caliente.

Merluza del mesonero

Para 6 personas
Tiempo de preparación: 50 minutos
Dificultad: baja

Ingredientes:

1 kg de merluza bien fresca de la parte de la cola
• 6 cucharadas de pan rallado • 2 dientes de ajo • aceite de oliva
• sal y perejil • pimienta blanca molida.

Preparación:

1. Pelar y picar los 2 dientes de ajo.
2. Triturar el perejil.
3. Lavar debajo del grifo de agua fría la merluza y recortar un poco la punta de la cola.
4. Disponer el pescado en una fuente que pueda ir al horno. Sazonarlo con sal y pimienta, recubrirlo con pan rallado, ajo picado y perejil triturado y, finalmente, rociar con bastante aceite de oliva.
5. Introducir la merluza en horno muy suave y dejarla hasta que la piel de la parte superior quede dorada.
6. Rociar el pescado de vez en cuando con su propio jugo.
7. Puede servirse en la misma fuente.

Merluza al vino blanco al estilo de Aragón

Para 4 personas
Tiempo de preparación: 1 hora
Dificultad: baja

Ingredientes:

8 rodajas de merluza • 2 cebollas • 2 dientes de ajo
• 4 pimientos verdes • 4 cucharadas de puré de tomate • perejil
• pimienta molida • caldo de pescado • 2 copas de vino blanco seco • pan rallado • sal • aceite • 1 limón.

Preparación:

1. Pelar y picar las cebollas, los ajos y el perejil.
2. Cortar los pimientos a trocitos.
3. En una sartén con aceite hirviendo, dorar la cebolla y el pimiento.
4. Cuando la cebolla empiece a tomar color, añadir el ajo y el perejil.

5. Rociar enseguida con el vino blanco, bajar el fuego y, cuando la salsa se consuma, añadir la salsa de tomate y el caldo; mantener sobre el fuego durante unos minutos más.

6. Untar con aceite una fuente refractaria y disponer sobre ella las rodajas de merluza; salpimentar, verter el zumo de un limón y recubrir con la salsa de tomate, un poco de pan rallado y un chorro de aceite.

7. Introducir en el horno y mantener durante unos 20 minutos.

Pulpo a la asturiana

Para 4 personas
Tiempo de preparación: 30 minutos,
más el tiempo de cocción del pulpo
Dificultad: media

Ingredientes:

1 kg de pulpo fresco • 2 dientes de ajo • 1 pimiento morrón
• 1 cebolla • 1 hoja de laurel • 1 tomate maduro grande
• sal • aceite • 1 vasito de vino blanco.

Preparación:

1. Limpiar y vaciar la cabeza de pulpo, si es posible, con agua de mar.

2. Golpear al pulpo durante unos minutos, para que de esta manera se ablande.

3. En una olla con agua hirviendo, una hoja de laurel y el vino blanco, cocer el pulpo, cogiéndolo por la cabeza e introducirlo primero por los tentáculos. (No salar hasta el final, eso lo endurecería.)

4. Los 20 primeros minutos, el pulpo debe cocer a fuego muy vivo y el resto de tiempo a fuego medio.

5. Mientras, en una cazuela con aceite caliente, sofreír la cebolla pelada y triturada. Cuando esté transparente, añadir el pimiento morrón, el tomate sin piel y el ajo, todo bien picado.

6. Retirar el pulpo, trocearlo e incorporarlo a la cazuela con el sofrito, dejándolo al fuego hasta que quede en su punto.

Pulpitos con cebolla y tomate

Para 4 personas
Tiempo de preparación: 45 minutos
Dificultad: baja

Ingredientes:

900 g de pulpitos • 2 cebollas • 400 g de tomates maduros
• 1 vaso de vino blanco seco • 1 1/2 dl de aceite
• 6 dientes de ajo • perejil • pimienta • sal.

Preparación:

1. Limpiar los pulpitos, pelar las cebollas y cortarlas finas, escaldar los tomates en agua hirviendo, pelarlos y picarlos pequeños, pelar los ajos y cortar a láminas.

2. En una cazuela de barro, con el aceite, poner los pulpitos y todos los demás ingredientes en crudo, regar con el vino blanco.

3. Tapar y dejar que se vayan cociendo lentamente, a fuego muy suave.

4. Pasado un rato, comprobar que el caldo que desprenden los pulpitos se va reduciendo, quedando solamente el aceite en la cazuela.

5. Salpimentar.

6. Dejar sofreír un poco más y ya estarán a punto de servir. Comprobar el punto de sal y espolvorear con perejil finamente picado.

7. Servir caliente en la misma cazuela.

Pimientos rellenos de bacalao

Para 4 personas
Tiempo de preparación: 2 horas y 40 minutos
Dificultad: media

Ingredientes:

12 pimientos rojos del pico • 750 g de bacalao ya remojado
• 1 cebolla • 2 pimientos rojos • 75 g de jamón curado
• 3 dientes de ajo • aceite • 2 huevos • 50 g de harina • sal.

Salsa:

1/2 kg de cebollas • 1 dl de vino blanco • 2 pimientos choriceros
• 3 dientes de ajo • 400 g de tomates
• 100 g de tocino entreverado.

Preparación:

1. Poner en una cacerola al fuego con el bacalao cubierto escasamente de agua; en el momento de empezar a hervir, retirar. Sacarle todas las espinas, desmigarlo.

2. En un cazo al fuego, con un poco de aceite, rehogar el jamón cortado pequeño junto con la cebolla muy picada, dejar cocer lentamente. Cuando empiece a tomar color, añadir el ajo picado. Sazonar.

3. Asar los pimientos rojos, pelarlos y cortarlos muy pequeños.

4. En un bol, mezclar el bacalao desmigado, la cebolla con el jamón, ajo y los pimientos troceados, dejar enfriar, agregar el huevo batido.

5. Con este preparado, rellenar los pimientos del pico, rebozarlos y freírlos. Reservar.

6. Preparar la salsa poniendo en una cazuela de barro el tocino cortado pequeño, añadir las cebollas cortadas, los pimientos choriceros, dejar cocer un poco, añadir unos dientes de ajo enteros, dejar cocer muy lento una hora.

7. Añadir el vino poco a poco. Pasada la hora, añadir los tomates troceados y cocer una media hora.

8. Cuando esté en su punto, pasarlo por el colador chino.

9. En una cazuela de barro plana, poner los pimientos fritos, verter por encima la salsa preparada y dejar cocer lentamente tres cuartos de hora. Servir en la misma cazuela.

Rabas fritas (calamares)

Para 4 personas
Tiempo de preparación: 45 minutos
Dificultad: baja

Ingredientes:

600 g de rabas • 2 dientes de ajo • 1 limón • 100 g de pan rallado • sal • aceite • 150 g de harina.

Preparación:

1. Lavar las rabas, quitarles la piel, cortarlas en rodajas y secarlas.
2. Picar los dientes de ajo en el mortero, esparcirlos sobre las rodajas de rabas y dejar macerar durante 30 minutos.
3. En un plato, mezclar la harina y el pan rallado.
4. Salar el pescado, pasarlo por las harinas y sacudirlo.
5. Calentar abundante aceite en una sartén y freír las rabas con el aceite caliente, pero no demasiado para que se cuezan por dentro y se doren por fuera.
6. Servir enseguida rodeados con rodajas de limón.

Calamares en su tinta

Para 6 personas
Tiempo de preparación: 1 hora
Dificultad: baja

Ingredientes:

2 1/2 kg de calamares grandes • 700 g de tomates • 300 g de cebollas • 2 pimientos verdes • 1 vasito de vino blanco • 1 cucharada de pimentón • aceite.

Preparación:

1. Limpiar bien los calamares y trocearlos.
2. Reservar las bolsas de tinta de los calamares.
3. Dorar en una sartén con aceite la cebolla, previamente picada, y los calamares troceados.
4. Una vez dorados, añadir el tomate triturado, los pimientos y el pimentón. Dejar cocer todo junto.
5. Cuando estén cocidos, añadir el vino y una bolsa de tinta de los calamares. Dejar reducir y servir caliente.

Pudín de cabracho

Para 6 personas
Tiempo de preparación: 1 hora y 30 minutos
Dificultad: media

Ingredientes:

1 kg de cabracho • 1 cebolla • 1 zanahoria • 1 lechuga • 1 lata de espárragos • 1 dl de salsa de tomate • 4 huevos • perejil • 1 hoja de laurel • pimienta • 1 dl de nata líquida • 1/2 dl de vino blanco.

Preparación:

1. En un cazo con agua, dejar cocer durante 10 minutos la cebolla, la zanahoria, 1 hoja de laurel, perejil, el vino blanco y sal. Pasado ese tiempo, añadir el pescado y dejar cocer durante 15 minutos.
2. Quitar las pieles y espinas al cabracho, desmenuzar y reservar.
3. En un bol, batir los huevos, añadir el tomate y la nata líquida; sazonar y añadir el pescado desmenuzado. Batir todo hasta que quede una pasta fina.
4. Engrasar un molde de pastel, poner un papel, también engrasado, en el fondo y verter todo el preparado anterior.
5. Precalentar el horno a temperatura media e introducir en él el molde al baño María. Dejar cocer durante unos 40 o 45 minutos. Comprobar el punto de cocción, pinchando con una aguja.
6. No desmoldar hasta que esté frío. Se sirve acompañado con salsa mahonesa y decorado con los espárragos y la lechuga.

Rape al ajo quemado

Para 4 personas
Tiempo de preparación: 1 hora
Dificultad: media

Ingredientes:

1 kg de rape (puede ser otro pescado) • 6 dientes de ajo • 1 tomate maduro grande • 1 1/2 dl de aceite • 1 kg de patatas • 4 rebanadas de pan finas • 1 hoja de laurel • un poco de guindilla • perejil • sal • pimienta • 7 dl de fumet de pescado.

Fumet:

1 litro de agua • 400 g de espinas y cabezas de pescado • 1/2 cebolla • tallos de champiñón • 1 vasito de vino blanco • perejil • sal.

Preparación:

1. Para hacer el «fumet» poner un litro de agua en un cazo con todos los ingredientes indicados, sazonar y dejar cocer a fuego lento unos veinte minutos a partir de la ebullición, tapado.
2. Colar y reservar.
3. Calentar aceite en una cacerola tapada, pelar los ajos y cortarlos en rodajas; ponerlos en el aceite, hasta que adquieran un color oscuro, casi quemados (pero sin que se quemen, pues amargarían la salsa). En el mismo aceite, una vez retirados los ajos, sofreír las rebanadas de pan, el laurel, el perejil y la guindilla.
4. Pasarlo todo al mortero, junto con los ajos.
5. En el aceite que queda sofreír el tomate, remover bien. Volver a poner el sofrito picado en la cacerola y remover con cuidado, para que quede un sofrito oscuro (los pescadores lo llaman chocolate).
6. Cuando esté en su punto, añadir el «fumet» bien caliente, teniendo en cuenta el agua que pueda soltar el pescado utilizado. Dejar hervir tapado unos cinco minutos.
7. Añadir las patatas cortadas en dados y, a media cocción, incorporar el pescado cortado en rodajas y sazonado. Terminar la cocción a fuego vivo. Servir bien caliente.

Calamares encebollados

Para 4 personas
Tiempo de preparación: 45 minutos
Dificultad: baja

Ingredientes:

600 g de calamares pequeños • 2 cebollas • 2 pimientos verdes • 2 tomates maduros • 2 ramas de perejil • pimienta • aceite • sal • 20 g de pan rallado • 1 1/2 dl de vino blanco • 3 dientes de ajo.

Preparación:

1. Limpiar cuidadosamente los calamares en varias aguas y cortarlos en aros.
2. Pelar y picar los dientes de ajo y cubrir con ellos los calamares. Dejar macerar en la nevera durante 7 u 8 horas.
3. Colocar los calamares en una cazuela de barro y cubrirlos con las cebollas picadas, los pimientos verdes troceados, el perejil picado y los tomates pelados y rallados, sin pepitas.
4. Salpimentar, espolvorear con el pan rallado y rociar con aceite.
5. Dejar cocer muy lentamente, removiendo de vez en cuando para que se mezclen bien los diversos ingredientes.
6. A media cocción bañar con el vino blanco. Cuando los calamares estén tiernos, retirar del fuego y dejar reposar antes de servir.

Raya con ajada

Para 4 personas
Tiempo de preparación: 50 minutos
Dificultad: media

Ingredientes:

1 kg de raya • 750 g de patatas • pimentón dulce • agua • 50 g de unto • 1 cebolla • 3 dientes de ajo • perejil • vinagre • aceite • sal.

Preparación:

1. Raspar la raya con un cuchillo y trocearla.
2. Poner una cazuela con agua al fuego y verter las patatas cortadas en rodajas, la cebolla, el perejil y la sal.
3. A media cocción, añadir la raya troceada y dejar cocer hasta que las patatas estén tiernas.
4. En una sartén con aceite, dorar los ajos y un poco de cebolla.
5. Retirar la sartén del fuego.
6. Dejar reposar unos minutos la ajada y agregar una cucharada de pimentón y un poco de vinagre.
7. Escurrir el pescado y colocarlo en una fuente; también las patatas.
8. Rociar el pescado y las patatas con la ajada y dejar reposar unos minutos.
9. Servir caliente.

Rodaballo a la malagueña

Para 4 personas
Tiempo de preparación: 45 minutos
Dificultad: alta

Ingredientes:

1 rodaballo de 800 g • 600 g de patatas • 100 g de mantequilla • 1 cebolla • 2 limones • 3 yemas de huevo • 1 cucharada de nata • zumo de limón • perejil • aceite • sal.

Preparación:

1. Pelar y hervir las patatas enteras en agua y sal.
2. Limpiar el pescado y añadirlo a una cazuela con agua y sal.
3. Añadir una cebolla al pescado, un chorrito de aceite y dejarlo cocer durante 20 minutos.
4. En una cazuelita aparte, poner 3 cucharadas de caldo de pescado, las yemas de huevo y dejar cocer a fuego lento removiendo constantemente con el batidor. Añadir también la cucharada de nata.
5. Retirar la cazuelita del fuego y añadirle la mantequilla y el zumo de limón. Se obtendrá una crema homogénea.
6. Presentar el pescado en una fuente, adornar con las patatas, unas ramitas de perejil y las rodajas de limón.
7. Presentar la crema en una salsera aparte.

Merluza en salsa de piñones

Para 4 personas
Tiempo de preparación: 25 minutos
Dificultad: media

Ingredientes:

4 rodajas de merluza de 150 g cada una • 2 dientes de ajo • 100 g de piñones • 2 tomates grandes maduros • un poco de aceite • sal • 1/2 hoja de laurel • 1 limón • perejil picado.

Preparación:

1. Asar a la llama del fuego los tomates y los ajos, pelarlos.
2. Colocarlos en la batidora junto con los piñones. Batir.
3. En una cazuela de barro, poner un poco de aceite y volcar la preparación anterior, sazonar, aromatizar con la hoja de laurel y cocer a fuego lento. Dejar reducir un poco la salsa.
4. Rociar con un poco de agua caliente y añadir las rodajas de merluza y el zumo del limón. Introducir en el horno a temperatura media.
5. Dejar cocer durante 10 minutos.
6. Servir enseguida, salpicado con perejil picado.

Sepia guisada

Para 6 personas
Tiempo de preparación: 1 hora
Dificultad: media

Ingredientes:

1 1/2 kg de sepia • 3 cebollas • 4 dientes de ajo • 1 pimiento rojo • 3 tomates • 1 hoja de laurel • perejil • 3 patatas • caldo de gallina • sal • aceite.

Preparación:

1. Limpiar bien la sepia y cortarla en dados.
2. Picar las cebollas, los ajos, trocear el pimiento, trinchar el perejil y triturar los tomates.
3. En una cazuela con aceite caliente, sofreír las cebollas, los ajos, el pimiento, el perejil, los tomates y el laurel.
4. Dejar cocer hasta conseguir una salsa homogénea. Remover con una espátula de vez en cuando.
5. Añadir los dados de sepia, sazonar y añadir poco a poco el caldo.
6. Pelar y lavar las patatas. Cortarlas en dados y sazonar.
7. Cuando falten 20 minutos para el final de la cocción, añadir las patatas y dejar cocer. Servir caliente y en la misma cazuela.

Corona de pescado

Para 4 personas
Tiempo de preparación: 2 horas
Dificultad: media

Ingredientes:

800 g de pescado fresco (bacalao, merluza, etc.) • 3 huevos • 200 g de gambas • 8 rebanadas de pan de molde • 4 dl de leche fresca • 100 g de queso rallado • sal • pimienta.

Supremas de merluza

Para 4 personas
Tiempo de preparación: 30 minutos
Dificultad: media

Ingredientes:

1 merluza de 1 kg • 1 limón • sal • pimienta
• 1 dl de agua • 30 g de mantequilla
• 1/2 dl de vino blanco.

Salsa:

1 cebolla • 1 zanahoria • 1 manzana
• 100 g de champiñones • 1 dl de crema de leche • 20 g de mantequilla.

Preparación:

1. Cortar la merluza en dos filetes, retirando la cabeza y la espina central. Cortar cada filete en dos. Colocar en una fuente refractaria, con la piel hacia arriba.
2. Rociar con el zumo de limón, la sal, la pimienta, el vino blanco, el agua y unos trocitos de mantequilla.
3. Precalentar el horno a 200°, introducir la fuente y dejar cocer unos 12 minutos; reservar.
4. Salsa: En un cazo, derretir la mantequilla y rehogar la cebolla finamente picada, los champiñones, cortados pequeños; rociar con el jugo de cocer el pescado, cocer 5 minutos, verter la crema de leche; cuando esté en su punto, retirar.
5. Quitar la piel de la merluza y colocar en una fuente de horno; cubrir con la salsa, dorar unos segundos en el grill.
6. Servir enseguida.

Caldo:

1/2 l de agua • 1 zanahoria • 1 nabo • 1 puerro
• 1 rama de apio.

Salsa:

75 g de mantequilla • 30 g de harina • 1 dl de crema de leche.

Preparación:

1. Poner una olla al fuego con el 1/2 l de agua y las hierbas del caldo, dejar hervir 20 minutos tapada.
2. Añadir el pescado y las gambas, dejar cocer durante 15 minutos más.
3. Sacar del fuego y colar, reservando el caldo y las gambas. Quitar pieles y espinas del pescado y desmenuzarlo.
4. Hervir la leche y añadirle el pan a trocitos. En un bol mezclar el pescado desmenuzado con la leche, el pan y las yemas de los huevos; añadir el queso rallado.
5. Montar las claras a punto de nieve, añadir a la pasta anterior y verterlo todo en un molde corona untado.
6. Precalentar el horno a 180°, introducir el molde al baño maría unos 45 minutos.
7. Salsa: Derretir la mantequilla en un cazo, añadir la harina y dejarla dorar un poco; verter el caldo de cocción del pescado, dejar cocer 5 minutos. Batirlo bien con las varillas y suavizar con la crema de leche.
8. Desmoldar la corona en una fuente redonda de servicio, verter la salsa en el centro y adornar con las gambas. Servir caliente.

Cigalas al azafrán asadas en brocheta

Para 5 personas
Tiempo de preparación: 2 horas y 40 minutos
Dificultad: media

Ingredientes:

15 cigalas grandes • 3 g de azafrán • 1 dl de aceite de oliva
• 100 g de mantequilla • 1/4 kg de arroz • 1 cebolla
• 1/4 kg de setas frescas • 2 hojas de laurel • 1 ramito de perejil
• 5 brochetas • tomillo • sal • aceite • pimienta.

Preparación:

1. Quitar el caparazón a las cigalas, conservar sólo las colas.
2. En un bol, poner las colas de cigalas, salpimentarlas, agregar las hojas de laurel, el perejil, el tomillo, un poco de azafrán y rociar con un poco de aceite y dejar en adobo unas dos horas.
3. En una cacerola al fuego, poner el resto de aceite, sofreír la cebolla cortada fina, añadir el arroz, remover con una cuchara de madera, aromatizar con el resto de azafrán, remover.
4. Cuando los granos de arroz empiecen a perder su

transparencia, bañar con el doble del volumen del arroz de agua caliente.
5. Salpimentar.
6. Tapar, dejar cocer suavemente unos dieciséis minutos, sin destapar.
7. Encender el grill del horno.
8. Lavar las setas (champiñones) utilizar sólo los sombreritos (guardar los pies para otra receta).
9. Coger las brochetas y ensartar en cada una, alternativamente, una cigala, un sombrerito de seta; a razón de tres cigalas por brocheta.
10. Llevar al horno y dejar asar unos cuatro minutos de cada lado.
11. Extender el arroz en una fuente de servir, rociar con la mantequilla derretida, poner las brochetas encima, espolvorear con perejil picado. Servir rápidamente.

Gambas al ajillo

Para 4 personas
Tiempo de preparación: 15 minutos
Dificultad: baja

Ingredientes:

1/2 kg de gambas • 3 dientes de ajo • 1/2 guindilla
• 2 dl de aceite de oliva • sal.

Preparación:

1. Pelar las gambas en crudo, dejando las colas enteras.
2. En una cazuela de barro con el aceite caliente, poner los dientes de ajo, previamente picados.
3. Dejar que se doren.
4. Añadir la guindilla cortada en rodajitas, las gambas y sal. Remover sin parar haciendo bailar la cazuela. Cocer durante aproximadamente 2 o 3 minutos, cuidando que no se quemen los ajos.
5. Por último, servir las gambas bien calientes, en cazuelitas de horno individuales.

Parrillada de mariscos

Para 6 personas
Tiempo de preparación: 35 minutos
Dificultad: baja

Ingredientes:

600 g de almejas • 750 g de gambas • 750 g de langostinos
• 1 kg de nécoras • 1 kg de santiaguiños • 1 kg de cigalas
• 1 langosta de 800 g • 600 g de camarones • 1 bogavante
de 800 g • 1/2 lechuga • un manojo de perejil • 1 limón
• sal • aceite.

Preparación:

1. Partir las nécoras en cuatro partes cada una.
2. Partir por la mitad los santiaguiños, las cigalas, el bogavante y la langosta. Ponerle sal a todas las piezas.
3. Disponer todas las piezas sobre una plancha muy caliente y con un poco de aceite.
4. Para cocer la langosta se necesitan 20 minutos; en cambio, las demás piezas se pueden cocer en sólo 10 minutos.
5. En otra plancha, disponer las almejas y las nécoras. Colocar un punto de sal y, al cabo de 10 minutos, retirarlas del fuego.
6. Una vez que tengamos cocido todo, disponemos todas las piezas en una fuente y decoramos con rodajas de limón, perejil picado y algunas hojas de lechuga.

Mejillones a la vinagreta

Para 4 personas
Tiempo de preparación: 25 minutos
Dificultad: baja

Ingredientes:

1 1/2 kg de mejillones • 1 cebolla • 1 vaso de vino blanco
• 2 pimientos morrones • 2 pimientos verdes • perejil
• pepinillos en vinagre • alcaparras • sal, aceite y vinagre
• 1 hoja de laurel.

Preparación:

1. Lavar bien los mejillones y ponerlos a cocer en una olla con agua y sal.
2. Añadir a la olla la hoja de laurel, un chorrito de vino blanco y tapar. Dejar cocer.
3. Una vez cocidos, dejarlos enfriar y retirarles las valvas.
4. Picar finamente todos los ingredientes y mezclarlos con el aceite, el vinagre y la sal.
5. Colocar bien los mejillones en una fuente y verter por encima todo el picadillo.

Centollo relleno I

Para 4 personas
Tiempo de preparación: 1 hora y 30 minutos
Dificultad: alta

Ingredientes:

2 centollos • 150 g de rape o de merluza hervidos
• 1/2 kg de tomates • 1 cebolla • 1 hoja de laurel • sal
• 1 copita de jerez • 1/2 copa de brandy • aceite de oliva
• una pizca de pimienta de Cayena • queso rallado
• 6 granos de pimienta negra • aceite.

Preparación:

1. Desmenuzar el rape o la merluza, retirándole piel y espinas.
2. En una olla con agua hirviendo y sal, cocer los centollos unos minutos.
3. Dejarlos en una fuente.
4. Mientras, pelar y triturar los tomates.
5. Picar finamente la cebolla.
6. Extraer el caparazón y de las patas del centollo la carne. Mezclar con el rape desmenuzado.
7. En una cazuela limpia y plana con aceite hirviendo, sofreír la cebolla y el tomate, añadir unos granos de pimienta, la hoja de laurel y una pizca de pimienta de Cayena.
8. Rociar con una copita de jerez y el brandy.
9. Una vez la salsa esté en su punto, es decir, espesa, pasarla por el chino y mezclarla con la molla del centollo y del pescado hervido.
10. Poner de nuevo todo en la cazuela y dejar a fuego lento unos minutos.
11. Rellenar con la mezcla los caparazones de los centollos y servir.
12. Puede prepararse también recubriendo con bechamel los centollos; espolvorear con un poco de queso rallado y gratinar.

Almejas a la marinera

Para 4 personas
Tiempo de preparación: 45 minutos
Dificultad: baja

Ingredientes:

1 1/4 kg de almejas • 1 cebolla • 1/4 l de aceite • 1/2 cucharada de pimentón dulce • una pizca de pimentón picante • 1 vaso de vino blanco • 1 cucharada de harina • sal • perejil • una hoja de laurel.

Preparación:

1. En un recipiente con agua fría y sal, dejar algunas horas en remojo las almejas, para que suelten bien la arena.
2. En una sartén con aceite caliente, rehogar la cebolla previamente picada.
3. En cuanto la cebolla haya tomado color, añadir las almejas a la sartén.
4. Cuando las almejas se empiecen a abrir, agregar el vino blanco, el pimentón dulce, el pimentón picante, el laurel, el perejil y, finalmente, la harina.
5. Dejar cocer todo junto durante 10 minutos, removiendo constantemente para evitar que la harina haga grumos hasta que la salsa espese.

Salpicón de mariscos

Para 4 personas
Tiempo de preparación: 1 hora
Dificultad: baja

Ingredientes:

500 g de pulpo • 200 g de calamares • 200 g de gambas • 200 g de mejillones • 4 cigalas • 2 pimientos verdes • 4 tomates rojos • 2 cebollas • pimiento morrón • aceite • vinagre.

Preparación:

1. En una cazuela con agua hirviendo y sal, introducir y sacar el pulpo tres veces.
2. Finalmente, introducirlo en la misma cazuela y dejarlo cocer unos treinta minutos, aproximadamente.
3. En otra cazuela hervir el marisco restante y dejarlo enfriar.
4. Pelar y picar el marisco, menos las cigalas y el pulpo.
5. Distribuir el marisco y el pulpo en los platos a partes iguales.

6. Trocear los pimientos verdes, los tomates y las cebollas y distribuirlos también en los platos.
7. Distribuir asimismo el pimiento morrón.
8. Adornar cada plato con una cigala.
9. Sazonar con aceite, sal y vinagre.

Ostras a la pimienta negra

Para 4 personas
Tiempo de preparación: 45 minutos
Dificultad: media

Ingredientes:

24 ostras • 2 cebollas • pimienta negra • vinagre • limón • sal.

Preparación:

1. Abrir y vaciar las ostras; colocarlas en un colador de alambre tupido.
2. Sumergir el colador en agua hirviendo con un poco de sal, durante 4 o 5 segundos.
3. Retirar el colador, dejar escurrir las ostras y ponerlas a enfriar en agua con hielo.
4. Colocarlas en un recipiente de cristal y sazonar con la pimienta.
5. Añadir la cebolla picada muy fina, el vinagre y el limón.
6. Dejar reposar unas dos horas dentro del frigorífico, sobre hielo picado.
7. Servir en el mismo recipiente de cristal encima del hielo picado.

Langostinos al ajo

Para 4 personas
Tiempo de preparación: 20 minutos
Dificultad: baja

Ingredientes:

600 g de langostinos • 1 cebolla • 6 dientes de ajo • sal • aceite
• un buen ramillete de perejil • pimienta • 1/2 dl de vino blanco
seco.

Preparación:

1. En una cazuela de barro con aceite de oliva, rehogar la cebolla cortada finamente.
2. Cuando empiece a tomar color, poner unas cuantas ramitas de perejil picado.
3. Antes de que se dore la cebolla, añadir los langostinos y rehogar hasta que cambien de color (toman un color rosado).
4. Machacar los ajos en el mortero y desleír con un poco de vino blanco seco.
5. Añadir a la cazuela, mezclar bien y salpimentar.
6. Dar unos hervores fuertes.
7. Sacar y servir en la misma cazuela, bien caliente.

Almejas al limón

Para 4 personas
Tiempo de preparación: 45 minutos
Dificultad: baja

Ingredientes:

1 kg de almejas • 1 copa de vino blanco • 1 cebolla
• sal • aceite de oliva • 1 cucharada de pan rallado
• perejil • 2 dientes de ajo • el zumo de 1/2 limón
• 1/2 hoja de laurel.

Preparación:

1. Lavar las almejas con agua y sal.
2. Pelar la cebolla y los dientes de ajo y picarlos finamente.
3. Trinchar el perejil.
4. En un puchero con un vaso de agua, abrir las almejas a fuego lento. Escurrirlas y disponerlas en una cazuela plana. Reservar el jugo.
5. En una sartén con aceite caliente, sofreír la cebolla y el ajo. Espolvorear con pan rallado y rociar con el jugo de las almejas. Añadir el laurel, el vino y el zumo de limón.
6. Verter la salsa anterior sobre las almejas, disponer la cazuela al fuego, y dejarla unos diez minutos. Rectificar la sal y decorar con perejil picado.

Frutos de mar con salsa mallorquina

Para 6 personas
Tiempo de preparación: 1 hora y 20 minutos
Dificultad: alta

Ingredientes:

12 vieiras • 24 gambas grandes • 24 almejas • 24 mejillones
grandes • 1 dl de aceite de oliva • 700 g de tomates maduros
• 300 g de cebollas • 4 dientes de ajo • 50 g de almendras
en polvo • 50 g de piñones • 1 cucharada de pimentón • 1 pizca
de pimienta de Cayena • sal • pimienta • 1 manojo de perejil.

Preparación:

1. Lavar cuidadosamente las almejas, raspar y lavar bien los mejillones.
2. Ponerlos en una cazuela, tapar y dejar abrir al vapor, escurrir y reservar el jugo que sueltan, colado con un colador fino.
3. Abrir las vieiras con un cuchillo, cuidadosamente, pasándolo entre las dos valvas, sacar la vieira y el coral; reservar.
4. Pelar y cortar pequeñas las cebollas. Poner una cazuela al fuego y calentar el aceite, rehogarlas; dejar dorar un poco.
5. Escaldar y pelar los tomates, sacar las semillas, picar y añadir a la cazuela, tapar y dejar cocer lentamente 15 minutos, remover de vez en cuando con la cuchara de madera.
6. En el mortero, picar los ajos pelados, el perejil y los piñones.
7. En un bol, mezclar lo majado del mortero, las almendras en polvo, el pimentón, la pimienta de Cayena, trabajar bien hasta obtener una pasta homogénea.
8. Cuando lo de la cazuela esté bien rehogado, echar el jugo que hemos reservado de los mejillones.

9. Añadir las vieiras y las gambas a la cazuela, dejar cocer 10 minutos a fuego lento. Salpimentar.

10. Sacar las vieiras y las gambas, escurridas.

11. Pasar la salsa por el colador chino, volver a poner la cazuela al fuego, mezclarle la salsa preparada con las almendras.

12. Añadir a la cazuela las vieiras, las gambas y luego los mejillones y las almejas.

13. Sacar una valva de las almejas y de los mejillones.

14. Dejar espesar removiendo con la cuchara de madera.

15. Calentar una fuente de servir que sea honda y verter todo lo de la cazuela en ella. Presentar a la mesa bien caliente.

Mejillones rellenos

Para 6 personas
Tiempo de preparación: 1 hora y 10 minutos
Dificultad: baja

Ingredientes:

1,5 kg de mejillones grandes • 750 g de cebollas • 100 g de arroz • 75 g de pasas de Corinto • 50 g de piñones • 1 vasito de aceite de oliva • canela en polvo • pimienta y sal.

Preparación:

1. Lavar los mejillones, desbarbarlos, abrirlos crudos con un cuchillo, pero sin quitarles la valva superior.

2. Pelar las cebollas y cortarlas en rodajas finas.

3. Calentar el aceite en una cacerola, rehogar las cebollas hasta que estén transparentes y reducirlas a puré.

4. Añadir las pasas de Corinto, los piñones picados y el arroz; salpimentar y perfumar con una pizca de canela.

5. Utilizando una cuchara pequeña rellenar con esta mezcla la mitad de valva donde está el mejillón; cerrar los mejillones con la otra valva y colocarlos en la cacerola.

6. Disponer sobre los mejillones un plato

y un peso sobre éste para mantener aquéllos perfectamente cerrados.

7. Llenar de agua fría justo hasta la parte superior del plato; tapar y cocer a fuego moderado durante 1 hora hasta que se evapore el agua; servir los mejillones fríos.

Marisco a la plancha

Para 6 personas
Tiempo de preparación: 35 minutos
Dificultad: baja

Ingredientes:

1 langosta de 2 kg • 1 lubigante o bogavante de 2 kg • 18 cigalas de 200 g cada una • 80 g de mantequilla • 2 limones • sal • aceite.

Preparación:

1. Abrir las piezas por el centro, desde la cabeza hasta la cola.

2. Sazonar todas las piezas.

3. Disponer todas las piezas sobre la plancha (el lado de la carne debe estar primero sobre la plancha).

4. Encima, verter un poco de aceite y dejar dorar; luego, darle la vuelta a cada pieza.

5. El tiempo de cocción de la langosta y el lubigante es de 25 minutos. El de la cigala es de 10 minutos, aproximadamente.

6. Mientras, en una sartén, fundir la mantequilla y el zumo de los limones.

7. Disponer todo el marisco en una fuente y rociarlo con la salsa. Servir caliente.

Langosta a la catalana

Para 2 personas
Tiempo de preparación: 35 minutos
Dificultad: media

Ingredientes:

1 pieza de langosta un poco grande • 150 g de cebollas • 1 diente de ajo • 4 tomates maduros • 1 dl de aceite • sal • pimienta • laurel • canela en polvo • 1 copa de vino rancio seco.

Picada:

30 g de chocolate • 50 g de almendras tostadas • 1 «borrego» • 1 diente de ajo y perejil.

Preparación:

1. Picar la cebolla muy fina y rehogar en una cazuela de barro con el aceite, añadir el ajo picado, darle unas vueltas y añadir el tomate rallado; dejar cocer lentamente.

7. Dejar el sofrito sobre el fuego durante unos minutos y recubrir con él las chirlas. Servir enseguida, bien caliente.

Centollo relleno II

Para 6 personas
Tiempo de preparación: 1 hora y 15 minutos
Dificultad: alta

Ingredientes:

1 centollo grande • *50 g de cebolla* • *50 g de puerros* • *50 g de zanahorias* • *3 cucharadas de brandy* • *12 cucharadas de vino blanco* • *1 cucharada rasa de harina* • *1 cucharadita de pimentón* • *4 cucharadas de aceite* • *mantequilla* • *500 g de salsa de tomate* • *guindilla picante* • *pan rallado* • *perejil* • *laurel* • *sal.*

Preparación:

1. Poner una cazuela al fuego con agua suficiente para cubrir el centollo, sal y 2 hojas de laurel.
2. Tenerlo 10 minutos cociendo, apartar la cazuela del fuego, dejándolo con su misma agua 10 minutos.
3. Sacar el centollo del agua, arrancarle las patas y sacarle el centro, cuidando de no romper el caparazón.
4. Quitar el caldo y la materia blanca cremosa que suelen tener dentro y guardarlo en una tacita.
5. Cascar las patas, sacar la carne que tienen y dejarla en un plato y las cáscaras en una cazuela. Cortar el centro en varios trozos.
6. Apartar su carne blanca y dejarla en el mismo plato de la carne de las patas, y los huesecitos en la cazuela de las cáscaras.
7. Todo lo que no sea carne limpia (pellejitos y una especie de esponja que cubre el interior del centro) añadirlo a esa cazuela.
8. Comprobar que la carne no tiene ninguna cáscara y rellenar con ella el caparazón.

Salsa:

9. Colocar en el fuego una cazuela con 4 cucharadas de aceite; cuando esté caliente añadir la cebolla, puerro y zanahoria bien picaditos, freír lentamente.
10. Cuando estén tiernos, añadirles 1 cucharada rasa de harina y 1 cucharadita de pimentón, agregar lo que habíamos reservado en la taza (caldo y materia del centollo) y revolverlo todo.
11. Añadir las 3 cucharadas de brandy, prender fuego y cuando se haya apagado, agregar 12 cucharadas de vino blanco, la guindilla y la salsa de tomate.
12. Dejar hervir y añadir muy caliente a las cáscaras.
13. Cocer todo junto durante 20 minutos.
14. Pasar por un chino a una sartén, apretando fuerte para que salga toda la salsa posible.
15. Acercar al fuego y hervir hasta que se reduzca a la mitad.

---

2. Mientras, preparar la langosta, cortarla de arriba abajo, prescindir de la bolsa del estómago, guardar el hígado.
3. Cortarla en trozos, que se van echando a la cazuela con cuidado de que la carne no se salga de su cáscara. Colocada toda la langosta, aromatizar con canela en polvo, pimienta, sal y un trozo de hoja de laurel.
4. Rociar con el vino rancio.

Picada:

5. En el mortero picar bien finas las almendras tostadas, el chocolate rallado, el diente de ajo, perejil y el «borrego»; cuando tengamos una pasta fina, desleír con un poco de caldo o de agua y añadir a la langosta.
6. Dejar cocer solo durante unos veinte minutos y servir.

Txirlas a la marinera

Para 6 personas
Tiempo de preparación: 1 hora
Dificultad: baja

Ingredientes:

1 1/2 kg de chirlas • *1 cebollita* • *1 limón* • *1 cucharada de pan rallado* • *sal* • *aceite* • *perejil.*

Preparación:

1. Lavar cuidadosamente las chirlas en agua fría con sal, cuidando de que suelten toda la arena.
2. Pelar y picar la cebollita y el perejil.
3. Poner las chirlas en una cazuela de barro con un poco de agua.
4. Llevar sobre el fuego y retirarlas cuando estén abiertas.
5. Colar el agua con un paño fino.
6. En una sartén con aceite muy caliente, freír la cebolla. Luego, añadir el perejil, el pan rallado, un tazón de jugo de las txirlas y el zumo de un limón.

16. Verter la salsa en el centollo y revolver con un tenedor.
17. Por último, colocar en el centro 1 cucharadita de pan rallado, otra de perejil picado y otra de mantequilla.
18. Meter al horno fuerte para que hierva y se tueste por encima.
19. Servir muy caliente.

Patatas con chirlas

Para 6 personas
Tiempo de preparación: 1 hora y 10 minutos
Dificultad: baja

Ingredientes:

1 1/2 kg de patatas • 1/2 kg de chirlas • 1 cebolla grande • 2 dientes de ajo • 1 pimiento verde grande • perejil • pimienta • aceite • sal • nuez moscada.

Preparación:

1. Limpiar bien las chirlas en varias veces en aguas diferentes.
2. Pelar las patatas y cortarlas en trozos regulares.
3. Picar bien la cebolla pelada y rehogarla en una cazuela de barro con un poco de aceite; añadir el pimiento verde troceado.
4. Sin dejar que el pimiento verde se dore, añadir las patatas y rehogar todo muy bien, removiendo continuamente.
5. Incorporar las chirlas a las patatas, rehogándolas muy bien.
6. En un mortero machacar los ajos con abundante perejil, desleír con un poco de agua y verter por encima de las patatas; añadir más agua hasta cubrirlas.
7. Sazonar con sal, pimienta y nuez moscada. Dejar cocer lentamente hasta que las patatas estén tiernas. Servir en la misma cazuela.

Agujas con salsa de zizas

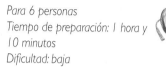

Para 4 personas
Tiempo de preparación: 30 minutos
Dificultad: media

Ingredientes:

1 kg de agujas (pescado) • 200 g de zizas (setas) • 3 dientes de ajo • 1 vaso de aceite de oliva • 1 vasito de sidra seca • 1 plato de harina • sal.

Preparación:

1. Quitar la cabeza y las tripas a las agujas y lavarlas; sacar dos filetes de cada una y sazonarlos con sal.
2. Lavar las zizas y filetearlas; pelar y picar muy finos los dientes de ajo.
3. Calentar unas 8 cucharadas de aceite en una sartén y añadir las zizas;

remover con una cuchara de madera y cocer a fuego moderado durante 5 minutos.
4. Apartar la mitad de las zizas en un plato y la otra echarla en una batidora añadiéndole la sidra; batir medio minuto y colocar en un cazo a fuego muy suave.
5. Cortar en dos cada filete de aguja, pasarlos por la harina y colocarlos en una fuente.
6. Calentar en una cazuela de barro unas 10 cucharadas de aceite; añadir los ajos picados y enseguida los filetes enharinados; freír durante 2 minutos y darles la vuelta; a los 2 minutos repetir la operación, añadir la salsa de sidra y dejar otros 2 minutos.
7. Incorporar las zizas y servir.

Centollo al vino blanco

Para 8 personas
Tiempo de preparación: 25 minutos
Dificultad: baja

Ingredientes:

2 centollos grandes de unos 2 kg cada uno • sal • perejil • 2 zanahorias • 1 vaso de vino blanco • 1 hoja de laurel.

Preparación:

1. Limpiar cuidadosamente los centollos con agua fría (si es posible, lavarlos con abundante agua de mar).
2. Pelar y picar finamente las zanahorias.
3. En una cazuela con agua fría y sal, cocer los centollos.
4. Añadir el vaso de vino blanco, las dos zanahorias picadas y la hoja de laurel.

5. Cuando dé el primer hervor, dejar al fuego unos diez minutos, aproximadamente.

6. Retirar la cazuela de la lumbre y retirar los centollos ya a punto de servirlos 2 minutos después.

7. Adornar la fuente con ramilletes de perejil.

Cigalas con salsa al eneldo

Para 4 personas
Tiempo total de cocción: 5 minutos
Tiempo de preparación: 15 minutos
Dificultad: baja

Ingredientes:

16 cigalas • 1 ramita de eneldo • 1 ramita de albahaca • 1 ramita de perejil • 2 cucharadas de mantequilla • 2 cucharadas de aceite de oliva • pimienta • sal.

Preparación:

1. Picar muy finamente las finas hierbas.

2. Untar una fuente con la mitad del aceite y colocar en ella las cigalas; rociarlas con el resto del aceite y cocerlas en el microondas durante 4 minutos.

3. Derretir la mantequilla durante 1 minuto, añadir las finas hierbas.

4. Salpimentar y ligar.

5. Servir las cigalas con la salsa de finas hierbas en una salsera.

Almejas a la marinera

Para 6 personas
Tiempo de preparación:
15 minutos
Dificultad: baja

Ingredientes:

2 kg de almejas • 1 cabeza de ajos • 6 cucharaditas de harina • 12 cucharadas de aceite • pimienta negra • perejil.

Preparación:

1. Picar finamente los ajos y el perejil.

2. Poner el aceite en una cazuela de barro y dorar los ajos. Cuando estén, añadir la harina, cuidando que no se queme.

3. Agregar entonces las almejas y revolverlas con una cuchara durante 2 o 3 minutos; regarlas con una taza de agua.

4. Una vez que se hayan abierto, espolvorearlas con el perejil picado y la pimienta.

5. Servir enseguida.

Revuelto de mariscos al coco

Para 4 personas
Tiempo de preparación: 1 hora y 45 minutos
Dificultad: media

Ingredientes:

12 camarones • 12 ostiones • 12 almejas • 2 langostinos
• 2 jaibas (cangrejos) • 3 filetes de pescado (merluza, lubina, etc.)
• 2 jitomates • 1 chile chipotle adobado • 1 cebolla pequeña
• 4 alcachofas • 4 dientes de ajo • 4 cocos • 8 aceitunas
• 3 ramitas de perejil • 4 cucharadas de aceite de oliva.

Preparación:

1. Pelar los cocos; hacerles una abertura y vaciarles la pulpa de modo que quede una cáscara muy fina.
2. Limpiar los mariscos; cocer los camarones, los langostinos y las jaibas en agua hirviendo durante 15 minutos.
3. Picar finos los ajos y el perejil; separar el corazón de las alcachofas; cortar en tiritas el chile; pelar y cortar en rodajas finas la cebolla y los jitomates.
4. Pelar y trocear los langostinos y las jaibas; quitar las conchas a los ostiones y a las almejas; trocear menudos los filetes de pescado.
5. Mezclar la carne de los langostinos y las jaibas con la pulpa de coco; añadir los camarones enteros, el pescado, los ostiones y las almejas.
6. Calentar el aceite de oliva y dorar los ajos; escurrir y añadir al revuelto de mariscos; agregar el perejil, salpimentar y mezclar.

7. Rellenar los cocos con 2 capas de mixtura de marisco, 1 rodaja de cebolla, 2 de jitomate y 1 tirita de chile; añadir en el centro 1 corazón de alcachofa cubierto con 2 rodajas de jitomate, 1 de cebolla y 2 aceitunas.
8. Envolver cada coco con hojas de plátano o papel de aluminio y asar al horno muy caliente durante 30 minutos.
9. Servir en el mismo coco.

Cangrejos de río

Para 4 personas
Tiempo de preparación: 30 minutos
Dificultad: baja

Ingredientes:

48 cangrejos de río vivos • 100 g de cebollas • 1 hoja de laurel
• 400 g de tomates • 2 dl de vino blanco • 1/2 dl de brandy
• 1 dl de aceite de oliva • salsa Perrins • unas gotas de salsa
tabasco • sal • pimienta.

Preparación:

1. Lavar bien, escurrir y castrar los cangrejos (arrancar la aleta del medio de la cola y después sacar el intestino).
2. En una cazuela con el aceite caliente, sofreír la cebolla picada fina y los tomates pelados, de los que habremos eliminado todas las semillas, y picados pequeños, dejar cocer un poco.
3. Incorporar los cangrejos preparados previamente, el laurel, sal, pimienta, un poco de salsa Perrins y unas gotas de tabasco, el brandy y el vino blanco. Dejar hervir 10 minutos hasta que estén listos.
4. Servirlos inmediatamente.

Gambas al vino blanco

Para 4 personas
Tiempo de preparación: 30 minutos
Dificultad: baja

Ingredientes:

600 g de gambas congeladas • 3 cucharadas de aceite
• 1 cebolla • 1 zanahoria • 30 g de mantequilla • 1 copa de vino
blanco seco • perejil • pimienta • sal.

Preparación:

1. Dejar descongelar las gambas en su envoltorio.
2. Colocar en una cazuela la mantequilla y el aceite con las verduras picadas muy finas.
3. Dejarlas sofreír a fuego moderado durante 10 minutos.
4. Añadir las gambas y sazonar con sal y mucha pimienta.
5. Agregarle el vino y continuar la cocción hasta que se haya consumido.

POLLO

Pollo a la diabla

Para 8 personas
Tiempo de preparación: I hora y I5 minutos
Dificultad: alta

Ingredientes:

• *2 pollos • aceite • pimienta negra • mostaza • pan rallado*

Guarnición:

I kg de patatas • aceite • perejil • sal.

Preparación:

I. Limpiar los pollos, cortarlos en cuartos y sazonarlos con sal y pimienta por dentro y por fuera.

2. Engrasar una fuente refractaria, colocar los trozos de pollo y rociarlos con aceite o manteca.

3. Introducir en el horno previamente caliente a fuego medio, regar de vez en cuando con su propio jugo hasta que estén hechos (unos 45 minutos). Sacar del horno, untar los trozos de pollo con mostaza, espolvorearlos de pan rallado e introducir de nuevo a horno fuerte durante 5 minutos, hasta que estén gratinados.

4. Regar con su jugo una sola vez cuando haya pasado el tiempo.

5. Retirar la grasa de la superficie del jugo de la cocción, mojar con un poco de agua fría, cocer hasta que se reduzca y sazonar.

6. Pelar, lavar y cortar las patatas en bastones, freírlas en abundante aceite, sacarlas y sazonarlas con sal.

7. Servir el pollo con las patatas adornado con un ramito de perejil y mojado con un poco de salsa.

8. El resto se sirve en salsera aparte.

Pollo al limón

Para 6 personas
Tiempo de preparación: I hora y I5 minutos
Dificultad: baja

Ingredientes:

2 pollos de I kg • 4 limones • I manojo de berros • aceite • pimienta • sal.

Preparación:

I. Salpimentar los pollos por dentro y por fuera.

2. Cortar en rodajas finas dos limones, sin pelar, y tapizar el interior de cada pollo.

3. Rallar y reservar las cáscaras de los otros dos limones, partir la pulpa en trocitos e introducir en los pollos.

4. Engrasar con un poco de aceite una fuente de horno, agregar dos o tres cucharadas de agua y colocar en ella los pollos.

5. Introducir en el horno caliente.

6. A los 20 minutos de cocción agregar la cáscara de limón rallada en el jugo de los pollos y terminar de hacer hasta que estén tiernos.

7. Servir los pollos sobre un lecho de ensalada verde, con la salsa aparte.

Pollo a la parisién

Para 8 personas
Tiempo de preparación: I hora y 30 minutos, más la maceración y preparación
Dificultad: media

Ingredientes:

2 pollos medianos • 250 g de panceta • 250 g de champiñones frescos • 600 g de trufas negras • unas lonchas de beicon • 2 cucharadas de brandy o madeira • 2 cebollas pequeñas • unas rebanadas de pan tostado • sal • pimienta.

Preparación:

I. Limpiar muy bien los pollos por dentro y por fuera.

2. Introducir entre la piel y la carne unas láminas de trufas previamente peladas y lavadas.

3. Dejar macerar el resto de las trufas en brandy o madeira con una pizca de sal y pimienta I hora aproximadamente.

4. Limpiar los champiñones y filetearlos muy menudos, con las peladuras de las trufas, el tocino y la cebolla.

5. Pasar todo por el pasapurés para que quede deshecho, mezclar con las trufas maceradas y rellenar los pollos.

6. Dejar enfriar en el frigorífico unas 48 horas para que la carne se impregne y tome un buen sabor.

7. Envolver los pollos con las lonchas de beicon, ponerlos en una fuente e introducir en el horno muy caliente.

8. Cuando esté casi hecho (45 minutos, más o menos) quitar el beicon y dejar que los pollos tomen un color dorado.

9. Pasarlos en una fuente y decorar con el pan tostado.

10. Aparte servir la salsa desleída con un poco de agua.

Pollitos con foie-gras

Para 6 personas
Tiempo de preparación: 45 minutos
Dificultad: baja

Ingredientes:

6 pollitos tomateros de unos 200 g cada uno
• 250 g de foie-gras • 6 lonchas de beicon
• 250 g de champiñones • 2 ajos • sal.

Preparación:

1. Vaciar los pollitos, lavar en agua fría y rellenar con el foie-gras.

2. Envolver cada uno en una loncha de beicon y atar con un bramante.

3. Colocarlos en besuguera o fuente de barro y meterlos al horno a temperatura media durante 15 minutos.

4. Recoger el jugo y dorar en él dos dientes de ajo picados, añadir a continuación los champiñones fileteados y saltear el conjunto sazonando con sal.

5. Abrir por medio cada pollito, colocarlos todos en la fuente y cubrir con su salsa.

6. Servir calientes.

Pollo con frutas

Para 4 a 6 personas
Tiempo de preparación: 1 hora y 15 minutos
Dificultad: baja

Ingredientes:

1 pollo muy grande • 100 g de mantequilla • 1 lata de 400 g de piña en almíbar • 1 lata de 400 g de melocotón en almíbar • 50 g de almendras • 2 naranjas • 1 limón • unas cerezas al marrasquino • pimienta • sal.

Preparación:

1. Limpiar, vaciar, lavar y secar muy bien el pollo, salar y pimentar por fuera y por dentro, ponerlo en una fuente de horno junto con

60 g de mantequilla, rociarlo con el zumo del limón y una naranja y cocerlo en el horno previamente caliente a fuego medio durante 1 hora más o menos.

2. Rociarlo frecuentemente con el jugo de cocción.

3. Cuando esté hecho, disponerlo en una fuente, decorarlo con las frutas (piña, melocotón, rodajas de naranja) doradas en 40 g de mantequilla.

4. Cortar las almendras peladas en delgadas láminas y dorarlas, colocarlas sobre el pollo y servir muy caliente.

Pollo campestre

Para 8 personas
Tiempo de preparación: 1 hora y 30 minutos
Dificultad: baja

Ingredientes:

2 pollos • 100 g de jamón • 500 g de champiñones
• 500 g de patatas pequeñas • hojas grandes de repollo
• 6 lonchas de beicon • manteca • perejil • sal.

Preparación:

1. Vaciar los pollos. Picar en la máquina las mollejas limpias, los higaditos y el jamón.

2. Unir al picadillo los champiñones limpios y troceados.

3. Rellenar los pollos con la mezcla, envolver cada uno con tres lonchas de beicon (dos en la pechuga y una en el lomo) y atarlos para que tengan buena forma.

4. Poner los pollos en una fuente refractaria untados de manteca y cubrirlos con hojas de repollo también untadas de manteca.

5. Introducir en el horno hasta que estén dorados (30 minutos), darles entonces la vuelta y añadir las patatas peladas.

6. Terminar la cocción a fuego medio.

7. Sacar los pollos, retirar y trocear las envolturas de beicon y repollo.

8. Vaciar el relleno en la fuente de asar, junto con las envolturas retiradas y las patatas.

9. Freír durante unos 10 minutos. Mientras, trinchar los pollos. Pasados los 10 minutos, colocar encima del frito los trozos de ave y espolvorear con perejil picado.

10. Servir en la misma fuente bien caliente.

Pollo asado

Para 6 a 8 personas
Tiempo de preparación: 1 hora y 30 minutos
Dificultad: baja

Ingredientes:

2 pollos medianos • 6 lonchas de beicon • 1 limón
• manteca de cerdo • sal.

Preparación:

1. Limpiar, vaciar y flamear los pollos.

2. Quitarles los despojos (patas, cabeza, molleja y las puntas de las alas), salarlos por dentro y por fuera, untarlos con manteca y envolver cada uno en tres lonchas de beicon, poniendo dos sobre la pechuga y otra en el lomo.

3. Atar bien para que tengan buena forma.

4. Terminada esta operación, colocarlos en una fuente refractaria e introducirla en el horno caliente, asar a fuego medio durante 1 hora aproximadamente, darles de vez en cuando la vuelta para que se doren por igual y rociarlos con su jugo.

5. Una vez hechos, retirar la cuerda y el beicon, trincharlos y ponerlos en la fuente de servir, caliente.

6. Agregar a la salsa unas cucharadas de agua y chorro de limón, raspar con una cuchara el fondo de la fuente de asar, mientras hierve la salsa, para despegar la sustancia adherida al fondo.

7. Servirla en salsera aparte junto con el pollo.

Pollo asado a la piña

Para 6 a 8 personas
Tiempo de preparación: 1 hora 30 minutos
Dificultad: baja

Ingredientes:

2 pollos • 1 lata de piña de 1 kg • 3 cebollas medianas
• 6 tomates pequeños • 2 vasitos de vino blanco • aceite • sal.

Preparación:

1. Limpiar los pollos, sazonarlos por dentro y por fuera con sal y rellenarlos con dos rodajas de piña cada uno.

2. Cerrar la abertura con un palillo.

3. En una fuente refractaria, colocar los pollos junto con los tomates y tres rodajas de piña troceadas.

4. Regar con un chorro de aceite, el jugo de la piña y el vino.

5. Cocer a horno medio durante 40 minutos hasta que los pollos estén tiernos.

6. Darles la vuelta de vez en cuando.

7. Servir trinchados.

Pollo asado al limón

Para 6 personas
Tiempo de preparación: 1 hora
Dificultad: baja

Ingredientes:

2 pollos • 2 limones • 2 chalotes o una cebolla • 2 vasitos de vino blanco • 60 g de mantequilla • páprika • perejil • sal.

2. Condimentar cada pieza de pollo con un poco de sal y abundante pimienta, untar con aceite, espolvorear con salvia, romero y tomillo.

3. Por último, envolver cada pieza con una loncha de jamón también untado con un poco de aceite en su parte externa.

4. Preparadas las piezas, reconstruir el pollo sobre papel de aluminio y poner en una fuente de barro.

5. Cubrir con una tapa e introducir en el horno sin calentar previamente, encenderlo y dejar que se caliente a fuego suave.

6. Dejar cocer sin tocarlo ni abrir la puerta unas 2 horas y 30 minutos, entonces apagar el horno y dejar otros 15 minutos.

7. Servir en la misma fuente.

8. Acompañar con una ensalada de lechuga.

Pollo asado con pimientos y tomates

Para 4 a 6 personas
Tiempo de preparación: 1 hora
Dificultad: baja

Ingredientes:

1 pollo muy grande • 3 pimientos verdes • 4 tomates
• 2 cebollas • 50 g de piñones • 1 ramillete de hierbas aromáticas (tomillo, laurel y perejil) • 2 dientes de ajo
• 1 vasito de vino blanco • 2 cubitos de caldo de pollo concentrado
• 1 cucharada de pan rallado • aceite • pimienta.

Preparación:

1. Limpiar, vaciar, flamear y trocear el pollo.

2. Poner en una fuente refractaria las cebollas peladas y picadas, colocar

Preparación:

1. Limpiar, vaciar, flamear y partir los pollos en sentido longitudinal por las pechugas, sin llegar completamente abajo.

2. Ponerlos abiertos en una fuente refractaria con la piel hacia abajo y espolvorear con sal.

3. Mezclar en un bol el zumo de dos limones, el vino, los chalotes, el perejil muy picado, la páprika y la mantequilla derretida.

4. Verter la mezcla sobre los pollos e introducir en el horno caliente.

5. Cocer a fuego mediano durante unos 45 minutos.

6. Pasado este tiempo, darles la vuelta y cocer unos minutos más hasta que la piel se dore.

7. Servir bien calientes.

Pollo en papillote

Para 6 personas
Tiempo de preparación: 3 horas
Dificultad: alta

Ingredientes:

2 pollos de 1 kg • salvia • romero • tomillo • aceite
• 250 g de lonchas muy finas de jamón serrano
• 1 lechuga • pimienta • sal.

Preparación:

1. Limpiar el pollo, cortar los muslos y separar las pechugas del esqueleto sin romper éste.

encima los trozos de pollo y sobre ellos los tomates pelados y en rodajas y los pimientos sin semillas y también en rodajas.

3. Espolvorear con el pan rallado, los piñones, pimienta y hierbas aromáticas.
4. Rociar todo con un vasito de aceite.
5. Calentar el horno e introducir la fuente.
6. Cocer a fuego mediano.
7. A los 15 minutos incorporar el vino y los cubitos de caldo disueltos en un poco de agua caliente, revolver bien y cocer 30 minutos.
8. Remover de vez en cuando.
9. Servir en la misma fuente.

Pollo asado al pomelo

Para 6 a 8 personas
Tiempo de preparación: 1 hora
Dificultad: baja

Ingredientes:
2 pollos • 3 pomelos • 8 lonchas de beicon
• 1 copa de brandy • manteca
• pimienta • sal.

Preparación:
1. Limpiar, vaciar y flamear los pollos.
2. Salpimentarlos por dentro y por fuera.
3. Calentar el brandy, encenderlo y echarlo dentro de los pollos.
4. Rellenarlos con los gajos de dos pomelos, envolverlos en las lonchas de beicon, atarlos, untarlos con manteca, ponerlos en una fuente refractaria y meterlos al horno previamente caliente.
5. Asarlos a horno medio hasta que estén hechos (unos 45 minutos).
6. Darles la vuelta de vez en cuando y rociarlos con su jugo y con el jugo del otro pomelo hacia la mitad de la cocción.
7. Ya asados, desatarlos, trincharlos y servirlos rodeados de los gajos de pomelo.

Pollo asado con plátanos

Para 6 personas
Tiempo de preparación: 1 hora y 30 minutos
Dificultad: baja

Ingredientes:
2 pollos • 4 lonchas de jamón • manteca • mostaza
• pimienta • sal.

Salsa:
4 plátanos • 2 cucharadas de azúcar • 1 cucharada de mostaza
• 1 cucharada de zumo de limón • 1 1/2 cucharadas de vinagre
• pimienta • sal.

Preparación:
1. Cortar los pollos en dos y untarlos con manteca, mostaza, pimienta y sal.
2. Envolverlos en las lonchas de jamón, colocarlos en una fuente refractaria e introducirla en el horno caliente.
3. Asarlos a fuego medio durante 1 hora, aproximadamente.
4. Poner todos los ingredientes de la salsa en la batidora, batir hasta que la mezcla quede hecha una crema.
5. Cuando falten 15 minutos para terminar de asar los pollos, regarlos con la salsa de plátanos y dejar que acaben de hacerse.
6. Servir en la misma fuente.

Pollo asado con níscalos

Para 4 personas
Tiempo de preparación: 1 hora y 10 minutos
Dificultad: media

Ingredientes:
2 pollos • 1 kg de níscalos • 4 dientes de ajo • 1 vasito de vino blanco seco • 2 cucharadas rasas de harina • aceite de oliva
• salsa de setas • sal.

Preparación:

1. Limpiar los pollos y vaciarlos; lavar los níscalos y cocerlos hasta que estén tiernos.
2. Escurrir y sazonar los níscalos con sal y colocarlos en el interior de los pollos; salar éstos y disponerlos en una fuente de horno. Calentar el horno.
3. Calentar en una cazuela unas 4 cucharadas de aceite y los dientes de ajo pelados y dorarlos; retirar los ajos y rociar con el aceite los pollos; ponerlos en el horno y asarlos a temperatura suave durante 20 minutos.
4. Subir a temperatura fuerte y darles la vuelta; regar por encima con su misma salsa; repetir esta operación cada 10 minutos durante 45 minutos.
5. Pasar los pollos a una cazuela de barro con la mitad de la salsa; a la salsa restante se le añaden los níscalos del interior de los pollos y se dejan cocer a fuego suave durante 10 minutos, añadiéndoles la harina; remover durante 2 minutos y agregar el vino y un poco de agua hirviendo; dejar cocer 5 minutos más.
6. Trocear los pollos y volverlos a la cazuela; cubrirlos con salsa de setas y servir.

Pollo asado con uvas

Para 6 a 8 personas
Tiempo de preparación: 1 hora
Dificultad: baja

Ingredientes:

*2 pollos • 1 kg de uvas blancas • 150 g de mantequilla
• 2 copas de brandy • 1 vasito de vino blanco • 16 nueces
• 1 vaso de nata • pimienta • sal.*

Preparación:

1. Preparar los pollos para asar, sazonarlos con sal y pimienta por dentro y por fuera, ponerlos en una fuente refractaria bien untados de mantequilla, introducir en el horno y asar hasta que estén dorados (30 minutos).
2. Regarlos entonces con una copa de brandy, prender fuego y cuando se apague echar el vino.
3. Reservar enteras una tercera parte de las uvas.
4. Quitar las semillas al resto y pasarlas por el pasapurés.
5. Añadir este puré a los pollos y dejar que sigan cociendo en el horno una media hora más.
6. Machacar las nueces y mezclarlas con la nata.
7. Agregar a los pollos junto con las uvas enteras.
8. Terminar la cocción en 10 minutos más.
9. Trinchar los pollos, ponerlos en una fuente caliente con las uvas en el centro y rociarlos con su salsa.
10. Servir enseguida.

Pollo a la mostaza

Para 4 personas
Tiempo de preparación: 1 hora y 10 minutos
Dificultad: baja

Ingredientes:

*1 pollo de 1,8 kg • 1 bote de mostaza • 1 vaso de nata
líquida • 150 g de cebollas • aceite de oliva • perejil, tomillo
y salvia molidos • pimienta • sal.*

Preparación:

1. Lavar, secar y salpimentar el pollo por dentro y por fuera; dejar reposar unos momentos; pelar y cortar en rodajas las cebollas.
2. Untar el pollo con mostaza utilizando los dedos para ello; calentar el horno a 200 °C.
3. Cubrir el fondo de una fuente para horno con aceite; espolvorear el pollo con las hierbas aromáticas y colocarlo en la fuente junto con las rodajas de cebolla; introducir en el horno y asar durante 45 minutos, rociándolo de tanto en tanto con su propio jugo.
4. Mezclar la nata con un poco de mostaza y remover hasta que estén bien ligadas; agregar a la fuente removiendo para que ligue; dejar hacer unos 10 minutos más.
5. Se sirve el pollo entero o bien partido en cuartos, cubriendo éstos con su propia salsa.

Pollo a la naranja

Para 6 personas
Tiempo de preparación:
1 hora 30 minutos
Dificultad: baja

Ingredientes:

3 pollos pequeños • 3 naranjas • 1 kg de cebolla
• harina • aceite • sal.

Preparación:

1. Limpiar los pollos, sazonarlos con sal por dentro y por fuera.
2. Pelar una naranja y poner un trozo de cáscara dentro de cada pollo.
3. Calentar unas 10 cucharadas de aceite y, en una sartén, freír las cebollas picadas, a fuego suave.
4. Cuando estén transparentes, introducir los pollos, tapar y dejar rehogar despacito hasta que se dore todo.
5. Trinchar los pollos, separar los muslos y las pechugas y ponerlo en una cacerola.
6. Pelar las otras dos naranjas y machacar las cáscaras junto con el resto de la carne de los pollos hasta formar una pasta, agregarla a la cebolla fría junto con cuatro cucharadas de harina, mezclar bien y regar con 1 litro de agua hirviendo.
7. Cocer durante 15 minutos.
8. Pasar la salsa por el chino sobre los muslos y pechugas, llevar a ebullición y cocer hasta que estén tiernos.
9. Rectificar la sazón.

Blanqueta de gallina

Para 4 personas
Tiempo de preparación: 1 hora
Dificultad: baja

Ingredientes:

1 gallina no muy grande • 500 g de arroz
• 3 clavos de especia • 1/2 vasito de vino • 2 huevos
• 2 cucharadas rasas de harina • 1 limón • 2 zanahorias
• 1 cebolla • mantequilla • aceite • perejil • laurel • sal.

Preparación:

1. Limpiar, vaciar, flamear y trocear la gallina.
2. En una cacerola, poner la cebolla pelada y con los clavos incrustados, las zanahorias raspadas y troceadas, una hoja de laurel y la gallina.
3. Cubrir de agua e incorporar el vino, sazonar con sal y cocer hasta que la gallina esté tierna.
4. Entonces derretir en una cacerola 50 g de mantequilla con una cucharada de aceite, rehogar la harina y añadir, poco a poco y sin

dejar de remover, el caldo de cocer la gallina, introducir entonces los trozos de ave, espolvorear con una cucharadita de perejil picado, rectificar la sazón con sal y pimienta y cocer a fuego moderado unos 10 minutos (la salsa tiene que estar espesa).

5. Sacar los trozos de gallina a una fuente caliente.

6. Agregar a la salsa las yemas de huevo diluidas en el zumo de medio limón y un poco de caldo frío.

7. Verter la salsa sobre la gallina y servir acompañado del arroz hervido y salteado en un poco de mantequilla.

Pollo con ostras

Para 4 a 6 personas
Tiempo de preparación: 1 hora y 45 minutos
Dificultad: alta

Ingredientes:

1 pollo grande • 1 loncha de tocino fresco semimagro
• 2 o 3 filetes de anchoas • 24 ostras • 150 g de champiñones
• perejil • cebolla • mantequilla • harina • pimienta • sal.

Preparación:

1. Vaciar y limpiar el pollo.

2. Quitarle el hígado y mezclarlo con el tocino picado.

3. Lavar y pelar los champiñones, cortarles los tallos y conservar sus cabezas en un bol de agua con vinagre para que no se oscurezcan.

4. Picar perejil y cebolla.

5. Hacer un relleno con el hígado, el tocino, los champiñones cortados, el perejil y la cebolla.

6. Agregar poca sal y bastante pimienta.

7. Rellenar el pollo con el preparado y ponerlo a asar a horno medio durante 1 hora.

8. Mientras, preparar las ostras: abrirlas tratando de recoger toda el agua, pasarla por un lienzo y poner las ostras, fuera de su concha, a cocer en ella 2 o 3 minutos, sin dejarlas hervir (añadir si es necesario un poco de agua corriente). Reservarlas en un bol y rociarlas con dos cucharadas del agua de cocción para que no se sequen.

9. Calentar una cucharada grande de mantequilla en una cacerola, agregar una cucharada de harina y dorar sin oscurecer.

10. Añadirle el agua de cocción de las ostras y un poco del agua con vinagre de los champiñones, si es necesario. Dejar cocer.

11. Aplastar los filetes de anchoas hasta obtener una crema y agregarla a la salsa.

12. Poner en ella a cocer las cabezas de champiñones y en el último momento las ostras reservadas, espolvorear con sal y pimienta.

13. Procurar que las ostras no hiervan.

14. Cuando el pollo esté cocido, colocarlo en una fuente caliente y cubrirlo de salsa.

15. Rodearlo de las ostras, alternando con las cabezas de champiñones y servir el resto de la salsa en una salsera.

Pollo a la vasca

Para 6 a 8 personas
Tiempo de preparación: 1 hora
Dificultad: baja

Ingredientes:

2 pollos • 1 manojo de cebolletas • 2 copas de brandy
• 6 pimientos verdes • 6 tomates maduros • 100 g de jamón
• aceite • harina • sal.

Preparación:

1. Cortar cada pollo en 8 trozos y sazonar con sal.

2. Poner aceite en una cazuela, añadir el jamón troceado, las cebollas cortadas y el pollo pasado por harina.

3. Dejar dorar, añadir después el brandy y prenderlo.

4. Asar los pimientos, cortados en tiras y echarlos sobre el pollo, así como los tomates, sin piel y picados.

5. Regar con un poquito de agua caliente y cocer durante 45 minutos.

6. Servir.

Pollo a la marengo

Para 6 personas
Tiempo de preparación: 1 hora y 30 minutos
Dificultad: media

Ingredientes:

2 pollos de 1 1/4 kg cada uno troceados • 2 cebollas
• 1 diente de ajo • 60 g de mantequilla • 5 cucharadas de aceite
• 2 cucharadas de harina • 1 vasito de caldo de pollo
• 6 cangrejos de río cocidos • 1 vaso de vino blanco • 6 tomates
• 12 champiñones • 1 trufa blanca • 1 copita de brandy
• pimienta negra • sal.

Preparación:

1. Frotar los trozos de pollo con un paño húmedo.
2. Picar las cebollas y majar el ajo.
3. En una sartén calentar la mantequilla y el aceite, freír las cebollas, el ajo y los trozos de pollo hasta que se doren ligeramente.
4. Luego, espolvorear con la harina, removiendo continuamente hasta que se absorba la grasa y la harina aparezca algo tostada.
5. Añadir gradualmente el caldo y el vino, sin dejar de remover, y esperar a que hierva.
6. Cuando rompa a hervir reducir el fuego y dejar cocer el pollo en la salsa.
7. Pelar y cortar los tomates. Limpiar los champiñones y filetearlos. Picar muy fina la trufa.
8. Añadir todo a la cacerola y sazonar a gusto con sal y pimienta.
9. Tapar con papel de estaño y dejar cocer a fuego moderado 30 minutos o hasta que el pollo esté tierno.
10. Conviene remover de vez en cuando para evitar que se pegue la salsa.
11. Unos 10 minutos antes de finalizar la cocción agregar el brandy a la salsa.

Pollo a la cerveza

Para 4 a 6 personas
Tiempo de preparación: 1 hora
Dificultad: baja

Ingredientes:

2 pollos de 1 kg • 2 cebollas grandes • 2 zanahorias • 3 patatas
• 2 cervezas • aceite • harina • pimienta • sal.

Preparación:

1. Partir los pollos en trozos, sazonarlos, pasarlos por harina y freírlos en una sartén.
2. En una cazuela poner el pollo frito, añadir la cerveza, la cebolla picada y la zanahoria en cuadraditos, tapar y dejar cocer.
3. A los 20 minutos agregar las patatas en cuadraditos y cocer hasta que estén tiernas.
4. Servir en fuente o cazuela de barro.

Pollo a la francesa

Para 4 a 6 personas
Tiempo de preparación: 1 hora y 30 minutos
Dificultad: media

Ingredientes:

1 pollo grande • 3 alcachofas • 5 patatas grandes • 2 o 3 cebollas
• 1 gran ramillete de perejil • tomillo • laurel • harina
• mantequilla • aceite • vino blanco seco • pimienta • sal.

Preparación:

1. Trocear el pollo, pelar las alcachofas y cortar las hojas al ras con un cuchillo muy afilado y quitar también la pelusa.
2. Desleír una cucharadita de harina en 1 litro de agua y echar dentro los centros de las alcachofas, añadir sal, poner a calentar y retirarlo cuando empiece a hervir.
3. En ese tiempo, dorar los trozos de pollo en una sartén con dos grandes cucharadas de mantequilla.
4. Pelar las patatas, lavarlas y cortar en dados las dos más pequeñas y las otras tres en rodajas.
5. Cuando todos los trozos de pollo estén bien dorados, sacarlos y sustituirlos por las patatas, freírlas durante cinco minutos y retirarlas con cuidado de no romperlas.
6. Una vez retiradas del fuego disponer las rodajas en el fondo de una fuente de barro (deben disponerse como escamas de pescado, con el fin de que formen una capa muy unida).
7. Hacerlo igualmente con los bordes de la fuente.
8. Colocar otra capa de dados de patatas sobre ésta y por encima otra de centros de alcachofas (utilizar sólo la mitad de los dados de patata y de los centros de alcachofas disponibles), colocar entonces los

trozos de pollo sobre estas capas superpuestas, recubrirlos con el resto de las alcachofas y de las patatas.

9. Después de haberlo sazonado con sal, pimienta, tomillo y laurel troceado, regarlo con un vaso grande de vino blanco, poner unos pedacitos de mantequilla sobre la última capa, tapar y acabar la cocción en una media hora a horno fuerte.

10. En ese tiempo, pelar y cortar las cebollas y freírlas con aceite hasta que empiecen a dorarse.

11. Freír también un instante dos ramilletes de perejil (deben estar bien secos, después de haberlos lavado).

12. Ponerlo todo en una fuente de servicio caliente y adornarla con las cebollas y el perejil, fritos.

Pollo al vino dulce

Para 4 a 6 personas
Tiempo de preparación: 1 hora
Dificultad: baja

Ingredientes:

2 pollos • 4 tomates • 1 cebollita • 1/2 litro de vino dulce
• 2 trufas • maicena • aceite • pan rallado • sal.

Preparación:

1. Limpiar y trocear los pollos.
2. Calentar 10 cucharadas de aceite, dorar ligeramente la cebolla y añadir los tomates pelados, sin semillas y troceados.
3. Sofreír unos minutos y agregar los trozos de pollo.
4. Rehogar todo junto.
5. Cuando los pollos empiecen a tomar color, regar con el vino, cocer a fuego suave hasta que estén tiernos, salar ligeramente a mitad de la cocción y entonces agregar la salsa con un poco de maicena disuelta en agua fría.

Pollo adobado

Para 6 a 8 personas
Tiempo de preparación:
1 hora, más la maceración
Dificultad: baja

Ingredientes:

2 pollos • 2 cebollas • 2 vasos de vino tinto • pimienta
• nuez moscada • 4 dientes de ajo • aceite • manteca • sal.

Preparación:

1. Limpiar y trocear los pollos.
2. Preparar el adobo en una tarrina, poner el vino, las cebollas en rodajas, nuez moscada, pimienta y sal.
3. Introducir los trozos de pollo y dejar marinar de 4 a 5 horas.

4. Cuando se vaya a guisar, poner en una cacerola 3 cucharadas de aceite y 3 de manteca, dorar el pollo, rociarlo con un poco del adobo colado y agua y cocerlo hasta que esté tierno.

5. Entonces machacar los ajos con los higaditos, agregar el majado a la salsa, hervir unos minutos más y servir.

Pollo al curry

Para 6 personas
Tiempo de preparación: 1 hora y 30 minutos
Dificultad: media

Ingredientes:

1 pollo grande • 2 hojas de laurel • unos clavos de especia
• 1 limón • 75 g de mantequilla • 1 cucharada rasa de harina
• 1 tazón de caldo de carne • 6 plátanos • cerezas • 1 huevo
• 1 cucharada rasa de polvo de curry • 4 cucharadas de crema
agria (se puede sustituir por yogur) • pimienta blanca
• 100 g de arroz • trozos de piña • almendras saladas
• 1 huevo duro.

Preparación:

1. Freír, a fuego suave, el pollo en aceite sazonando con el laurel, los clavos de especia, rodajas de limón y sal.
2. Luego cortarlo en trozos y mantenerlo al calor.
3. Preparar una salsa con 50 g de mantequilla, la harina, el caldo y el curry.
4. Hervir revolviendo constantemente, retirar del fuego y agregarle la

crema agria o el yogur batidos con huevo y un poco de pimienta blanca.

5. Mientras tanto, hervir el arroz en agua salada.

6. Rociar con un poco de salsa los trozos de pollo colocados en una fuente y servir el resto en salseras aparte.

Pollo al marrasquino

Para 4 a 6 personas
Tiempo de preparación: 1 hora
Dificultad: baja

Ingredientes:

2 pollos • 1 copa de marrasquino • manteca de cerdo • aceite • pimienta • sal.

Preparación:

1. Limpiar y partir los pollos en trozos.

2. Calentar en una cacerola tres cucharadas de aceite y tres de manteca, dorar los pollos, sazonar con sal y pimienta, añadir el marrasquino y un vaso de agua caliente.

3. Cocer hasta que el pollo esté tierno (debe quedar poca salsa).

4. Servir.

Pollo al estilo de Rioja

Para 6 personas
Tiempo de preparación: 1 hora y 30 minutos
Dificultad: baja

Ingredientes:

2 pollos • 6 pimientos choriceros • 8 tomates • 1 guindilla • 3 dientes de ajo • 1 cebolla • 1 1/2 vasos de vino blanco • aceite • harina • sal.

Preparación:

1. Limpiar y trocear los pollos, sazonarlos con sal, pasarlos por harina y freírlos.

2. Cuando estén dorados, sacarlos a una cazuela.

3. Retirar aceite de la sartén hasta que sólo quede cubierto el fondo, freír la cebolla picada hasta que empiece a tomar color, rehogar 3 cucharadas de harina y agregar los tomates pelados, sin semillas y troceados, y rehogarlos durante 10 minutos.

4. En otra sartén poner 5 cucharadas de aceite de freír los pollos y dorar los ajos fileteados, incorporar los pimientos en tiritas y sin semillas y la guindilla en trozos.

5. Freír a fuego suave unos 10 minutos.

6. Regar el pollo con el vino y un vaso y medio de agua.

7. Cuando rompa a hervir, agregar los tomates y los pimientos, rectificar de sal y cocer todo junto hasta que el pollo esté hecho.

Pollo asado a la criolla

Para 4 a 6 personas
Tiempo de preparación: 1 hora
Dificultad: baja

Ingredientes:

2 pollos • 6 dientes de ajo • el zumo de un limón • el zumo de una naranja • 1 vaso de vino blanco • 1 cebolla • 6 cucharadas de manteca • sal.

Preparación:

1. Limpiar y lavar los pollos la víspera, frotarlos con sal por dentro y por fuera y rociarlos con el jugo de la naranja y el limón. Dejarlos en adobo toda la noche.
2. Derretir la manteca en una cacerola y, cuando esté bien caliente, dorar los pollos, añadir el vino, la cebolla picada, los dientes de ajo majados, el jugo del adobo y la hoja de laurel.
3. Sazonar con sal.
4. Tapar y cocer a fuego lento durante 30 minutos o hasta que los pollos estén tiernos.
5. Mover de vez en cuando.
6. Servir enseguida, trinchados previamente los pollos.

Pollo con patatas y champiñones

Para 6 a 8 personas
Tiempo de preparación: 1 hora
Dificultad: baja

Ingredientes:

2 pollos • 250 g de champiñones • 3 patatas grandes
• 6 dientes de ajo • pimentón • perejil • aceite • pimienta • sal.

Preparación:

1. Limpiar y trocear los pollos.
2. Pelar las patatas y cortarlas como para tortilla.
3. Lavar los champiñones y filetearlos.
4. Pelar los ajos y trocearlos.
5. Calentar una taza de aceite en una cazuela.
6. Cuando humee, añadir los pollos, ajos, patatas y champiñones y rehogar todo junto a fuego suave para que los pollos se hagan bien por dentro.
7. Una vez dorados, salpimentar; rehogar unos minutos más para que tomen la sazón.
8. Poner todo en una fuente y servir espolvoreado de perejil picadito.

Pollo con pimentón

Para 8 personas
Tiempo de preparación: 2 horas
Dificultad: baja

Ingredientes:

1 pollo de unos 2 kg • 3 cebollas • 2 dientes de ajo
• 1 cucharada grande de pimentón dulce
• 1/2 litro de leche • zumo de 1 1/2 limones • aceite
• sal.

Preparación:

1. Poner la leche al fuego con el zumo de limón, dejar hervir hasta que se corte, reservar.
2. Partir el pollo en trozos y las cebollas picadas muy menudas.
3. Calentar aceite en una cazuela y rehogar pollo y cebollas a fuego vivo sin dejar de mover para que se fría todo bien.
4. Agregar el ajo picado y el pimentón y una cucharada de harina.
5. Sazonar con sal y dejar hacer a fuego lento.
6. Cuando el pollo esté tierno, añadir la leche cortada (tiene que quedar el pollo cubierto).
7. Mover la cazuela hasta que se espese.

Pollo asado en cazuela

Para 4 a 6 personas
Tiempo de preparación: 1 hora
Dificultad: baja

Ingredientes:

2 pollos • 2 cebollas • 6 dientes de ajo • 1 1/2 vasos de vino blanco • 2 cucharadas de manteca • 2 cucharadas de aceite • laurel • pimienta • sal.

Preparación:

1. Limpiar los pollos y atarlos para darles buena forma.
2. Poner el aceite y la manteca en una cacerola, echar la cebolla picada y, cuando empiece a freír, introducir el pollo y los ajos troceados.

3. Dorar a fuego suave, sazonar con sal, regar con el vino, tapar y dejar cocer a fuego medio, dándole vueltas de vez en cuando hasta que el pollo esté tierno (si es necesario, añadir un poco de agua durante la cocción).

4. Destapar entonces la cacerola y dejar reducir la salsa hasta que se haya evaporado el vino totalmente.

5. Servir trinchado, acompañado del jugo en salsera aparte y la guarnición que se prefiera.

Pollo en pepitoria

Para 4 personas
Tiempo de preparación: 1 hora
Dificultad: baja

Ingredientes:

1 pollo grande • 2 dientes de ajo • 1 cebolla • 2 yemas de huevo cocido • 1 limón • 1 vasito de vino blanco • 1 cucharada de manteca • 1 cucharada de aceite • 1 cubito de caldo de pollo • laurel • azafrán en rama • pimienta • sal.

Preparación:

1. Limpiar y partir el pollo en trozos.
2. Poner el aceite y la manteca en una cacerola, freír los ajos y ponerlos en un mortero.
3. En el mismo aceite, freír la cebolla en cascos y el pollo hasta que se doren, añadir laurel y pimienta, regar con el vino y agua hasta que cubra, desmenuzar encima el cubito de caldo, cocer hasta que el pollo esté tierno.
4. Entonces, sacar el pollo y colar la salsa.

5. Machacar unas hebras de azafrán con los ajos del mortero, unirlo a la salsa.
6. Introducir de nuevo el pollo y llevar a ebullición.
7. En un bol mezclar las yemas con el zumo de medio limón, añadir unas cucharadas de salsa sin dejar de remover como para hacer mayonesa.
8. Retirar la cazuela del fuego y agregarle poco a poco las yemas desleídas; calentar sin que hierva.
9. Poner el pollo con su salsa en una fuente y servir.

Pollo con pasas

Para 4 a 6 personas
Tiempo de preparación: 1 hora
Dificultad: baja

Ingredientes:

1 pollo grande • 100 g de pasas de Corinto • 1 cebolla • 1 1/2 vasitos de vino de madeira • 1 diente de ajo • perejil • harina • aceite • pimienta • sal.

Preparación:

1. Limpiar y trocear el pollo, pasarlo por harina, freírlo en aceite hirviendo.
2. Retirar casi todo el aceite, dejando sólo el suficiente para cubrir el fondo de la cacerola.
3. Picar la cebolla y el ajo y rehogarlos en la cacerola.
4. Cuando esté dorado, introducir de nuevo el pollo, regar con la mitad del vino y 3 vasos de agua, añadir una ramita de perejil, pimienta y sal, tapar y cocer a fuego medio hasta que el pollo esté tierno.
5. Calentar, mientras tanto, las pasas en el resto del vino.
6. Cuando vaya a hervir, retirar del fuego y dejar así hasta que se vaya a incorporar al pollo.
7. Unos 5 minutos antes de servir, dar un hervor a todo junto y poner en la fuente.

Pollo con zanahorias y alcachofas

Para 6 a 8 personas
Tiempo de preparación: 1 hora
Dificultad: baja

Ingredientes:

2 pollos • 1 lata de alcachofas de 500 g • 250 g de zanahorias • 1 1/2 vasos de vino blanco • 3 dientes de ajo • 1 limón • perejil • aceite • manteca • sal.

Preparación:

1. Limpiar y cortar en trozos los pollos.
2. Raspar y partir en rodajas las zanahorias.
3. Poner tres cucharadas de manteca y tres de aceite en una cacerola, dorar el pollo, sacarlo y rehogar las alcachofas junto con las zanahorias, regar con el vino, añadir los ajos picados finamente y un poco de agua.
4. Cuando rompa el hervor, introducir de nuevo el pollo y dejar cocer hasta que esté tierno.
5. Poner todo en una fuente y servir rociado con zumo de limón y espolvoreado con perejil picadito.

Pollo a las finas hierbas

Para 4 personas
Tiempo de preparación: 1 hora y 10 minutos
Dificultad: baja

Ingredientes:

1 pollo de 1,800 kg • 1 vaso de nata líquida • 2 cucharadas de perejil, tomillo y salvia molidos • 1 cucharadita rasa de tabasco • 1 cucharadita de fécula de maíz • 2 tazas de caldo de ave • aceite de oliva • pimienta • sal.

Preparación:

1. Lavar, escurrir y secar el pollo; mezclar la salsa de tabasco con un poquito de sal y frotar el pollo; dejar reposar unos 15 minutos.
2. Cubrir el fondo de una olla con aceite; calentarlo y dorar el pollo.
3. Rociar el pollo con su propio jugo y espolvorearlo con las finas hierbas; añadir el caldo de ave y dejar cocer a fuego suave durante 45 minutos.
4. Sacar el pollo, envolverlo en papel de aluminio y reservarlo.
5. Agregar a la olla la fécula de maíz disuelta previamente en un poquito de agua fría; dejar cocer sin dejar de

remover hasta que se espese; batir ligeramente la crema y añadirla removiendo durante 1 o 2 minutos.
6. Trocear el pollo en cuartos y servirlo cubierto con su salsa.

Guiso de pollo

Para 4 personas
Tiempo de preparación: 1 hora
Dificultad: media

Ingredientes:

2 pollos medianos • 3 zanahorias • 1 cebolla pequeña • 200 g de guisantes • 250 g de patatas pequeñas • 2 tomates • 1 taza de harina • 1 vaso de vino blanco seco • 1/2 cucharada de pimentón • aceite de oliva • sal.

Preparación:

1. Cortar los pollos en trozos grandes; pelar y picar muy fina la cebolla; escaldar los tomates, quitarles la piel y las semillas y picarlos muy finos; raspar y cortar las zanahorias en juliana; pelar y cortar las patatas en también en juliana.
2. Calentar un poco de aceite en una sartén, enharinar los trozos de pollo y freírlos; pasarlos a una cazuela.
3. Dejar en la sartén unas seis cucharadas de aceite y añadir la cebolla picada, una cucharada rasa de harina y el pimentón y remover con una cuchara de madera.
4. Añadir el tomate y dejar cocer a fuego suave unos minutos.
5. Agregar a la cazuela del pollo los guisantes, las zanahorias, el vino y sofrito de la sartén, sazonar con sal,

remover y dejar cocer a fuego medio unos minutos; cubrir con agua caliente, tapar la cazuela.

6. Freír las patatas en la sartén y, cuando estén tiernas, añadirlas a la cazuela; cocer unos minutos más y servir.

Pollo a la manzana con chacolí

Para 4 personas
Tiempo de preparación: 1 hora
Dificultad: media

Ingredientes:

2 pollos • 4 manzanas reinetas • 1 diente de ajo
• 1 vaso de chacolí • 1 vasito de brandy • 1 cucharada rasa
de harina • aceite de oliva • sal.

Preparación:

1. Trocear los pollos en octavos; pelar y picar la cebolla; lavar y pelar las manzanas, cortarlas en juliana y picar la piel; pelar los ajos.
2. Calentar mucho un poco de aceite y dorar los trozos de pollo; pasarlos a un escurridor.
3. Poner en una cazuela unas seis cucharadas de aceite y sofreír la cebolla hasta que se ablande; añadir la piel de las manzanas y dejar cocer a fuego suave.
4. Calentar agua con sal y cocer en ella las manzanas hasta que estén tiernas; escurrirlas y reservar.
5. Añadir la harina y los trozos de pollo a la cazuela con la cebolla y la piel de manzana; sazonar con sal, remover con una cuchara de madera, tapar y dejar cocer a fuego suave.
6. En una cazuelita aparte colocar el chacolí y hacerlo hervir; añadirlo caliente a la cazuela del pollo y continuar la cocción hasta que el pollo esté tierno.

7. Sacar con una espumadera el pollo y pasar la salsa por un colador chino a otra cazuela y dejarla que hierva suavemente.
8. Colocar unas tres cucharadas de aceite en una sartén y dorar los ajos; quitar los ajos y verter el aceite en una cazuela grande de barro; colocarla al fuego y cuando el aceite esté caliente, agregar los trozos de pollo, removerlos y cocerlos durante 2 minutos.
9. Calentar el brandy, echarlo sobre el pollo y encenderlo con una cerilla; cuando se consuma, añadir la salsa y dejar hervir unos minutos para que ligue.
10. Cubrir con las manzanas cocidas y servir.

Gallina a la crema

Para 4 personas
Tiempo de preparación: 1 hora y 30 minutos
Dificultad: baja

Ingredientes:

1 gallina • 1 copa de brandy • 1 copa de jerez • leche • harina
• 3 huevos • manteca • aceite • 50 g de mantequilla • sal

Preparación:

1. Limpiar, vaciar, flamear y trocear la gallina.
2. Derretir manteca en una sartén y dorar los trozos de gallina, sacarlos y pasarlos a una cacerola, verter sobre ellos el brandy y el jerez, hervir a fuego vivo hasta que se reduzca, cubrir entonces de leche, sazonar con sal y cocer hasta que la gallina esté tierna.
3. Después, esperar a que se enfríe.
4. Sacar los trozos y dejarlos escurrir sobre un paño, pasarlos por harina y huevo batido y freírlos en abundante aceite.
5. Colar el caldo de cocción e incorporar dos yemas desleídas en un poco de caldo frío, calentar sin que llegue a hervir y añadir entonces la mantequilla.
6. Servir la gallina frita en una fuente y la salsa aparte.

Pollo al ajo

Para 4 personas
Tiempo de preparación:
1 hora y 20 minutos
Dificultad: baja

Ingredientes:

1 pollo de 1,800 kg • 3 cabezas de ajo • 1 hoja de laurel
• 1 vaso de aceite de oliva • tomillo • pimienta • sal.

Preparación:

1. Lavar, secar y salpimentar el pollo por dentro y por fuera.
2. Calentar el aceite en una cazuela y rustir el pollo dorándolo por todos lados.

5. Reducir el fuego y añadir las chalotas, dejándolas sofreír hasta que estén transparentes; volver a echar los trozos de pollo, salpimentar y remover.

6. Agregar el vino y dejar cocer destapado unos 10 minutos; añadir la salsa, tapar y dejar cocer 25 minutos; poner el pollo en una fuente adornándolo con el hinojo.

7. Quitar en lo posible la grasa de la salsa, agregar la nata y cocer 5 minutos más; rectificar la sazón de sal; salsear el pollo y servir.

Pollo al ajillo

Para 4 a 6 personas
Tiempo de preparación: 1 hora
Dificultad: baja

Ingredientes:

2 pollos pequeños • 6 dientes de ajo • 1 pedacito de guindilla • 1 vasito de vino blanco • aceite • sal.

Preparación:

1. Limpiar y trocear los pollos, sazonar con sal y freír en aceite.
2. Pasar los trozos a una cazuela de barro.
3. En el mismo aceite (si es mucho, retirar lo que se desee) freír los ajos troceados y la guindilla.
4. Separar del fuego y añadir el vino.
5. Raspar el fondo con una cuchara de palo para diluir la sustancia pegada y volcar sobre el pollo.
6. Calentar de nuevo la cazuela y dejar que cueza hasta que se haya reducido el vino y empiece a freír.
7. Servir en la misma cazuela.

3. Separar los dientes de ajo y sin pelarlos añadirlos a la cazuela alrededor del pollo; condimentar con un pellizco de tomillo y la hoja de laurel.

4. Tapar la cazuela y dejar cocer a fuego suave durante 1 hora; darle la vuelta de tanto en tanto.

5. Cortar el pollo en trozos y servirlos acompañando en una salsera el jugo de cocción.

Pollo al hinojo

Para 4 personas
Tiempo de preparación: 1 hora y 15 minutos
Dificultad: media

Ingredientes:

1 pollo de 1,800 kg • 2 matas de hinojo • 2 chalotas • 1 vaso de nata líquida • 1 vaso de vino blanco seco • 2 tazas de caldo de ave • 1 cucharada de mantequilla • 4 cucharadas de aceite de oliva • 2 cucharadas de harina • pimienta • sal.

Preparación:

1. Lavar, secar y trocear en octavos el pollo: lavar, pelar y cortar a lo largo los hinojos.
2. Calentar agua ligeramente salada y cocer durante 2 minutos los hinojos; picarlos en trocitos; pelar y picar finas las chalotas.
3. Derretir la mantequilla en una cacerola; agregar la harina y remover con una cuchara de madera; agregar poco a poco el caldo de ave y remover hasta que la salsa se espese.
4. Calentar en otra cacerola el aceite y dorar los trozos de pollo; retirar y quitar casi todo el aceite de la cacerola.

Pollo estofado con naranjas

Para 4 a 6 personas
Tiempo de preparación: 1 hora
Dificultad: baja

Ingredientes:

2 pollos pequeños • perejil • 2 cebollas pequeñas • ajo
• 8 cucharadas de vino marsala • aceite • mantequilla
• 2 naranjas • hierbas aromáticas • pimienta • sal.

Preparación:

1. Vaciar los pollos, flamearlos ligeramente para quitar los restos de plumas.
2. Dorarlos lentamente en un poco de aceite y mantequilla y espolvorearlos con sal y pimienta.
3. Mientras tanto, picar finamente los corazones e hígados junto con las cebollas, dos dientes de ajo y el perejil.
4. Calentar un poco de aceite en una cacerolita, freír los menudillos con las hierbas hasta que tomen color, agregar sal, pimienta y el vino, reducir a fuego vivo y cuando se haya evaporado todo el vino regar con el zumo de las naranjas, mezclar bien y cuando el pollo esté listo para servir, rociarlo con esta salsa.

Pollo en salsa

Para 6 personas
Tiempo de preparación: 1 hora
Dificultad: baja

Ingredientes:

2 pollos • 10 dientes de ajo • 2 cucharadas de manteca
• 2 vasos de vino blanco • pimienta • sal.

Preparación:

1. Limpiar y trocear los pollos.
2. Calentar la manteca y dorar los ajos pelados y fileteados.
3. Cuando empiecen a tomar color añadir los trozos de pollo y freírlos hasta que se doren.
4. Entonces, regarlos con el vino, sazonarlos con sal y pimienta, cocerlos hasta que estén tiernos, moverlos de vez en cuando y agregar agua tibia en caso necesario.

Pollo frito

Para 4 personas
Tiempo de preparación: 1 hora
Dificultad: baja

Ingredientes:

1 pollo grande • 1 limón • romero • laurel • 3 dientes de ajo
• 2 huevos • pan rallado • aceite de semilla de maíz para freír
• lechuga • hojas de repollo rojo para decorar • pimienta • sal.

Preparación:

1. La víspera, limpiar el pollo, cortarlo en trozos, lavarlo muy bien y secarlo con un paño de cocina.
2. En una terrina colocar los trozos de pollo con unas ramitas de romero, algunas hojas de laurel, el ajo cortado en rodajas, el zumo del limón, sal y pimienta a discreción.
3. Revolver muy bien y luego cubrir la terrina con papel de aluminio; dejar marinar en la nevera.
4. Al día siguiente escurrir los trozos de pollo y pasarlos por huevo batido y pan rallado sazonado con sal y pimienta.
5. Freír en aceite hirviendo, pero a fuego moderado, hasta que se forme una cubierta dorada y crujiente.
6. Adornar con ensalada verde.

Pechugas de pollo con crema de queso

Para 3 personas
Tiempo de preparación: 45 minutos
Dificultad: baja

Ingredientes:

6 filetes de pechuga de pollo • 1 vaso de vino blanco
• 1 taza de caldo • mantequilla • pimienta • sal.

Crema de queso:

10 quesitos en porciones • 40 g de mantequilla • pimienta • leche.

Preparación:

1. Sazonar los filetes con sal y pimienta y dorarlos en 2 cucharadas de mantequilla.
2. Reservarlos en caliente en una fuente refractaria.
3. Verter en la sartén el vino y dejar que se reduzca a fuego vivo.
4. Regar después con el caldo y remover bien.
5. Echar este jugo sobre el pollo.
6. Poner los quesitos en una cacerolita de porcelana junto con la mantequilla y 2 o 3 cucharadas de leche (o las que sean necesarias para obtener una crema suave).
7. Sazonar con la pimienta.
8. Verter esta crema sobre los filetes e introducir en el horno caliente a fuego medio fuerte durante 5 minutos.
9. Servir enseguida.

Canapés de pollo y queso

Para 3 personas
Tiempo de preparación: 45 minutos
Dificultad: baja

Ingredientes:

250 g de pollo hecho picado • 1 taza de salsa bechamel espesa
• pimentón • pimienta negra • 60 g de champiñones
• 1 cucharadita de mostaza inglesa • 6 tostadas de pan de molde
• mantequilla • 60 g de queso rallado • sal.

Preparación:

1. Sazonar la bechamel con sal, pimienta y pimentón, agregar la mostaza, añadir el pollo y los champiñones fileteados y dejar a fuego lento hasta que esté caliente.
2. Colocar la bechamel sobre las tostadas untadas con mantequilla, espolvorearlas con el queso y gratinarlas al horno hasta que el queso se dore.

Consomé de gallina

Para 4 personas
Tiempo de preparación: 3 horas
Dificultad: baja

Ingredientes:

1 gallina • 100 g de garbanzos • 3 zanahorias
• 2 puerros • perejil • sal.

Preparación:

1. Limpiar la gallina, vaciarla y ponerla a cocer entera en agua fría

junto con el resto de los ingredientes pelados y troceados, perejil y sal.
2. Espumar de vez en cuando e ir añadiendo pequeñas cantidades de agua fría (procurar que hierva suavemente).
3. Cuando la gallina esté tierna, retirar del fuego y dejar enfriar.
4. Colar el consomé y pasarlo por un paño blanco.
5. Servirlo bien caliente con una yema de huevo, si gusta, en el fondo de la taza.
6. Si se desea, también se pueden poner algunos garbanzos y trocitos de gallina en lugar de huevo.

Muslos de pollo a la vienesa

Para 6 personas
Tiempo de preparación: 1 hora
Dificultad: baja

Ingredientes:

12 muslos de pollo • 3 huevos • pan rallado • harina • aceite • pimienta • sal.

Preparación:

1. Pasar los muslos de pollo por harina, luego por el huevo batido con sal y pimienta y finalmente por el pan rallado.
2. Freír en aceite, al principio no muy caliente para que se hagan bien; después aumentar el fuego para que tomen un color dorado.

Crema de ave

Para 4 personas
Tiempo de preparación: 1 hora y 15 minutos
Dificultad: baja

Ingredientes:

1 pechuga de gallina • 2 huesos de rodilla de ternera • 2 zanahorias • 1 cebolla • 1 rama de apio • 1 vaso de leche • 20 g de mantequilla • 2 cucharadas de harina • 1 yema de huevo • aceite • 1 diente de ajo • perejil • 1 hoja de laurel • pimienta • sal.

Preparación:

1. Poner en agua fría la gallina, los huesos, las zanahorias raspadas y en trozos, la cebolla en cascos, el apio, ajo, laurel, perejil y sal.
2. Cocer a fuego suave hasta que la gallina esté tierna.
3. Una vez cocida, sacar la gallina y picarla en trocitos pequeños.
4. En una sartén poner la mantequilla con una cucharada de aceite; cuando esté humeante añadir la harina, regar poco a poco con la leche fría y un poco de caldo.
5. Batir en la batidora la bechamel junto con las zanahorias y el apio.
6. Poner el caldo colocado en una cacerola, añadirle el batido, calentar y remover.
7. Desleír la yema con un poco de agua o caldo e incorporarlo a la cacerola; procurar que no hierva.
8. Poner los trozos de gallina en la sopera, verter encima la crema y servir.

Jamoncitos de pollo

Para 6 personas
Tiempo de preparación: 1 hora y 15 minutos
Dificultad: media

Ingredientes:

6 jamoncitos de pollo • 100 g de jamón serrano • 100 g de aceitunas verdes sin hueso • 2 huevos duros • 1 rebanada de pan de molde mojada en leche • harina para rebozar • 1 dl de aceite • 1/2 cebolla picada finísima • 1 diente de ajo • 1 zanahoria pequeña • 1 vaso de vino de jerez • 1 vaso grande de agua • nuez moscada • pimienta • sal.

Preparación:

1. Mezclar el jamón, aceitunas y huevos duros, todo bien picadito, con la rebanada de pan mojada en leche.
2. Añadir sal, pimienta y una pizca de nuez moscada y rellenar con este compuesto los jamoncitos, cosiéndolos o atándolos bien.
3. Salpimentarlos por fuera, pasar por harina y dorar en la sartén con el fuego no demasiado fuerte, para que no oscurezca la harina.
4. Ponerlos en cazuela y en el aceite que quede freír el ajo picado, la cebolla y, cuando esté, añadir el jerez y el agua.
5. Colar esta salsa por el chino, sobre los jamoncitos, y dejar cocer unos 45 minutos a fuego lento, añadiendo agua si es preciso.
6. Se pueden hacer en la olla exprés, bastando en este caso 10 minutos.
7. Servir con patatas paja y berros frescos, regado con su salsa.

Pechugas parmesana

Para 3 personas
Tiempo de preparación: 1 hora
Dificultad: baja

terrina y cubrirlas con la siguiente mezcla: la harina batida con el jerez, sal y pimienta.

2. Tapar y dejar reposar unos 30 minutos.
3. Pelar los champiñones y ponerlos en una sartén con dos cucharadas de aceite y los guisantes pelados, rehogar unos minutos y luego, con una espumadera, sacarlos, escurrirlos y mantenerlos al calor.
4. Poner en la sartén 4 cucharadas de aceite, calentar bien y dorar las pechugas unos 5 minutos.
5. Agregar la marinada en que reposaron los guisantes con los champiñones, el cubito de caldo disuelto en agua, sal, pimienta y una pizca de jengibre.
6. Dejar cocer otros 5 minutos.

Croquetas de gallina y jamón

Para 4 personas
Tiempo de preparación: 30 minutos
Dificultad: baja

Ingredientes:
1 tazón de gallina cocida picadita • 50 g de jamón
• 1 litro de leche • 4 cucharadas de harina • aceite • 2 o 3 huevos
• 1 diente de ajo • pan rallado • pimienta • nuez moscada • sal.

Preparación:
1. Picar el jamón y unirlo con la gallina.
2. Preparar la bechamel.
3. Poner en una cacerola 5 o 6 cucharadas de aceite, freír el ajo entero y sacarlo cuando esté muy dorado, retirar la sartén del fuego y dejar que pierda un poco de calor, rehogar la harina y regar poco a poco con la leche.
4. Revolver hasta que espese y añadir el picadillo de gallina y jamón,

Ingredientes:
3 pechugas de pollo • 100 g de queso parmesano rallado
• 2 cebollas • 2 zanahorias • 5 g de mantequilla • 2 cucharadas
de vino blanco • 2 vasos de caldo de pollo • harina • sal.

Preparación:
1. Limpiar las pechugas, quitándoles huesos y piel (quedarán 6 piezas).
2. Sazonarlas con sal y pasarlas por harina.
3. Poner en una cazuela el aceite y la mantequilla, freír ligeramente las pechugas, añadir las cebollas y zanahorias picadas, seguir friendo hasta que la cebolla esté ligeramente dorada, agregar el queso rallado, el vino y el caldo y dejar cocer lentamente durante 20 minutos.
4. Sacar las pechugas.
5. Pasar la salsa por la batidora o pasapurés.
6. Colocar las pechugas en una fuente y cubrirlas con la salsa.

Pechugas a la oriental

Para 3 personas
Tiempo de preparación: 1 hora y 30 minutos
Dificultad: baja

Ingredientes:
3 pechugas enteras de pollo • 3 vasos de jerez seco • 1 cucharada
sopera de harina • 1 cucharada de maicena • 200 g de guisantes
pelados • 200 g de champiñones • 1 cubito de caldo • aceite
• 1 pizca de jengibre en polvo • 200 g de arroz • pimienta • sal.

Preparación:
1. Dividir en dos las pechugas, quitarles el hueso, ponerlas en una

espolvorear con una pizca de nuez moscada, pimienta y sal, cocer durante 5 minutos y pasar la pasta a una fuente para que se enfríe.

5. Formar las croquetas, pasarlas por huevo batido y pan rallado y freírlas en abundante aceite.

6. Servir bien caliente.

Terrina de pollo

Para 4 a 6 personas
Tiempo de preparación: 3 horas
Dificultad: media

Ingredientes:

1 pollo • 100 g de lomo de cerdo • 100 g de pecho de cordero • 1 cucharada de brandy • manteca de cerdo • 1 cebolla pequeña • perejil • pimienta • sal.

Preparación:

1. Deshuesar el pollo y picarlo menudo junto con sus higaditos, el lomo de cerdo, el cordero, la cebolla y perejil.

2. Sazonar con sal y pimienta y añadir el brandy.

3. Poner la mezcla en una cazuela de barro y cocer en el horno durante 2 horas.

4. Una vez hecho, recubrir con la manteca fundida.

5. Servir frío.

Sopa de pollo al yogur

Para 4 personas
Tiempo de preparación: 1 hora y 30 minutos
Dificultad: media

Ingredientes:

7,5 dl de caldo de pollo • 500 g de yogur natural • 1 1/2 cucharadas de maicena • 5 yemas • 15 g de mantequilla • 3 cucharadas de almendras molidas • 2 cucharadas de menta picada • pimienta negra • sal.

Preparación:

1. Añadir la maicena, previamente diluida con un poco de agua, al yogur, removiendo continuamente hasta que la mezcla sea homogénea, y dejar cocer a fuego moderado 10 minutos, aproximadamente.

2. Mientras tanto, hervir el caldo de pollo, retirar y dejar enfriar un poco.

3. Batir las yemas, diluirlas con un poco de caldo e incorporarlas al resto.

4. Recalentar el caldo, removiendo continuamente sin dejar que rompa a hervir, para que no se cuajen las yemas, y en cuanto empiece a espesar añadir gradualmente el yogur, incorporar las almendras, sazonar, picar la menta salteada 1 o 2 minutos con la mantequilla y agregar a la sopa en el momento de servir.

Pechugas rellenas

Para 3 personas
Tiempo de preparación: 1 hora
Dificultad: baja

Ingredientes:

6 filetes de pechuga de pollo • 3 lonchas finas de jamón York • 250 g de champiñones • 1 latita de aceitunas rellenas de pimiento • 2 vasitos de vino blanco • 1 limón • 2 dientes de ajo • 1 cebolla pequeña • pan rallado • harina • perejil • mantequilla • aceite • pimienta • sal.

Preparación:

1. Quitar la piel a las pechugas y sazonarlas con sal y pimienta.

2. Colocar sobre cada una de ellas media loncha de jamón de York y unas aceitunas.

3. Enrollarlas y sujetarlas con un palillo para que no se abran.

4. Calentar aceite en una sartén y freír los rollos, previamente pasados por harina, hasta que estén dorados.

5. Retirar casi todo el aceite de la sartén (dejar 1 cucharada, más o menos) y freír la cebolla y ajos picados y una ramita de perejil.

6. Cuando estén dorados, incorporar una cucharada de pan rallado, rehogar ligeramente y regar con el vino y un vaso y medio de agua.

7. Sazonar, dar un hervor y pasar la salsa por el pasapurés o la batidora, retirando la rama de perejil.

Empanadas de pollo

Para 4 a 6 personas
Tiempo de preparación: 2 horas y la maceración
Dificultad: media

Ingredientes:

Masa:
250 g de harina • 1/2 litro de aceite • 1 huevo
• 1 tacita de leche • sal.

Relleno:
1 pollo • 2 trufas • el hígado del pollo • 1 cebolla • 100 g de
jamón serrano • vino de jerez • 2 cucharadas de pan rallado
• nuez moscada • aceite • mantequilla • pimienta • sal.

Preparación:

1. Poner la harina en la mesa formando un círculo, echar en el centro la sal, el aceite, el huevo y la leche, mezclarlo todo hasta formar una masa y dejar reposar 15 minutos.
2. Limpiar el pollo, trocearlo y salpimentarlo.
3. Quitar la hiel al hígado y salpimentarlo también.
4. Dorar ligeramente el pollo en aceite y retirarlo.
5. Echar la cebolla picada muy fina en el aceite que sobró de freír el pollo.
6. Cuando empiece a tomar color, incorporar el hígado troceado, rehogar y reservar.
7. Quitar los huesos al pollo, picarlo junto con el jamón, mezclarlo con la cebolla e hígado junto con su grasa, añadir el pan rallado y el jerez necesario, aderezar con las especias y el perejil y dejar en maceración unas 2 horas.
8. Extender la masa, cubrir con una parte el molde untado de mantequilla y recortar el sobrante.
9. Echar en su interior el preparado de pollo.
10. Tapar con la masa sobrante extendida previamente con el rodillo, cerrar bien los bordes, pinchar la pasta por varios sitios y adornar con cordoncitos de la propia masa.
11. Introducir en el horno caliente hasta que la pasta esté dorada.

Croquetas de pollo

Para 4 personas
Tiempo de preparación: 30 minutos
Dificultad: baja

Ingredientes:
1 tazón de pollo cocido o asado picado • 1 litro de leche
• 4 cucharadas de harina • mantequilla • 4 huevos • pan rallado
• 1 diente de ajo • aceite • sal.

---

8. Poner los rollitos de pechuga en una fuente refractaria, verter por encima la salsa y agregar agua hasta que queden cubiertos.
9. Cocer durante 20 minutos.
10. Entretanto, limpiar y filetear los champiñones.
11. Poner en una sartén una cucharadita de mantequilla y rehogarlos durante 10 minutos rociados con el zumo de medio limón.
12. Pasados 15 minutos de la cocción de los rollitos unir a ellos los champiñones con su jugo, una cucharadita de perejil picado, el zumo del otro medio limón, terminar de cocer y servir.

Terrina de higaditos

Para 4 a 6 personas
Tiempo de preparación: 1 hora más el adobo
Dificultad: media

Ingredientes:
1 kg de hígados de pollo • 250 g de nata líquida
• 50 g de mantequilla • pimienta • sal.

Preparación:

1. Limpiar bien de nervios los hígados y ponerlos con jerez que los cubra, como mínimo, 6 horas.
2. Derretir la mantequilla y echar los hígados sin el jugo, pero sin escurrir.
3. Cocerlos 8 minutos, moviéndolos y dejar enfriar.
4. Batir la nata líquida para que endurezca.
5. Retirar unos higaditos enteros y el resto pasarlos por un pasapurés.
6. Añadir la nata, sal, pimienta y comprobar la sazón.
7. Poner una capa en una terrina untada de mantequilla, luego los hígados que no se han pasado y encima el resto de la pasta.
8. Dejar enfriar y añadir una capa de gelatina.
9. Antes de servir, esperar a que repose, por lo menos, 6 horas.

Preparación:

1. Poner en una sartén grande o en una cacerola 1 cucharada de mantequilla y 4 o 5 de aceite.
2. Cuando empiece a humear, freír el ajo hasta que esté muy dorado, sacarlo y retirar la sartén del fuego y esperar a que pierda un poco de calor.
3. Incorporar entonces la harina y desleírla bien en el aceite.
4. Cuando no haya ningún grumo, regar poco a poco con la leche fría, acercar la sartén al fuego sin dejar de mover, salar y agregar el pollo picado.
5. Continuar moviendo hasta que la bechamel esté bien espesa y cocer durante 5 minutos.
6. Poner la bechamel en una fuente y dejar que se enfríe por completo.
7. Formar las croquetas con 2 cucharillas o cucharas, pasarlas por huevo y pan rallado y freírlas en abundante aceite hirviendo.

Higaditos en salsa de vino

Para 6 personas
Tiempo de preparación: 1 hora
Dificultad: baja

Ingredientes:

750 g de higaditos de pollo • 500 g de uvas blancas grandes • 6 rebanadas de pan • 180 g de mantequilla • 2 cucharadas de aceite • 1/2 vaso de vino de madeira • pimienta • sal.

Preparación:

1. Después de lavar los higaditos en agua fría y secarlos con un paño, quitarles las partes blancas y correosas, así como aquellas que pudiesen estar descoloridas, sazonarlas con sal y pimienta y reservarlos.
2. Pelar las uvas y quitar las pepitas.
3. Retirar la corteza a las rebanadas de pan y freírlos con 120 g de mantequilla y el aceite.
4. Cuando estén bien doradas por ambos lados, colocarlas de pie sobre una fuente refractaria y mantenerlas al calor en el horno.
5. Fundir el resto de la mantequilla y saltear los higaditos durante 5 minutos por cada lado (deberán quedar ligeramente rosáceos por dentro).
6. Sacarlos y, mientras se prepara la salsa, mantenerlos calientes.
7. Verter el vino en la sartén y cocer a fuego vivo para que se reduzca hasta que parezca un jarabe espeso.
8. Agregar las uvas y darles un hervor.
9. Colocar las rebanadas de pan frito sobre una fuente, distribuir los higaditos por encima y esparcir entre ellos las uvas.
10. Servir inmediatamente.

Sopa de menudillos

Para 4 personas
Tiempo de preparación: 1 hora
Dificultad: baja

Ingredientes:

Despojos de 3 pollos (higaditos, mollejas, corazón, etc.) • 1 cebolla • 1 vaso de vino blanco • 1 tacita de salsa de tomate • 1 tacita de arroz • queso rallado • aceite • sal.

Preparación:

1. Limpiar bien las mollejas, filetearlas, ponerlas a cocer en un poco de agua, previamente salteadas en una cucharada de aceite.
2. Cortar menuditos los higaditos limpios y los corazones.
3. Calentar 6 cucharadas de aceite en una sartén y freír 3 cucharadas de cebolla picada.
4. Cuando la cebolla esté trasparente, añadir los higaditos y corazones, dejar hacer unos minutos y regarlos con el vino.
5. En una cacerola volcar el contenido de la sartén, agregar la salsa de tomate y el arroz, regar con 1,5 litros de agua hirviendo, incorporar también las mollejas, sazonar con sal y cocer durante 30 minutos.

Paté de higaditos

Para 4 a 6 personas
Tiempo de preparación: 1 hora y la refrigeración
Dificultad: media

Preparación:

1. Picar la cebolla y freírla con mantequilla hasta que esté blanda, añadir los higaditos, también picados, y saltearlos despacio hasta que estén hechos.
2. Agregar la trufa picada, la copa de jerez, sal y pimienta y hacer de todo un puré con la batidora.
3. Batir la nata hasta montarla y unirla al preparado anterior; remover bien.
4. Untar un molde con mantequilla y verter el batido.
5. Meter en el congelador durante 2 horas y luego dejar en la nevera hasta la hora de desmoldear.

Ingredientes:

1 kg de higaditos de pollo • 500 g de nata líquida
• 1 copa de jerez o de brandy • 2 cebollas • 1 latita de trufa
• mantequilla • pimienta • sal.

Ensalada de pollo

Para 4 a 6 personas
Tiempo de preparación: 1 hora
Dificultad: baja

Ingredientes:

1 pollo grande • 1 zanahoria • 1 cebolla
• 2 tallos de apio • 2 vasos de mayonesa • 1 lechuga
• 3 huevos • 6 filetes de anchoa • sal.

Preparación:

1. Limpiar el pollo y cocerlo junto con la cebolla, la zanahoria y el apio.
2. Una vez cocido, sacarlo del caldo y dejar enfriar.
3. A continuación, quitar la piel, los huesos y cortar la carne en bastoncitos.
4. Decorar la fuente de ensalada con las hojas de lechuga más grandes y enteras.
5. Aparte, en una terrina, poner la carne de pollo troceada, la mayonesa y la lechuga picada, mezclar bien y poner todo en la ensaladera.
6. Decorar con mitades de huevo duro, filetes de anchoa en rollitos.
7. Servir muy fría.

Sopa de pollo a la belga

Para 4 personas
Tiempo de preparación: 2 horas y 30 minutos
Dificultad: media

Ingredientes:

1 pollo • 1/2 mano de ternera • 2 puerros • 2 zanahorias
• 1 apio • mantequilla • aceite • 1 cucharada de harina
• 2 huevos • 1 limón • 1 barrita de pan • tomillo • laurel • perejil
• pimienta • sal.

Preparación:

1. Chamuscar y lavar la mano de ternera. Limpiar, despojar y trocear el pollo.
2. En una olla poner los despojos del pollo, la mano de ternera, un puerro, medio apio, una zanahoria en rodajas y sal.

3. Cubrir con 2,5 litros de agua fría y cocer a fuego suave durante 2 horas. Pasado este tiempo colarlo y reservarlo.

4. Picar el puerro y zanahoria restantes, rehogarlo con 3 cucharadas de aceite y, antes de que se dore, agregar los trozos de pollo, una hoja de laurel, una ramita de tomillo y perejil.

5. Sazonar con sal, continuar el rehogo unos 5 minutos y cubrir con caldo.

6. Cocer a fuego lento durante unos 30 minutos, o hasta que el pollo esté tierno.

7. Poner en una sartén 1 cucharada de mantequilla y 2 de aceite, rehogar la harina y regar con caldo suficiente para que quede una bechamel espesita, pero líquida.

8. Agregarla a la cazuela con el pollo ya cocido, remover bien y cocer todo junto unos 10 minutos.

9. Poner las yemas de los huevos en un bol, mezclarlas con el zumo de 1/2 limón y terminar de desleír con un poco de caldo frío.

10. Freír el pan en cuadraditos o lonchitas.

11. Pasar el pollo con su caldo y verduras a la sopera, retirar los huesos que haya sueltos (el pollo ha de quedar bastante deshecho) e incorporar las yemas de huevo poco a poco y removiendo.

Paté de pechugas

Para 4 personas
Tiempo de preparación:
1 hora y el tiempo de cuajarse
Dificultad: media

Ingredientes:

4 pechugas de pollo
* *100 g de jamón serrano*
* *100 g de mantequilla*
* *1 caja de gelatina*
* *2 puerros*
* *2 zanahorias*
* *1/2 cebolla*
* *1 lata de trufas • sal.*

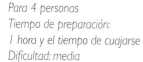

Preparación:

1. Cocer durante 30 minutos las pechugas con los puerros, zanahorias y cebolla.

2. Pasarlas por la máquina de picar junto con el jamón y mezclar con la mantequilla.

3. Hacer la gelatina.

4. Cubrir con ella el fondo de un molde alargado.

5. Meter en la nevera hasta que esté dura.

6. Llenar el molde con la pasta de pechugas sin que toque los bordes y cubrir encima con el resto de la gelatina.

7. Meter en la nevera hasta que esté completamente dura.

8. Desmoldear metiendo el molde un momento en agua caliente.

9. Servir adornando la fuente con zanahorias ralladas o con huevo hilado y pepinillos.

Pollo con costra

Para 6 personas
Tiempo de preparación: 3 horas
Dificultad: alta

Ingredientes:

2 pollos pequeños • harina • mantequilla • pasta hojaldrada
* *200 g de carne picada • 200 g de queso rallado*
* *1 ramita de perejil • 2 limones • 2 huevos • tomillo*
* *nuez moscada • 1 puerro • 1 zanahoria • pimienta • sal.*

Preparación:

1. Cortar los pollos en trozos y deshuesarlos.

2. Preparar un caldo de ave con las alas, el cuello, los huesos, el puerro y la zanahoria cortada en rodajas, sal y pimienta.

3. Pasar los trozos de pollo por harina y dorarlos en la sartén con 4 cucharadas de mantequilla, salpimentar, cubrir y dejar hacer unos 20 minutos.

4. Preparar los rellenos.

Relleno magro:

5. Mezclar el queso rallado con tomillo y perejil picados, piel de limón rallada, sal, pimienta, nuez moscada, 50 g de mantequilla cortada en trocitos y 2 yemas de huevo.

6. Trabajar la masa con lo manos hasta obtener una mezcla lisa y homogénea y cortarla en bolitas del tamaño de una avellana.

Relleno graso:

7. Picar finamente el hígado y el corazón del pollo, mezclarlos con la carne picada y agregarles tomillo y perejil picado.

8. Formar también bolitas.

9. Untar con mantequilla una fuente para horno, cubrirla con pasta hojaldrada y colocar luego los trozos de pollo.

10. Colar el caldo y poner 10 cucharadas del mismo en la sartén en

4. Separar las claras de las yemas (utilizar éstas para otro plato), batir las claras a punto de nieve y mezclarlas con la bechamel, sin remover.

5. Untar un flanero con mantequilla y verter en él la bechamel, espolvorear por encima con queso rallado y rociar con un poco de mantequilla fundida.

6. Introducir en el horno hasta que haya subido y la superficie del suflé esté dorada.

7. Servir enseguida para que no se baje.

Brochetas de pollo con mandarina

Para 4 personas
Tiempo de preparación: 10 minutos
Dificultad: baja

Ingredientes:
1 resto de pollo asado • 3 mandarinas • mostaza
• semillas de sésamo.

Preparación:
1. Picar la carne de pollo en trocitos grandes.

2. Pelar las mandarinas y desgajarlas; moler las semillas de sésamo.

3. Distribuir los trozos de pollos en las brochetas alternándolos con los gajos de mandarina.

4. Untar los trozos de pollo con mostaza; espolvorear con el sésamo.

5. Calentar el horno a 250 °C; envolver las brochetas con papel de aluminio y meterlas en el horno durante 6 u 8 minutos.

Higaditos de pollo al ron

Para 4 personas
Tiempo de preparación: 35 minutos
Dificultad: baja

que se ha dorado el pollo, rociar con este jugo los trozos de pollo y agregar las bolitas de relleno.

11. Recubrir con pasta hojaldrada y pegarla con la interior después de humedecerla.

12. Decorar a gusto, hacer una chimenea y meter 30 minutos en el horno a fuego mediano.

Salsa:
13. Dorar 1 cucharada de harina en 1 cucharada de mantequilla, diluir con el caldo de ave y reducir hasta obtener una salsa cremosa.

14. Rectificar la sazón si hace falta.

15. Servir en salsera.

Suflé de pollo

Para 6 a 8 personas
Tiempo de preparación: 1 hora
Dificultad: alta

Ingredientes:
2 pollos • 1/2 litro de leche • 5 cucharadas de harina
• mantequilla • 6 huevos • queso rallado • pimienta • sal.

Preparación:
1. Asar los pollos, separar la carne y desmenuzarla.

2. Preparar una bechamel, derretir 3 cucharadas de mantequilla, rehogar la harina y regar poco a poco con la leche.

3. Dejar que se espese sin dejar de mover, añadir la carne de pollo y salpimentar.

Ingredientes:

*600 g de higaditos de pollo
• 400 g de uvas • 2 cebollitas
francesas • 1 cucharada
de mantequilla • 1 vasito de ron
negro • 2 cucharadas de aceite de oliva
• pimienta blanca molida • sal.*

Preparación:

1. Lavar y secar los higaditos; pelar y picar finas las cebollitas; quitar el pellejo a las uvas.
2. Fundir en una sartén la mantequilla y el aceite; saltear los higaditos y retirarlos dejándolos para que se conserven calientes.
3. Rehogar las cebollitas picadas en el mismo aceite hasta que estén transparentes; añadir el ron y dejar unos 3 minutos a fuego medio.
4. Agregar las uvas, reducir el fuego y dejar que se calienten; añadir los higaditos unos segundos; salpimentar, remover y colocar en una fuente y servir con su salsa.

Pechugas de pollo envueltas

*Para 4 personas
Tiempo de preparación: 1 hora
Dificultad: media*

Ingredientes:

*4 pechugas • 3 pimientos rojos • 4 tomates maduros
• 1 diente de ajo • 1 ramita de albahaca • 8 aceitunas negras
deshuesadas • 1 vaso de aceite de oliva • pimienta • sal.*

Preparación:

1. Asar los pimientos durante 15 minutos; envolverlos en papel de aluminio y reservarlos.
2. Escaldar, pelar y despepitar los tomates; cortarlos en trocitos.
3. Pelar el diente de ajo.

4. Colocar un poquito de aceite en una sartén; sofreír el tomate con el diente de ajo a fuego suave durante 15 minutos.
5. Despepitar y pelar los pimientos y cortarlos en tiras anchas.
6. Cortar cuatro hojas de papel de aluminio y untarlas con aceite; poner en cada hoja una pechuga, colocando sobre ésta una tira de pimiento y un poco de sofrito de tomate; salpimentar; añadir las aceitunas y unas hojitas de albahaca, rociar con aceite y envolver.
7. Picar los paquetes con la punta de cuchillo y ponerlos en el horno durante 20 minutos.
8. Servir el plato caliente abriendo los paquetitos.

Pollo a la navarra

*Para 4 personas
Tiempo de preparación: 2 horas
Dificultad: media*

Ingredientes:

*1 pollo grande • 150 g de jamón • 3 zanahorias • 3 cebollas
• estragón • perejil • 1 vaso de vino blanco
• 7 cucharadas de mantequilla • sal.*

Preparación:

1. Vaciar, limpiar y secar el pollo.
2. Preparar una mezcla con la mantequilla, el estragón y el perejil bien

picado; pelar y triturar las cebollas y las zanahorias, y cortar a dados el jamón.

3. Rellenar el pollo con la mitad de la mezcla realizada con la mantequilla.
4. Disponerlo en una fuente refractaria y meterla en el horno.
5. Cuando el pollo esté a medio hacer, retirarlo y pasarlo a una cazuela de barro.
6. Rociarlo con el jugo de su cocción y añadir la zanahoria, la cebolla y el jamón; espolvorear con sal.
7. Finalmente, untar el pollo con el resto de mantequilla y rociarlo con el vino y un vaso de agua.
8. Tapar la cazuela y terminar la cocción, sirviendo el pollo troceado y acompañado por los tropezones de jamón y su salsa.

Pollo a la manchega

Para 6 personas
Tiempo de preparación: 2 horas y 10 minutos
Dificultad: media

Ingredientes:
1 pollo de 1 1/2 kg, aproximadamente • 1 punta de jamón de unos 300 g • 1 hoja de laurel • 4 dientes de ajo • tomillo • aceite • manteca de cerdo • sal • pimienta molida • un poco de canela en polvo.

Preparación:
1. Vaciar, lavar y secar el pollo. Trocearlo en octavos.
2. Cortar el jamón en cuadraditos.
3. Pelar y triturar los dientes de ajo.
4. Atar el tomillo y la hoja de laurel.
5. En una sartén amplia con aceite y manteca bien caliente, saltear el pollo hasta que quede bien dorado por todos los lados. Retirarlo y disponerlo en una cazuela de barro.

6. En la grasa restante, dorar el jamón y juntarlo con el pollo.
7. Seguir friendo en la sartén los ajos, el tomillo y laurel y añadir enseguida los trozos de pollo. Espolvorearlo con sal, pimienta y canela. Tapar la cazuela con un plato que contenga agua.
8. Dejar la cazuela a fuego muy lento. Moverla de vez en cuando, para que los ingredientes no se peguen al fondo.
9. Cuando el pollo esté muy tierno, retirar el laurel y tomillo y, disponerlo en una fuente adecuada para servir, después colar la salsa y rociar el pollo.
10. Servir caliente.

Pollo al pimentón

Para 4 personas
Tiempo de preparación: 1 hora y 25 minutos
Dificultad: media

Ingredientes:
1 pollo • 250 g de arroz • 250 g de jamón extremeño • 1 cebolla • 1 buena cucharada de pimentón • aceite • sal.

Preparación:
1. Vaciar, limpiar y secar el pollo. A continuación, pelar y cortar en rodajas la cebolla.
2. En una cazuela con aceite caliente, rehogar la cebolla, añadir el arroz y mezclar durante unos minutos con una cuchara de madera.

3. Añadir 5 tacitas de agua salada hirviendo, tapar la cazuela cuando dé el primer hervor y, a los 10 minutos, destaparla.
4. Dejar sobre el fuego unos 10 minutos más, hasta que el arroz quede bien seco.
5. Seguidamente se procede a picar muy finamente el jamón, mezclarlo con el arroz y con este preparado rellenar con la mezcla el pollo.
6. En una cazuela con aceite hirviendo, dorar el pollo por todos los lados y rociarlo de vez en cuando con su propio jugo.
7. Unos minutos antes de acabar la cocción, espolvorear con el pimentón.
8. Trocear el pollo y servir caliente.

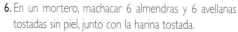

Gallina en pepitoria

Para 4 personas
Tiempo de preparación: 1 hora
Dificultad: baja

Ingredientes:

1 gallina • 200 g de tocino • 2 dientes de ajo • 2 pimientos rojos
• 1 ramita de perejil • 1 vaso de vino blanco
• 1 picadillo de almendras y avellanas • harina • sal • pimienta.

Preparación:

1. Desplumar la gallina, vaciarla y limpiarla bien. Flamearla para quitarle los canutillos de las plumas y partirla en 8 trozos.
2. Cortar en trozos cuadrados el tocino.
3. Pelar y picar los dientes de ajo.
4. Triturar el perejil y trocear los pimientos.
5. En una sartén caliente, tostar 2 cucharadas de harina.

6. En un mortero, machacar 6 almendras y 6 avellanas tostadas sin piel, junto con la harina tostada.
7. En una cazuela plana de barro, sofreír los dados de tocino. Añadir a continuación los trozos de gallina y rehogarlos.
8. Agregar a la gallina el ajo, el perejil, el vino blanco, los pimientos y el picadillo de almendras y avellanas. Salpimentar.
9. Dejar al fuego la cazuela hasta que rompa el primer hervor. Seguidamente, llevar el fuego al mínimo y dejarlo unos quince o veinte minutos más, hasta que la gallina quede impregnada por el jugo.

Gallina en salsa

Para 4 personas
Tiempo de preparación: 2 horas y 10 minutos
Dificultad: baja

Ingredientes:

1 gallina • 1 cebolla • 1 tomate maduro mediano
• 1 cabeza y 2 dientes de ajo • canela en rama • 1 huevo duro
• 1 vaso de vino dulce • 1/2 vaso de vinagre • aceite • sal.

Preparación:

1. Limpiar y trocear la gallina, pelar y picar la cebolla y el tomate, aplastar con el puño la cabeza de ajos y pelar los otros 2 dientes, y retirar la yema del huevo duro.
2. En una cazuela de barro, poner los trozos de gallina y añadir la cabeza de ajo, la cebolla y un chorro de aceite. Salar y poner a cocer a fuego lento.
3. Pasados 15 minutos, agregar el vino, el vinagre, un vaso de agua, el tomate y una rama de canela.
4. Proseguir la cocción, esta vez a fuego normal.
5. Mientras, majar en un mortero la yema de huevo con los dientes de ajo y un poco de agua.
6. Cuando la gallina esté bien tierna, recubrirla con la salsa del mortero. Dejar hervir durante unos minutos más y servir.

CARNES

Conejo a la castellana

Para 4 personas
Tiempo de preparación: 1 hora y 5 minutos
Dificultad: media

Ingredientes:

1 conejo de 1 kg o 1 1/2 kg • 3 tomates maduros • 3 dientes de ajo • aceite de oliva • 1/2 cucharada de pimentón • 1 cucharada de vinagre • 4 cucharadas de vino blanco seco • sal.

Preparación:

1. Limpiar y trocear el conejo.
2. Lavar los tomates y cortarlos en trozos.
3. Pelar y triturar los dientes de ajo.
4. En una cazuela plana de barro con aceite hirviendo, rehogar el conejo. Espolvorear con sal.
5. Cuando el conejo esté dorado por todas partes, espolvorearlo con pimentón y añadir enseguida el tomate troceado, los dientes de ajo y una cucharada de vinagre.
6. Dejar a fuego lento, durante tres cuartos de hora; añadir un poco de vino mezclado con agua, si el guiso se resecara.
7. Cuando el conejo esté bien tierno, retirar la cazuela del fuego.
8. La salsa debe de quedar muy espesa y el conejo dorado y crujiente.
9. Servir en la misma cazuela.

Conejo a la navarra

Para 4 personas
Tiempo de preparación: 3 horas y 15 minutos
Dificultad: media

Ingredientes:

1 conejo • 1/2 kg de patatas • 4 tomates maduros • 1/2 kg de cebollitas • 2 dientes de ajo • 1 limón • 1 hoja de laurel • romero • perejil • pimienta • 1 vasito de vino blanco • 100 g de manteca de cerdo • harina • sal.

Preparación:

1. Limpiar, secar y trocear el conejo. Exprimir el limón y rociar con su zumo el conejo.
2. Pelar las cebollitas y pelar y picar los dientes de ajo, escaldar los tomates en agua caliente, pelarlos y trincharlos y pelar y cortar las patatas a rodajas.
3. Preparar un manojo de hierbas compuestos por el laurel, el perejil y el romero.
4. En una cazuela de barro plana con 100 g de manteca caliente, dorar los trozos de conejo pasados por harina. A continuación, agregar las cebollitas, dejándolas durante unos 5

minutos. Espolvorear con sal y, a continuación, añadir los ajos y el vino blanco.
5. Incorporar el tomate, el manojo de hierbas y la pimienta. Tapar la cazuela y dejar a fuego lento unas 2 horas.
6. Antes de terminar la cocción, retirar el ramo compuesto y poner las patatas encima del guiso. Introducir en el horno hasta que éstas estén en su punto, es decir, cuando tomen un tono dorado. Servir en la misma cazuela.

Conejo a la pastora

Para 4 personas
Tiempo de preparación: 1 hora y 20 minutos
Dificultad: baja

Ingredientes:

1 conejo gordo pero tierno • 1 cebolla pequeña • 1 rebanada de pan • 1 hoja de laurel • 1 vaso pequeño de vino tinto • 3 cucharadas de vinagre • aceite de oliva • ajo • perejil • sal • pimienta molida • media cucharadita de pimentón.

Preparación:

1. Limpiar el conejo y trocearlo.
2. Pelar y picar la cebolla.
3. Triturar el ajo pelado y el perejil.
4. En una cazuela con aceite hirviendo, dorar por ambos lados la rebanada de pan. Retirarla y conservar en un plato, empapándola bien de vinagre.
5. En el aceite sobrante, freír la cebolla y añadir enseguida los pedazos de conejo. Remover y dejar a fuego lento hasta que quede bien rehogado.

6. Mientras, machacar en el mortero el ajo y el perejil triturados, el pan frito y espolvorear con sal y pimienta.
7. Espolvorear el conejo con un poco de pimentón y rociarlo con el vino tinto, poner el laurel, y con agua hasta cubrirlo. Añadir la majadilla, remover y dejar a fuego lento.
8. Dejar el guiso hasta llegar al punto justo de cocción.

Conejo al romero

Para 4 personas
Tiempo de preparación: 1 hora y 25 minutos
Dificultad: baja

Ingredientes:

1 conejo • 1 rodaja de pan frito • 3 dientes de ajo
• romero en polvo • perejil • 1 vaso de vino blanco
• aceite de oliva • sal.

Preparación:

1. Limpiar y secar el conejo y trocearlo en 8 pedazos.
2. Pelar los dientes de ajo, picarlos junto con el perejil.
3. En un mortero, machacar un diente de ajo y el pan frito. Rociar con el vino.
4. Espolvorear el conejo con el romero en polvo y disponerlo en una cazuela de barro; bañarlo con un buen chorro de aceite, salar y agregar el ajo, pan y perejil picados. Dejar macerar durante 2 horas.
5. Añadir la picada del mortero y poner la cazuela a fuego medio. Mantener así hasta que el conejo esté tierno y la salsa espesa.

Conejo en puchero al estilo de Cáceres

Para 4 personas
Tiempo de preparación: 2 horas y 10 minutos
Dificultad: alta

Ingredientes:

1 conejo de monte • 6 dientes de ajo • corteza de pan
• 3 huevos • 1 hoja de laurel • 1 ramita de tomillo • orégano
• perejil • 1/2 cucharada de pimentón • 3 cucharadas de pan rallado • 1 cucharada de vinagre • aceite • sal.

Preparación:

1. En una sartén con bastante aceite caliente, sofreír los dientes de ajo junto con el laurel, el tomillo, el orégano, la corteza de pan desmenuzado y el perejil, mezclando bien.
2. Retirar todos estos ingredientes y disponerlos en un mortero.
3. En el aceite sobrante, dorar el conejo troceado. Retirar los trozos y echarlos en un puchero de barro ancho.

4. Dorar el hígado del conejo, partido en 4 trozos, y ponerlo también en el mortero.
5. Machacar muy bien todos los ingredientes del mortero hasta obtener una mezcla con la consistencia de una pomada. Rociar con el vinagre y seguir mezclando.
6. Espolvorear con el pimentón y disolver la mezcla con agua caliente. Salar, pasar por un colador y cubrir el conejo.
7. En una sartén con un poco de aceite preparar una tortilla con los huevos y el pan rallado. Cortarla en cuadrados y añadirla al puchero. Tapar y dejarlo a fuego lento hasta que el conejo quede tierno y la salsa reducida.

Conejo al vino

Para 4 personas
Tiempo de preparación: 50 minutos
Dificultad: media

Ingredientes:

1 conejo de 1 1/2 kg, aproximadamente • 1 hoja de laurel
• 1 vaso de vino blanco • 1/2 cucharada de pimentón • tomillo
• aceite • manteca de cerdo • harina • sal • pimienta molida.

Preparación:

1. Una vez limpio el conejo cortar en trozos regulares.
2. En una sartén con una cucharada de manteca y aceite bien caliente, rehogar los pedazos de conejo. Sin dejar que se doren retirarlos y disponerlos en una cazuela de barro plana.
3. En la grasa sobrante de rehogar los trozos de conejo, dorar una cucharada de harina y rociar inmediatamente con un vaso de vino blanco y otro de caldo o de agua.

4. Remover continuamente y dejar que la salsa dé unos cuantos hervores.

5. Pasar la salsa por el tamiz y rociar los pedazos de conejo.

6. Añadir al guiso el pimentón, laurel, tomillo y dejar a fuego lento hasta que el conejo esté bien tierno y la salsa muy reducida. Antes de servir, retirar el laurel y el tomillo.

Conejo con castañas

Para 6 personas
Tiempo de preparación: 1 hora y 10 minutos
Dificultad: media

Ingredientes:

2 conejos • 1/2 kg de castañas • 250 g de jamón • 2 dientes de ajo • 1 cebolla • 2 zanahorias • 1 copa de brandy • 1 copa de jerez seco • azafrán en rama • caldo • maizena • sal • aceite.

Preparación:

1. Limpiar, trocear y salar el conejo.
2. En una cazuela con aceite, añadir el conejo troceado y los dientes de ajo picados.
3. Dejar dorar el conejo y luego añadir el jamón cortado en tacos muy pequeños, la cebolla, las zanahorias y el azafrán, todo bien picado con anterioridad. Mantener a fuego bajo para que se cueza lentamente.
4. Añadir el brandy, el jerez, el caldo y un poco de maizena, para que espese la salsa.
5. Dejar cocer todo junto durante 40 minutos.
6. En una cazuela aparte, cocer las castañas; una vez hechas, pelarlas.
7. Una vez casi terminada la cocción, añadir las castañas peladas y cocidas.

Liebre estofada con judías

Para 6 personas
Tiempo de preparación: 1 hora y 20 minutos
Dificultad: media

Ingredientes:

1 liebre • 400 g de judías cocidas • 1 vaso de vino blanco • 2 cucharadas de vinagre • 3 dientes de ajo • 3 cebollas • 1 hoja de laurel • 1 ramita de tomillo • 1 guindilla • aceite • sal.

Preparación:

1. Limpiar la liebre y trocearla.
2. Pelar las cebollas y los dientes de ajo y triturarlos.
3. En una cazuela amplia de barro con aceite caliente, disponer los trozos de liebre. Darles unas vueltas con la ayuda de una espátula y agregar la cebolla y el ajo picados, el laurel, el tomillo y remover unos instantes.
4. Unos segundos después, rociar con el vino y el vinagre y dejar la cazuela a fuego moderado hasta que la carne de la liebre esté tierna. Añadir entonces la guindilla.
5. Un cuarto de hora antes de retirar el estofado del fuego, añadir las judías cocidas aparte y escurridas.
6. Mezclar de nuevo y servir.

Liebre con salsa de aceitunas

Para 4 personas
Tiempo de preparación: 2 horas y 15 minutos
Dificultad: media

Ingredientes:

1 liebre muy tierna • 2 cebollas grandes • 2 tomates maduros • 50 g de aceitunas sin hueso • 50 g de piñones • 1 vaso de vino tinto • tomillo • canela • aceite • sal.

Preparación:

1. Limpiar, trocear la liebre y sazonar.
2. En una cazuela con aceite dorar las cebollas peladas y troceadas. Cuando estén blandas, añadir la liebre y rehogar.
3. Añadir también los tomates, pelados y troceados, la canela, el tomillo, el vino y una taza de agua.
4. Dejar cocer una hora y media.
5. Casi al final de la cocción, añadir las aceitunas previamente escaldadas y picadas, y también los piñones.
6. Distribuir los trozos de carne en una fuente, pasar la salsa por el chino; darle un hervor a la salsa y verterla sobre la liebre. Servir caliente.

Codornices a la bilbaína

Para 4 personas
Tiempo de preparación: 40 minutos
Dificultad: media

Ingredientes:

8 codornices • 8 hojas de parra • 1 dl de brandy
• 1 pan inglés de 1/2 kg • jugo de carne • aceite • sal
• pimienta.

Preparación:

1. Limpiar y chamuscar bien las codornices.
2. Salpimentar y envolver cada codorniz con una hoja de parra limpia y escurrida, atarlas con bramante y colocarlas en una bandeja untada de aceite.
3. Precalentar el horno a temperatura un poco fuerte, introducir la fuente con las codornices y dejar unos diez minutos.
4. Rociar con el brandy, flambear para reducir el alcohol y bañar con un poco de jugo de carne; volver a colocarlas en el horno unos quince minutos más.
5. Cuando estén cocidas las codornices, desatarlas.
6. Cortar el pan inglés en 8 rodajas, untarlas con un pincel con un poco de aceite y tostar en el grill.
7. Cuando estén tostadas, poner una codorniz encima de cada tostada.
8. Colocarlas en una fuente de servir; colar el jugo que ha quedado en el fondo de la fuente del horno y rociar con él las codornices. Servir bien caliente.

Codornices con ternera

Para 4 personas
Tiempo de preparación: 1 hora y 15 minutos.
Dificultad: alta

Ingredientes:

8 codornices • 300 g de carne de ternera picada
• 100 g de jamón • 1 cebolla pequeña • 50 g de aceitunas verdes
• 1 vaso de vino blanco • 4 cucharadas de mantequilla • aceite
• sal.

Preparación:

1. Vaciar, limpiar y secar las codornices. Seguidamente salarlas, por dentro y por fuera.
2. Retirar el hueso de las aceitunas y picarlas finamente.
3. Cortar en pedazos el jamón y trocear la cebolla pelada.
4. En un recipiente hondo, mezclar la carne picada, las aceitunas, el jamón, mantequilla y sal.
5. Rellenar las codornices con la mezcla anterior.
6. En una cazuela plana de barro, disponer las codornices y la cebolla. Regar con aceite, 1 vaso de vino y 1/2 de agua.
7. Poner la cazuela sobre el fuego y, cuando dé el primer hervor, bajarlo, dejando cocer las codornices unos 45 minutos, a fuego lento.

Codornices a la parrilla con arroz y azafrán

Para 4 personas
Tiempo de preparación: 30 minutos
Dificultad: baja

Ingredientes:

8 codornices grandes • 50 g de mantequilla • 16 bayas de enebro
• 1 cebolla • 1 diente de ajo • 1/2 hoja de laurel • un poco de
tomillo • unas hebras de azafrán • sal • pimienta.

Arroz:

250 g de arroz • 1/2 dl de aceite de oliva • sal • pimienta.

Preparación:

1. Limpiar y chamuscar las codornices, salpimentar el interior y poner 2 bayas de enebro en cada una.

2. Ensartar las codornices en una brocheta de dos en dos, untar con mantequilla, salpimentar. Reservar.

3. En una cacerola, poner 3 cucharadas de aceite. Cuando esté caliente, añadir la cebolla picada, poner el arroz y remover continuamente hasta que los granos pierdan su transparencia, verter el agua hirviendo (doble cantidad de agua que el volumen del arroz a hervir).

4. Salpimentar, añadir el ajo machacado, el azafrán, la media hoja de laurel y el tomillo, remover. Dejar el fuego suave, tapar y dejar cocer 16 minutos exactos, sin destapar.

5. Precalentar el horno, y colocar en la parrilla las brochetas.

6. Poner la parrilla bajo el grill del horno, dejar cocer unos veinte minutos y darles la vuelta varias veces para que se asen bien por todas partes.

7. Cuando esté listo el arroz, quitar las hierbas aromáticas, remover con dos tenedores y poner en la fuente de servir, previamente calentada y colocar las brochetas.

8. Servir enseguida.

Chochas a la moda de Alcántara

Para 6 personas
Tiempo de preparación: 1 hora y 30 minutos
Dificultad: alta

Ingredientes:

2 chochas pequeñas • 2 lonchas de lomo de cerdo • 4 lonchas de tocino muy delgado • 1 diente de ajo • perejil • pimienta • sal.

Preparación:

1. Partir las chochas por la mitad por el vientre; vaciarlas, limpiarlas y secarlas.

2. Picar los menudillos y el lomo, añadir el diente de ajo picado con el perejil y salpimentar. Mezclar bien todos estos ingredientes.

3. Rellenar las chochas con la mezcla anterior y envolverlas con las lonchas de tocino.

4. Disponer las aves en una fuente refractaria engrasada y asarlas en horno caliente hasta que estén en su punto.

5. Servir en la misma fuente.

Perdices a lo Tío Lucas

Para 8 personas
Tiempo de cocción: 2 horas y 15 minutos
Tiempo de preparación: 1 hora
Dificultad: media

Ingredientes:

8 perdices • 8 lonchas de tocino • 100 g de carne de ternera • 100 g de sesos • 100 g de champiñones • 1 trufa mediana • 12 cebolletas • 2 huevos batidos • 1 copita de jerez • 50 g de miga de pan • perejil • pimienta • sal.

Preparación:

1. Limpiar y secar cuidadosamente las perdices.

2. Pelar las cebolletas y picarlas bien finas.

3. Lavar y picar también una rama de perejil.

4. Limpiar con cuidado los champiñones y trocearlos.

5. En una cazuela de barro de buen tamaño (ya se sabe que esas cazuelas guisan mejor cuanto más usadas y requemadas estén) rehogar las perdices a fuego muy lento junto con 4 lonchas de tocino.

6. Mientras tanto, en un mortero grande, machacar la trufa, los champiñones, las cebolletas, el perejil, la miga de pan, una punta de sal y una pizca de pimienta. Cuando esté todo bien machacado, agregar la copita de jerez y acabar de mezclar.

7. Pasar por la picadora la carne de ternera y las 4 lonchas de tocino restantes y juntar con la mezcla del mortero, trabajando ligeramente la masa.

8. Batir los huevos y unirlos a la masa anterior. Mezclar de nuevo unos minutos.

9. Cuando las perdices lleven unos diez minutos en la cazuela, añadir la masa aplanándola uniformemente alrededor de las perdices.

10. Dejar la cazuela al fuego hasta que las aves estén doradas y la guarnición en su punto, es decir, bien cocida.

Perdices a la moda de Alcántara

Para 4 personas
Tiempo de preparación: 2 horas
Dificultad: alta

Ingredientes:

3 perdices • 200 g de higadillos de pato • 1 manzana mediana • 2 peras • 2 trufas • 1/2 l de vino de Oporto • 100 g de manteca de cerdo • sal • pimienta molida.

Preparación:

1. En una sartén con 5 cucharadas de manteca, rehogar los higadillos con sal y pimienta. Pasarlos por un tamiz y reservarlos.
2. En un puchero pequeño con un vaso de vino de Oporto, cocer durante unos 20 minutos las frutas. Pasar también por el tamiz, juntar con los higadillos y mezclar.
3. Deshuesar las perdices, rellenarlas con la mezcla anterior y atarlas. Ponerlas a macerar durante unas horas en el Oporto.
4. Escurrirlas, secarlas y asarlas en una cazuela con el resto de manteca caliente. Espolvorearlas con sal.
5. Poner el vino de la maceración y las trufas en un puchero sobre fuego lento. Dejar unos 20 minutos.
6. Disponer las perdices, cortadas por la mitad, en una fuente para servir; rociarlas con el jugo del vino y las trufas troceadas, y servir.

Perdices al rescoldo

Para 4 personas
Tiempo de preparación: 1 hora y 40 minutos
Dificultad: alta

Ingredientes:

2 perdices grandes • 2 cebollas • patatas • 3 dientes de ajo • 1 clavo • 1 hoja de laurel • 3 granos de pimienta • 1/2 cucharada de pimentón • 2 vasos de vino blanco seco • aceite • sal.

Preparación:

1. Vaciar, limpiar y secar las perdices; espolvorearlas con sal y atarlas.

2. Disponerlas en una olla honda, una al lado de la otra, bien apretadas.
3. Recubrir con la cebolla y el ajo picados, el laurel, la pimienta, el clavo, el azafrán, el pimentón, un chorro de aceite y el vino blanco.
4. Tapar la olla y disponerla sobre fuego normal. Retirarla cuando dé el primer hervor y dejarla al rescoldo de la lumbre o a fuego mínimo.
5. Cuando las perdices estén cocidas y la salsa muy reducida, retirarlas, partirlas por la mitad, disponerlas en una fuente y recubrirlas con su jugo pasado por el tamiz. Servir acompañadas de patatas hervidas con su piel.

Perdices con chocolate

Para 4 personas
Tiempo de preparación: 1 hora y 5 minutos
Dificultad: media

Ingredientes:

4 perdices • 1/2 kg de cebollitas • 100 g de chocolate • 4 costrones fritos.

Preparación:

1. Preparar las perdices como en la receta «perdices al rescoldo».
2. Cocer las perdices en su salsa de maceración, pero retirando las hierbas.
3. Cuando las perdices estén en su punto, retirarlas. En su jugo, echar las cebollitas peladas y cocerlas durante unos 20 minutos. Retirarlas del caldo y reservarlas.
4. Desleír el chocolate en el caldo restante, sin dejar espesar demasiado, a fuego lento. Añadir las perdices y las cebollitas y dejar unos minutos más sobre el fuego.
5. Disponer las perdices partidas por la mitad, en una fuente para servir con 4 costrones fritos y las cebollitas alrededor.
6. Rociar con su salsa y servir.

Perdices al vino blanco

Para 4 personas
Tiempo de preparación: I hora y 45 minutos
Dificultad: baja

Ingredientes:

2 perdices • 100 g de tocino • I vaso de vino blanco • aceite
• pimienta molida • sal.

Preparación:

I. Vaciar, lavar, secar, atar y sazonar con sal y pimienta las perdices.
2. En una sartén honda con bastante aceite caliente, dorar las perdices. Cuando estén en su punto, trasladarlas a una cazuela de barro, añadiendo el tocino cortado a pedacitos pequeños, la mitad del aceite restante de su fritura y el vino blanco. Según los gustos personales, rectificar de sal.
3. Dejar la cazuela a fuego lento y tapada hasta que las perdices estén muy tiernas y la salsa mermada.
4. Servir calientes.

Perdiz a la manchega

Para 4 personas
Tiempo de preparación: I hora y I0 minutos
Dificultad: media

Ingredientes:

2 perdices • I punta de jamón magro • 2 dientes de ajo
• I hoja de laurel • tomillo • sal • una pizca de canela
• pimienta molida • aceite • manteca de cerdo.

Preparación:

I. Limpiar cuidadosamente las perdices, secarlas, salpimentarlas y poner un poco de canela.
2. Cortar el jamón en pedazos muy pequeños.
3. Pelar los dientes de ajo y picarlos.
4. En una sartén grande con aceite y manteca de cerdo caliente, dorar las perdices por todos los lados y disponerlas en una cazuela de barro.
5. En la grasa restante, sofreír el jamón, el ajo, el laurel y el tomillo. Verter el sofrito sobre las perdices.
6. Tapar la cazuela con un plato con agua y dejarla a fuego muy lento, cuidando que no se pegue al fondo, removiendo con una cuchara de madera. No añadir agua.
7. Cuando estén tiernas las perdices, disponerlas en una fuente para servir, colar la salsa y rociar con ella las aves.
8. Servir enseguida bien caliente.

Perdices con almendras

Para 4 personas
Tiempo de preparación: I hora y 30 minutos
Dificultad: media

Ingredientes:

2 perdices • 2 cebollas • 2 dientes de ajo • pan frito • perejil
• I/2 cucharada de pimentón • pimienta picante • I docena
de almendras tostadas y peladas • pan rallado • I copa de jerez
• aceite • sal.

Preparación:

I. Limpiar y cortar en cuartos las perdices y dorarlas en una cazuela con abundante aceite caliente; salpimentarlas.
2. Retirar las perdices del fuego y, en la grasa restante, sofreír la cebolla picada y agregar I cucharada de pan rallado y el pimentón; mezclar bien y rociar con agua.
3. Añadir los trozos de perdiz y dejar sobre fuego lento unos 20 minutos.
4. Mientras, machacar en un mortero 2 dientes de ajo pelados, las almendras y perejil. Añadir a la cazuela la majada del mortero y el jerez, y dejar sobre el fuego hasta que la salsa quede algo espesa. Esparcir unos cuadrados de pan frito y servir.

Ternera mechada
a la extremeña

Para 4 personas
Tiempo de preparación: I hora y 30 minutos
Dificultad: media

Ingredientes:

*1 redondo de ternera de 1 kg, aproximadamente • 1 cebolla
• 4 tomates maduros • 2 dientes de ajo • canela en rama
• 1 vasito de jerez • 8 cucharadas de manteca de cerdo
• pimienta • sal • caldo.*

Preparación:

1. Mechar la carne con la canela en rama. Pelar y picar la cebolla y los tomates, y triturar el ajo sin piel.
2. En una cazuela con la manteca caliente, dorar por todos los lados la carne; añadir la cebolla y el ajo, mezclar y agregar los tomates, el vino, un tazón de caldo, sal y pimienta.
3. Cuando rompa a hervir, tapar la cazuela y dejar sobre fuego lento hasta que la carne esté tierna.
4. Disponer la carne cortada en rodajas en una fuente para servir y rociada con su salsa previamente pasada por el chino.

Ternera con sidra a la Villaviciosa

*Para 4 personas
Tiempo de preparación: 1 hora y 50 minutos
Dificultad: alta*

Ingredientes:

*8 medallones de babilla de ternera • 1 vaso de sidra • perejil
• 1 cucharada de harina • 100 g de tocino cortado en tiras
• 3 dientes de ajo • 1 cebolla • 250 g de guisantes desgranados
y cocidos • 1 tazón de caldo • aceite • sal.*

Preparación:

1. Pelar y picar finamente la cebolla y el ajo; triturar el perejil.
2. Mezclar los medallones de carne con el tocino cortado en tiras.
3. En una cazuela plana de barro con aceite caliente, sofreír la cebolla durante unos segundos y añadir ajo y perejil.
4. Rociar el sofrito con un toque de sidra natural y dejar cocer a fuego lento hasta que la sidra se haya mermado.
5. Disolver en la salsa una cucharada de harina, rociar con el caldo y agregar los guisantes. Espolvorear con sal.
6. Aparte, en una sartén con un poco de aceite caliente, dorar los medallones de carne por ambos lados. Disponerlos en la cazuela con la salsa y dejarlos a fuego lento una media hora.
7. Rectificar la sal.
8. Servir la carne adornada con los guisantes a su alrededor.

Ternera en salsa roja

*Para 4 personas
Tiempo de preparación: 1 hora
Dificultad: media*

Ingredientes:

*700 g de ternera (babilla) • 5 pimientos choriceros secos
• 2 cebollas • 2 dientes de ajo • 1 dl de aceite de oliva
• 1 dl de caldo de carne • 1/2 dl de vino blanco seco
• 1 huevo cocido • 80 g de manteca de cerdo • harina
• miga de pan • sal • pimienta.*

Preparación:

1. Remojar los pimientos choriceros en agua tibia durante unos treinta minutos.
2. Cortar la ternera en trozos gruesos, salpimentar.
3. En una cazuela de barro, derretir la manteca de cerdo y un poco de aceite, sofreír la carne a fuego vivo, luego pasarla por harina, volver a freír lentamente, moviendo la cazuela y dándole la vuelta a menudo.
4. Cortar las cebollas en trozos pequeños y rehogar en aceite, lentamente, hasta que queden como una mermelada. Añadir los dientes de ajo picados y la pulpa de los pimientos choriceros.
5. En el mortero, picar los pellejos de los pimientos choriceros y la miga de pan frita, incorporar a la salsa, salpimentar.
6. Cocer lentamente y echar a la cazuela los trozos de ternera y el vino blanco; dejar cocer un poco para que absorba los sabores. Añadir un poco de caldo y el huevo picado.
7. Servir caliente en la misma cazuela.

Ternera con salsa al jerez

*Para 4 personas
Tiempo total de cocción: 11 minutos
Tiempo de preparación: 20 minutos
Dificultad: baja*

Ingredientes:

*500 g de carne de ternera • 300 g de espárragos tiernos
• 1 cebolla pequeña • 2 cucharadas de yogur • 1 diente de ajo
• 1 copa de jerez seco • 3 cucharadas de aceite de oliva
• sal • pimienta.*

Preparación:

1. Cortar la carne de ternera en daditos.
2. Pelar y picar finamente la cebolla; picar fino el diente de ajo; lavar y cortar en trocitos los espárragos.

3. Calentar en una cazuela de vidrio el aceite durante 1 minuto y rehogar la cebolla y el ajo durante 3 minutos.
4. Agregar la carne, mezclar y cocer 3 minutos.
5. Añadir los espárragos, el yogur y el jerez; salpimentar y cocer 4 minutos.

6. Servir adornando con las puntas de los espárragos.

Tiritas de ternera en salsa china

Para 4 personas
Tiempo total de cocción: 13 minutos
Tiempo de preparación: 30 minutos, más 1 hora de adobo
Dificultad: media

Ingredientes:

400 g de carne de ternera • 200 g de champiñones
• 125 g de nata • 1 vasito de licor de arroz • 1 cucharadita de harina de maíz • 3 cucharadas de salsa de soja
• 1 cucharadita de jengibre rallado • 4 cucharadas de caldo de ave
• 1 puerro y cilantro • 1 cucharadita de guindilla molida
• 3 cucharadas de aceite • sal • pimienta.

Preparación:

1. Cortar la carne en filetes y éstos en tiritas finas; ponerlas en una fuente.

---

2. Mezclar la salsa de soja con el jengibre, la guindilla y el licor de arroz; añadir este aliño a la carne y dejarla en adobo durante 1 hora.
3. Lavar y partir el puerro y luego cortarlo en tiras finas; lavar y cortar los champiñones en laminitas.
4. Calentar el aceite y rehogar en él los champiñones y el puerro.
5. Añadir al sofrito de champiñones y puerro la carne con su caldo de adobo y la nata, mezclar y salpimentar; tapar el recipiente y cocer.
6. Mezclar la harina de maíz con el caldo de ave, añadir a la carne y cocer.
7. Retirar del fuego, espolvorear con cilantro y servir.

Estofado de ternera

Para 4 personas
Tiempo de preparación: 2 horas y 30 minutos
Dificultad: media

Ingredientes:

1 kg de carne de ternera, aguja o morcillo • 1 cebolla
• 600 g de patatas • 1 cabeza de ajos • 1 hoja de laurel • tomillo
• pimienta • 1 dl de vino blanco seco • 1/2 l de aceite • sal.

Preparación:

1. Trocear la ternera en dados de unos 3 cm.
2. Pelar y cortar la cebolla y los ajos, éstos en forma de filete.
3. En una cazuela de barro, poner los dados de ternera, la cebolla y el ajo. A continuación, verter 1 1/2 dl de aceite, el vino, y 1 dl de agua. Añadir las hierbas aromáticas y salpimentar.
4. Tapar la cazuela y dejar que cueza lentamente durante 1 hora y 30 minutos, aproximadamente.
5. Pelar y cortar en dados las patatas; freírlas en abundante aceite.
6. Cuando el estofado esté en su punto, añadir las patatas fritas y escurridas, dar unas vueltas, y servir en la misma cazuela.

Ternera en su jugo

Para 4 personas
Tiempo de preparación: 1 hora
Dificultad: media

Ingredientes:

800 g de solomillo de ternera en un trozo • 1 cebolla
• 1 zanahoria • 1/2 kg de patatas • 2 dientes de ajo • harina
• 30 g de mantequilla • 1/2 dl de leche • 2 dl de vino blanco seco
• aceite • sal • pimienta.

Preparación:

1. Salpimentar y enharinar el solomillo.
2. En una cacerola, calentar el aceite y dorar el solomillo a fuego vivo. Mantener hasta dorar todo por igual formando una costra.

Ingredientes:

4 chuletas • 1 vaso de vino blanco • 1/2 kg de cebollitas • 1 cucharón de caldo de cocido • 1 diente de ajo • 1/2 kg de patatas • pimienta blanca molida • perejil • aceite de oliva • sal.

Preparación:

1. Freír las chuletas en una cazuela con aceite hirviendo y dejarlas hasta que estén doradas por ambos lados. Retirar el aceite y rociarlas con el vino, tapar la cazuela y dejar a fuego muy lento.
2. Mientras, pelar las cebollas y dejarlas enteras.
3. Pelar también las patatas y dejarlas del mismo tamaño que las cebollas.
4. En el aceite restante de las chuletas, y en una sartén, freír las cebollas y las patatas.
5. Cuando estén fritas, agregarlas a la carne, rociar con un cucharón de caldo y espolvorear con sal, pimienta molida y una picada de ajo y perejil.
6. Dejar la cazuela a fuego moderado unos veinte minutos.
7. Servir en la misma cazuela espolvoreando con un poco de perejil.

3. Seguidamente, verter el vino y añadir la cebolla troceada, la zanahoria pelada y cortada en rodajas y los dientes de ajo en láminas. Dejar cocer a fuego moderado.
4. A medio cocer, añadir un poco de agua caliente y dejar que acabe de cocer lentamente.
5. Cuando esté en su punto, retirar y dejar que se enfríe. Pasar la salsa por el colador chino y verterla sobre la carne.
6. Mientras, hervir las patatas en agua y sal hasta que estén blandas. Pasar enseguida por el pasapurés y mezclar con la mantequilla y un poco de leche. Trabajar un poco el puré para que quede fino y suave. Disponerlo en un bol para servir.
7. Calentar de nuevo la carne en la salsa y servir acompañada del puré de patatas, en recipientes separados.

Chuletas de ternera al vino

*Para 4 personas
Tiempo de preparación: 1 hora y 5 minutos
Dificultad: media*

Chuletas de Ávila

*Para 4 personas
Tiempo de preparación: 1 hora y 10 minutos
Dificultad: media*

Ingredientes:

4 chuletas de ternera de unos 250 g cada una • 1/4 kg de patatas hervidas • 4 tomates rojos pero firmes con su piel • 3 huevos duros • perejil • aceite de oliva • sal.

Preparación:

1. Salar las chuletas por ambos lados.
2. Lavar y cortar por la mitad los tomates y asarlos en el horno.
3. Pelar los huevos y cortarlos en rodajas.
4. Retirar la piel de las patatas y cortarlas en cuartos.
5. Untar las chuletas por ambos lados con un poco de aceite.
6. Calentar al máximo la plancha de asar y cocer las chuletas por ambos lados, dándoles la vuelta con una espátula. Idealmente deben quedar tostadas por fuera pero jugosas por dentro.
7. Mientras se prepara la guarnición, introducir unos minutos la carne en el horno caliente todavía pero apagado.
8. En una fuente amplia para servir o, si se dispone de una tabla de madera para servir, mejor, colocar en un extremo los tomates asados y espolvoreados con un poco de sal y perejil picado.
9. Al lado de los tomates, disponer las patatas también con sal y perejil y las rodajas de huevo duro adornando el plato.
10. Rociar los ingredientes con un chorrito de aceite.
11. Finalmente, retirar las chuletas del horno y colocarlas al lado de la guarnición.

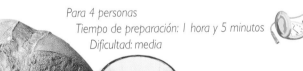

Cordero al estilo de Burgos

Para 6 personas
Tiempo de preparación: 1 hora y 30 minutos
Dificultad: baja

Ingredientes:

1/2 corderito lechal (la pierna y las costillas) • 4 dientes de ajo
• sal gorda • manteca • agua.

Preparación:

1. Cortar el cordero en dos partes: la pierna y el costillar.
2. Pelar y machacar en un mortero los dientes de ajo.
3. Untar con manteca una fuente para horno.
4. Untar también el cordero con trocitos de manteca y recubrirlo enteramente con sal gorda juntamente con los dientes de ajo picados.
5. Encender el horno. Tiene que ser horno fuerte.
6. Introducir la fuente con el cordero rociado con agua hasta llegar a la mitad de la carne.
7. Dejar en el horno unos treinta minutos.
8. Retirar la fuente, dar la vuelta al cordero y cocerlo de nuevo a horno fuerte, unos treinta minutos más.
9. La carne tiene que quedar crujiente por la parte exterior, jugosa por dentro pero despegada completamente del hueso.

Cordero lechal asado

Para 4 personas
Tiempo de preparación: 1 hora y 15 minutos
Dificultad: baja

Ingredientes:

1/2 cordero lechal • 4 dientes de ajo • manteca
de cerdo • 2 dl de vino blanco
• vinagre • sal.

Preparación:

1. Picar en el mortero los dientes de ajo con un poco de sal.
2. Frotar con esta pasta el cordero y dejar macerar durante 30 minutos.
3. Precalentar el horno a temperatura media. Untar el cordero con la manteca de cerdo, salarlo y colocarlo a continuación en una fuente refractaria de barro.

4. Introducir en el horno y, cuando empiece a dorarse, regar con el vino. Darle la vuelta de vez en cuando para que vaya dorándose por igual. Cuando esté bien dorado y crujiente, sacarlo y mojarlo con un vasito de agua y una cucharada de vinagre.
5. Volver a meter en el horno y mantener unos 10 minutos más. Servir caliente

Cordero asado a la cazadora

Para 6 personas
Tiempo de preparación: 1 hora y 15 minutos,
más una noche de adobo
Dificultad: media

Ingredientes:

1 pierna de cordero de 1 1/2 kg aproximadamente
• 5 dientes de ajo • 1 hoja de laurel • orégano • 1 limón
• 2 tomates • sal • pimienta • pimentón dulce • manteca de cerdo.

Preparación:

1. Pelar los dientes de ajo.
2. Exprimir el limón y conservar el zumo.
3. En una fuente honda y amplia, preparar un adobo con los dientes de ajo, una cucharada de pimentón, sal, pimienta, orégano, laurel y un poco de agua fría. Poner la pierna de cordero y dejarla durante toda la noche.
4. Al día siguiente retirar la pierna del adobo, secarla con un trapo y disponerla en una fuente para horno.
5. Untar toda la carne con la manteca de cerdo reblandecida cerca de la lumbre, rociarla con el zumo de limón, añadir el tomate triturado y llevarla al horno.
6. Cuando la carne esté dorada por ambos lados y no suelte agua al pincharla, retirar la pierna, servirla bien caliente, rociada con su jugo de cocción.
7. Trincharla en la mesa en el momento de servirla.

Cordero al chilindrón al estilo navarro

Para 6 personas
Tiempo de preparación: 1 hora y 30 minutos
Dificultad: media

Ingredientes:

1 pierna de cordero de 1 kg y 800 g, aproximadamente
• 5 pimientos secos • 4 dientes de ajo • 1 corteza de limón
• perejil • aceite • sal.

Preparación:

1. Vaciar los pimientos y ponerlos en remojo en agua fría
2. Trocear la carne de cordero en trozos regulares.
3. Pelar los dientes de ajo; dejar uno entero y picar los otros tres.
4. Picar el perejil. Pelar los pimientos, machacar 3 y trocear los dos restantes.
5. En un mortero, machacar el diente de ajo que se había reservado entero y el perejil, añadiendo un poco de sal.
6. En una cazuela con aceite, poner la carne, los 3 dientes de ajo picados, la corteza de limón y sal. Cubrir con agua.
7. Dejar la cazuela a fuego vivo y, cuando comience la ebullición, bajar el fuego hasta dejarlo lento. Mantener así y mover de vez en cuando la cazuela, que deberá estar destapada.
8. A media cocción, agregar los pimientos y la picada de ajo y perejil.
9. Cuando la carne esté tierna y la salsa en su punto, retirar del fuego. Servir bien caliente en la misma cazuela.

Estofado de cordero mechado

Para 6 personas
Tiempo de preparación: 1 hora y 20 minutos
Dificultad: baja

Ingredientes:

1 pierna de cordero de 1 1/2 kg, aproximadamente
• 200 g de tocino • 3 cebollas • 3 zanahorias • 1 ramillete de hierbas aromáticas • caldo de carne • sal • pimienta.

Preparación:

1. Deshuesar la pierna y mecharla con el tocino cortado a tiras (esta operación pueden hacerla en la carnicería); atarla y disponerla en una cazuela amplia.
2. Pelar y picar las cebollas. Trocear las zanahorias y añadirlas a la cazuela junto con el ramillete de hierbas; verter caldo hasta la mitad de la cazuela y salpimentar.
3. Poner la cazuela sobre fuego vivo, taparla y dejarla hasta que la carne esté en su punto y el jugo mermado.
4. Trocear la carne, disponerla en una fuente para servir y recubrirla con el jugo, previamente pasado por el chino.

Cordero del mesonero

Para 4 personas
Tiempo de preparación: 1 hora y 10 minutos
Dificultad: baja

Ingredientes:

2 espaldas de cordero deshuesadas de unos 500 g cada una (pero conservar los huesos para caldo) • 1 diente de ajo
• 1 vaso pequeño de vino blanco • 1 cebolla • 1 pimiento choricero • unas hebras de azafrán • sal • pimienta • aceite.

Preparación:

1. Preparar un caldo con los huesos de las espaldas.
2. Sazonar la carne con sal y pimienta y trocearla.
3. Pelar y triturar la cebolla.
4. Trocear el pimiento.
5. Tostar un poco las hebras del azafrán.
6. Machacar en el mortero el ajo y el azafrán tostado.
7. En una cazuela grande con aceite hirviendo, rehogar el cordero.
8. Añadir la cebolla, la punta de guindilla y el pimiento.
9. Cuando la cebolla está transparente, rociar con el vino y recubrir la carne con el caldo de los huesos.
10. Al primer hervor, añadir la mezcla del mortero.
11. Dejar la cazuela a fuego normal y retirar cuando el jugo haya mermado y el cordero esté tierno.
12. Puede servirse el cordero en cazuelas de barro individuales.

Cordero en salsa picante

Para 4 personas
Tiempo de preparación: 1 hora y 40 minutos
Dificultad: media

Ingredientes:

1 pierna de cordero de 1 1/2 kg, aproximadamente
• 2 cebollas • 2 zanahorias • pimienta molida • aceite
• sal • salsa picante.

Preparación:

1. Efectuar tres cortes en la pierna de cordero pasando el hueso pero sin llegar al final de la carne.
2. Salpimentarla y poner en una fuente refractaria.
3. Pelar y cortar las cebollas y las zanahorias; disponerlas alrededor del cordero y rociar con un chorrito de aceite y 2 vasos de agua.
4. Introducir la fuente en horno normal y dejarla hasta que la carne quede crujiente en la superficie y jugosa por dentro. Añadir el agua que sea necesaria durante la cocción.
5. Trocear la carne, disponerla en una fuente y recubrirla con su salsa e ingredientes pasados por el chino.
6. Acompañar la carne con salsa picante.

Menestra de cordero con alcachofas

Para 4 personas
Tiempo de preparación: 1 hora y 30 minutos
Dificultad: media

Ingredientes:

1 1/2 kg de paletilla de cordero con hueso • 8 alcachofas
• 200 g de guisantes • 4 cebollas • 4 patatas • 3 dientes de ajo
• 1 huevo duro • 1 limón • 1 hoja de laurel • pimienta
• 1/2 l de vino blanco corriente • aceite • sal.

Preparación:

1. Cortar la carne en trozos, sin quitar el hueso.
2. En una cacerola con aceite caliente, dorarla a fuego vivo. Poner las cebollas, cortadas en gajos, y rehogarlas, dándoles varias vueltas. Añadir los dientes de ajo pelados y picados, y la hoja de laurel. A continuación, salpimentar al gusto y remover.
3. Bañar con el vino blanco y mantener hasta que merme un poco; añadir la cantidad de agua justa para cubrir la carne. Tapar y dejar cocer lentamente, durante casi 1 hora, añadiendo los guisantes a media cocción.
4. Mientras, quitar las hojas duras a las alcachofas, despuntarlas, frotarlas con el limón y cortarlas a cuartos. Seguidamente, hervir en abundante agua y sal, hasta que las alcachofas estén blandas.
5. Pelar las patatas y, cortadas a dados, freírlas en abundante aceite. Reservar.
6. Cuando el guiso esté casi terminado, añadir las alcachofas, escurridas, y las patatas fritas, dejándolo cocer todo junto unos minutos. Rectificar de sal y adornar con el huevo duro cortado en gajos.
7. Servir a continuación en la misma cazuela.

Chuletas de cerdo a la madrileña

Para 6 personas
Tiempo de preparación: 30 minutos
Dificultad: baja

Ingredientes:

8 chuletas de cerdo • 6 dientes de ajo • 1 manojo pequeño de perejil • 1 hoja de laurel • tomillo • pimentón • sal • pimienta
• aceite de oliva.

Preparación:

1. Pelar los dientes de ajo y triturarlos con el perejil.
2. Aplanar las chuletas con el puño de la mano.
3. Practicarles un pequeño corte con unas tijeras en la parte que tiene más grasa, para que no encojan en el momento de la cocción.
4. Disponer en una fuente honda el picadillo de ajo y perejil, aceite, la hoja de laurel, el tomillo, el pimentón, sal y pimienta.
5. Mezclar y añadir las chuletas de cerdo. Dejarlas en reposo una hora. Darles la vuelta de vez en cuando para que se impregnen bien.
6. Al cabo de este tiempo, disponer las chuletas escurridas en una fuente que vaya al horno y rociarlas con un chorrito de aceite.
7. Introducir la fuente en horno moderado y cocerlas unos veinte minutos.
8. Las chuletas tienen que quedar cocidas pero no secas.

Lomo de cerdo a la baturrica

Para 4 personas
Tiempo de preparación: 1 hora y 25 minutos
Dificultad: media

Ingredientes:

8 filetes de lomo • 100 g de jamón • 1 cebolla
• 100 g de aceitunas negras de Huesca • 3 huevos duros
• 2 tomates maduros • 1 copa de vino seco • harina • aceite • sal.

Preparación:

1. Trocear el jamón; pelar y picar la cebolla; triturar las yemas de huevo, y convertir en puré los tomates.
2. Aplanar los filetes de carne, rebozarlos con harina y freírlos en una sartén con aceite hirviendo.
3. Retirar los filetes y disponerlos en una cazuela de barro.
4. En el aceite sobrante, sofreír el jamón y la cebolla. Agregar el tomate; espolvorear con sal y dejar unos 5 minutos de cocción.
5. Echar las aceitunas y el vino en la sartén y, cuando dé el primer hervor, retirar la salsa y cubrir con ella los filetes de carne.
6. Recubrir con la yema de huevo triturada y mantener unos minutos más a fuego lento.
7. Servir en la misma cazuela.

Cabeza de cerdo al jerez

Para 6 personas
Tiempo de preparación: 1 hora y 30 minutos
Dificultad: alta

Ingredientes:

1/2 cabeza de cerdo • 1 lengua de cerdo • 1 oreja de cerdo
• 1 codillo de jamón • 2 puerros • 2 cebollas • 1 cucharada
de piñones • 2 zanahorias • pimienta molida • 1/2 cuchara
de pimienta en grano • perejil • 1 copa de jerez • sal.

Preparación:

1. Limpiar cuidadosamente la cabeza y la oreja de cerdo; escaldar la lengua y pelarla.

2. En una olla grande con agua hirviendo y sal, poner a cocer los puerros pelados, las zanahorias raspadas y troceadas, las cebollas peladas y trituradas, perejil, pimienta y un trozo del codillo de jamón.
3. Dejar sobre fuego normal hasta que todo esté cocido. Deshuesar el cerdo y cortarlo a trozos pequeños y ponerlo en una escurridora rociándolo con la copita de jerez para que el cerdo absorba. Mezclar.
4. Poner un plato volcado sobre todo con un objeto pesado encima para que quede la mezcla bien prieta y salga todo el líquido sobrante por los agujeros de la escurridora.
5. Cuando esté frío, ponerlo en una fuente y cortar en rodajas como si fuera un entrante.

Lomo de cerdo con leche

Para 4 personas
Tiempo de preparación: 1 hora
Dificultad: media

Ingredientes:

3/4 kg de lomo de cerdo en un trozo • 1 cebolla
• 50 g de almendras tostadas • 50 g de manteca de cerdo
• 1 copita de jerez seco • 3 dl de leche • pimienta • sal.

Preparación:

1. Cortar el trozo de lomo en lonchas sin llegar al final, como si se tratara de un libro. Entre loncha y loncha, sazonar y poner una capa de almendras bien picadas.
2. Cuando esté todo el lomo preparado, atarlo con un hilo de bramante fino, y salpimentar.
3. Derretir la manteca de cerdo en una cazuela y dorar el lomo por todos los lados. Rociar con el jerez y añadir la cebolla picada fina.
4. Cuando empiece a tomar color, verter la leche sobre el lomo, tapar y dejar cocer suavemente. Remover a menudo y darle la vuelta a la carne.
5. Cuando la carne esté tierna, sacar el bramante, dejar enfriar y cortar en lonchas al «bies».
6. Servir en la misma salsa, que debe quedar como una crema. El plato se puede acompañar con triángulos de pan frito o de puré de patata.

Callos a la madrileña

Para 6 personas
Tiempo de preparación: 1 hora y 45 minutos
Dificultad: baja

Ingredientes:

2 kg de callos • 1 kg de morro de ternera • 1 kg de pata
de ternera • una punta de jamón • 100 g de tocino de jamón
• un hueso de jamón • 2 morcillas • 2 chorizos • 1 cabeza de ajo
• 1 cebolla pequeña • pimentón picante • una guindilla

• 1 cucharadita de pimienta blanca molida
• perejil • una hoja de laurel.

Preparación:

1. Limpiar los callos con agua fresca y un poco de vinagre.
2. Limpiar también el morro y la pata de ternera.
3. En una cazuela con agua hirviendo, poner a cocer los callos, el morro, la pata, el jamón, las morcillas, los chorizos, la cabeza de ajo, la guindilla, el perejil, el laurel, sal y pimienta. Dejar a fuego lento 1 hora y treinta minutos,
4. Mientras preparar un sofrito con la cebolla triturada, una cucharadita de harina y media cucharada de pimentón picante. Añadirlo a los callos y dejar hervir 15 minutos.
5. Servir en la misma cazuela si es de barro.

Judías con saladillo y oreja a la vizcaína

Para 4 personas
Tiempo de preparación: 2 horas
Dificultad: media

Ingredientes:

500 g de judías blancas o encarnadas • 250 g de saladillo (pecho de cerdo a medio curar) • 1 ramito compuesto • 1 oreja de cerdo • 1 cebolla • 1 zanahoria • laurel • tomillo • perejil • 3 dientes de ajo • 1 cucharadita de pimentón • 0,6 dl de aceite • canela en polvo • sal.

Preparación:

1. Dejar en remojo las judías, en agua tibia, unas tres horas.
2. Chamuscar la oreja de cerdo, bien limpia; si es salada, desalarla antes de cocer.
3. En una olla, cocer el saladillo, la oreja de cerdo,

la cebolla y la zanahoria, todo pelado y entero. Añadir el ramito compuesto, con 2 litros de agua; dejar cocer suavemente y sin parar, hasta que todo esté cocido.
4. En otra cacerola con agua sólo para cubrir, cocer las judías lentamente, hasta que estén cocidas.
5. Cuando estén en su punto las judías, el saladillo y oreja, mezclar todo cortado en trozos. La cebolla y la zanahoria, picadas pequeñas.
6. Poner unos 2 dl del caldo de cocer el saladillo y añadir un sofrito hecho con 3 dientes de ajo fritos en el aceite; añadir la cucharadita de pimentón, remover rápidamente y volcarlo en la cacerola de las judías.
7. Dejar cocer unos minutos más, comprobar el punto de sal, espolvorear con canela en polvo; si fuera necesario, añadir un poco más de caldo. Debe quedar jugoso y más bien espeso.

Manitas y orejas de cerdo a la leonesa

Para 6 personas
Tiempo de preparación: 55 minutos
Dificultad: media

Ingredientes:

4 orejas y 4 manos de cerdo ya cocidas • 4 rebanadas de pan del día anterior • 4 tomates maduros • 1 hoja de laurel • 8 cucharadas de manteca de cerdo • 1 limón • 2 cucharadas de harina • 1 tazón de caldo de cocido • 1 copita de brandy • 1 cebolla • una pizca de tomillo • aceite • sal.

Preparación:

1. Cortar las orejas en tiras y deshuesar las manos.
2. Pelar la cebolla y triturarla.
3. Escaldar los tomates en agua caliente y picarlos.
4. Exprimir el limón y reservar el zumo.

5. Cortar el pan en cuadrados pequeños y freírlos en aceite.

6. En una sartén con el aceite colado de freír el pan y la manteca, sofreír la cebolla, el tomate y añadir harina. Mezclar y rociar con un tazón de caldo de cocido.

7. Disponer las orejas y manos de cerdo en una cazuela de barro. Añadir el laurel, el tomillo y echar encima la salsa preparada. Dejar a fuego normal unos quince minutos.

8. Retirar la carne y colocarla en una fuente. En el jugo restante y en la cazuela al fuego, rociar con el brandy y el zumo de limón, mientras da unos cuantos hervores. Acompañar con el pan frito.

Callos a la extremeña

Para 4 personas
Tiempo de preparación:

40 minutos

Dificultad: baja

Ingredientes:

1 kg de callos cocidos • 1 morcilla extremeña • 2 cebollas • 2 dientes de ajo • 1/2 cucharada de pimentón • perejil • harina • aceite • sal.

Preparación:

1. Lavar y escurrir los callos; pelar y picar las cebollas, y machacar en el mortero los dientes de ajo pelados y el perejil.

2. En una cazuela con aceite caliente, sofreír la cebolla, añadiendo 1/2 cucharada de harina para que espese; agregar también un poco de pimentón, la morcilla picada y el ajo y el perejil picados. Rehogar todo el sofrito a fuego lento durante un rato; rectificar de sal, si es preciso.

3. Agregar los callos, tapar la cazuela y dejar durante 10 minutos más, aproximadamente.

4. Servir los callos calientes en la misma cazuela.

Callos a la asturiana

Para 6 personas
Tiempo de preparación: 2 horas y 35 minutos
Dificultad: alta

Ingredientes:

1 1/2 kg de callos • 1 mano de cerdo • 1 mano de vaca • 2 dientes de ajo • 100 g de chorizo • 100 g de jamón magro • salsa de tomate • 1 vasito de vino blanco • 2 cebollas pequeñas • 1/2 tazón de caldo de carne • 1/2 guindilla • garbanzos • manteca de cerdo • pimienta molida • perejil • pimentón • sal.

Preparación:

1. Limpiar y trocear los callos, ponerlos en una cazuela con agua fría y cocerlos unos quince minutos. Escurrirlos y ponerlos en otra cazuela con un diente de ajo picado, cebolla triturada y perejil. Dejar al fuego hasta que queden muy tiernos.

2. Mientras, en otra cazuela cocer las manos de vaca y de cerdo bien limpias y cortadas en trozos desiguales.

3. Escurrir los callos y añadirlos a las manitas. Dejar la cazuela a fuego normal hasta que la salsa quede espesa.

4. Aparte, en una sartén con manteca caliente, rehogar la cebolla, el chorizo y el jamón cortados en trocitos. Mezclar y agregar la guindilla, el pimentón, la sal, la pimienta y la salsa de tomate. Rociar enseguida con un poco de caldo y con el vino. Dejar el guiso unos minutos más y añadir el sofrito.

5. Rectificar la sal.

6. Dejar que los callos prosigan su cocción con todos sus ingredientes y retirarlos cuando estén caldosos pero no espesos.

7. Dejarlos enfriar y servir al día siguiente, recalentados a fuego muy suave para evitar que el guiso se pegue.

Manos de cerdo a la jardinera

Para 4 personas
Tiempo de preparación: 3 horas y 30 minutos
Dificultad: media

Ingredientes:

4 manos de cerdo • 1 cebolla grande • 2 zanahorias • 1 nabo • 1 limón • 1 hoja de laurel • tomillo • perejil • sal.

Guarnición:

200 g de guisantes desgranados • 3 zanahorias • 2 cebollas medianas • 2 dientes de ajo • 4 cucharadas de tomate rallado • 1 vaso de vino • aceite • sal.

Preparación:

1. Partir las manos de cerdo por la mitad, chamuscar, lavar y frotar con zumo de limón. Atarlas de dos en dos con un bramante.

2. Poner las manos en una olla al fuego con 3 litros de agua, la cebolla, las zanahorias, el nabo, el laurel, el tomillo, el perejil y la sal.

3. Dejar cocer todo junto a fuego lento hasta que las manos estén tiernas, aproximadamente dos horas a dos horas y media.

4. Una vez cocidas, quitar el bramante, eliminar los huesos grandes y ponerlas en una bandeja refractaria al horno.

5. Preparar la guarnición: en una sartén con aceite caliente, sofreír la cebolla, el ajo y el tomate, todo bien pelado y picado.

6. Añadir el vino, sazonar y dejar cocer la salsa.

7. Hervir los guisantes y las zanahorias cortadas en trocitos; escurrir.

8. Una vez cocida la verdura, agregarla a las manos de cerdo.

9. Rociar también las manos con el sofrito y dejar cocer a horno medio durante 20 minutos.

10. Servir caliente.

Madejas (tripas de cordero) al vino blanco

Para 4 personas
Tiempo de preparación: I hora
Dificultad: alta

Ingredientes:

I kg de tripas de cordero • I cebolla mediana • 2 dientes de ajo • perejil • I hoja de laurel • pimienta en grano • I vaso de vino blanco • I copa de brandy • sal • aceite • agua.

Preparación:

1. Limpiar con esmero las tropas de cordero, pues es fundamental para que el plato quede en su punto.

2. Pelar la cebolla y los dientes de ajo y triturarlos.

3. Picar finamente el perejil.

4. En una cazuela honda con agua hirviendo, sal, los granos de pimienta, la picada de cebolla y ajo, I hoja de laurel, brandy y vino blanco, se cuecen las tripas de cordero. Cuando ya están en su punto, se escurren y se dejan reposar durante I hora.

5. Una vez se han enfriado las madejas, secarlas y trocearlas.

6. Calentar mucho aceite en una sartén amplia y, cuando hierva, freír las madejas, procurando tapar la sartén para evitar que el aceite salte.

7. Servirlas recién hechas y espolvoreadas con un poco de perejil.

Riñones al jerez

Para 4 personas
Tiempo de preparación: 50 minutos
Dificultad: media

Ingredientes:

2 riñones de ternera • 2 cebollas • 4 dientes de ajo • 50 g de manteca de cerdo • 2 rebanadas de pan • I vaso de vino de Jerez • I vaso de agua • vinagre • perejil • pimienta molida • aceite • sal.

Preparación:

1. Limpiar bien los riñones y cortarlos en rodajas finas.

2. Escaldar los riñones en agua hirviendo con un chorrito de vinagre, para quitarles el olor.

3. En una sartén con la manteca de cerdo y un poco de aceite, freír 2 dientes de ajo, 2 rebanadas de pan y 4 trocitos de riñón. Una vez frito, majarlo todo en el mortero, añadiendo un poco de agua.

4. En la misma sartén, agregar los riñones y además, todo muy picado, la cebolla, el perejil y el ajo. Poner también el vino y la pimienta.

5. Dejar cocer a fuego lento; añadir el agua y sazonar.

6. Continuar la cocción hasta que los riñones estén tiernos.

7. Al servir, espolvorear con perejil picado y acompañar con arroz.

Riñones con salsa de tomate

Para 4 personas
Tiempo de preparación: I hora y 40 minutos
Dificultad: media

Ingredientes:

3/4 kg de riñones de lechal • 1/2 kg de tomates maduros • I cebolla y 2 dientes de ajo • I huevo duro • costrones de pan fritos • I hoja de laurel • orégano y tomillo • 1/2 cucharada de pimentón • I vaso de vino rancio • caldo • manteca de cerdo • vinagre • aceite • sal • pimienta • comino.

Preparación:

1. Cortar a rodajas los riñones y ponerlos a macerar unas 2 horas en vinagre y sal. Pasado ese tiempo, escurrirlos y saltearlos en manteca caliente.

2. Escaldar los tomates en agua hirviendo, retirarles la piel y las semillas y trocearlos. Pelar y picar la cebolla y los ajos.

3. En una cazuela amplia con aceite caliente, poner los tomates, la cebolla, los ajos, el laurel, todas las hierbas, el pimentón y la yema de huevo duro picada y desleída en un poco de caldo. Salpimentar y dejar a fuego muy lento hasta que quede la salsa espesa.

4. En un cazo sobre el fuego, echar el vino rancio y dejarlo hasta que quede reducido a la mitad. Entonces añadirlo a la salsa de tomate.

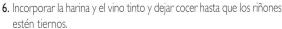

6. Incorporar la harina y el vino tinto y dejar cocer hasta que los riñones estén tiernos.

7. Salpimentar y servir, acompañados con arroz blanco.

Hígado con pimientos

Para 4 personas
  Tiempo de preparación: 1 hora y 5 minutos
  Dificultad: baja

Ingredientes:

8 filetes de hígado de ternera • 1/2 kg de pimientos verdes pequeños • 2 dientes de ajo • perejil • pan rallado • aceite • sal.

Preparación:

1. Hacer un corte a lo largo de cada pimiento, retirar las semillas y salarlos por dentro y por fuera.

2. En un recipiente, poner los filetes de hígado junto con los ajos y perejil bien picados, y rociar con un buen chorro de aceite. Dejar en adobo 1 hora.

3. En una sartén con aceite bastante caliente, freír los pimientos enteros.

4. En otra sartén, también con aceite caliente, dorar los filetes de hígado, previamente escurridos, salados y pasados por pan rallado.

5. Disponer el hígado, con los pimientos a su alrededor, en una fuente para servir.

Hígado con cebolla

Para 4 personas
Tiempo de preparación: 40 minutos
Dificultad: baja

Ingredientes:

1/2 kg de hígado de ternera • 300 g de cebollas
• 2 dientes de ajo • 1 cucharadita de pimentón
• perejil • 1 1/2 dl de vino blanco
• aceite • sal.

5. Agregar los riñones salteados, y mezclar, siempre a fuego lento; ir removiendo y, cuando comiencen a dar el primer hervor, retirar enseguida la cazuela.

6. Servir los riñones con tomate en la misma cazuela, muy calientes y acompañados de unos costrones de pan frito, según gusto de cada uno.

Riñones al vino tinto

Para 6 personas
Tiempo de preparación: 25 minutos
Dificultad: media

Ingredientes:

1 kg de riñones • 2 cebollas • 3 tomates maduros
• 2 dientes de ajo • 1 l de vino tinto • 2 dl de aceite
• 1 cucharada de harina • 1 ramita de perejil • 300 g de arroz blanco hervido • sal • vinagre • pimienta.

Preparación:

1. Picar las cebollas, los dientes de ajo, los tomates pelados y el perejil.

2. En una sartén con un poco de aceite, rehogar todo el conjunto y remover hasta conseguir un sofrito.

3. Dejar los riñones en remojo con agua a la que se le habrá añadido un chorrito de vinagre. Secar bien y cortar en lonchitas.

4. En otra sartén con el resto del aceite, poner las lonchas de riñón y dejar cocer a fuego lento para que suelten su jugo.

5. Escurrir y añadir al sofrito, dejándolo rehogar todo junto unos minutos.

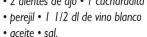

Preparación:

1. Preparar el adobo picando muy pequeños los dientes de ajo y el perejil, ponerlos sobre los pedazos de hígado y dejarlos macerar durante 1 hora.
2. En una sartén con aceite caliente, rehogar la cebolla cortada muy fina, moviendo de vez en cuando la sartén para que no se queme la cebolla. Usar fuego lento.
3. Cuando la cebolla empiece a dorarse, añadir los pedazos de hígado; salar. Remover varias veces hasta que esté en su punto, agregar el pimentón, removiendo enseguida para que no se queme. Verter el vino, dar unas vueltas, tapar y retirar del fuego.
4. Servir en cazuelitas de barro individuales.

Hígado a la andaluza

Para 6 personas
Tiempo de preparación: 55 minutos
Dificultad: media

Ingredientes:

1 kg de hígado de ternera • 1 cebolla • 250 g de puré de tomate • 3 dientes de ajo • 1 cucharada pequeña de harina • 2 hojas de laurel • 1/2 taza de caldo • 6 rebanadas de pan • perejil • aceite • vinagre • sal • pimienta negra molida.

Preparación:

1. Cortar el hígado en filetes no muy grandes; sazonar con sal y pimienta.
2. En una sartén con aceite caliente, freír el hígado a fuego vivo unos instantes.
3. Retirar el hígado y ponerlo en una cazuela.
4. En otra sartén con un poco de aceite, freír la cebolla y, una vez dorada, añadir la harina dejándola tostar; a continuación, añadir el vinagre, el caldo, el laurel, el ajo machacado y el puré de tomate.
5. Dejar cocer todo junto durante unos minutos, removiendo constantemente.
6. Verter el sofrito en la cazuela del hígado y dejarlo cocer por espacio de 15 minutos.

7. Distribuir los filetes en una bandeja, adornar con pan frito, cubrirlos con la salsa y espolvorear con perejil picado.
8. Servir caliente en la misma cazuela.

Hígado de cerdo a la manchega

Para 4 personas
Tiempo de preparación: 45 minutos
Dificultad: media

Ingredientes:

1/2 kg de hígado • 4 dientes de ajo • 1 hoja de laurel • canela • sal • manteca de cerdo.

Preparación:

1. Lavar y secar el hígado cortado entero y trocearlo en pedazos pequeños. Espolvorear con sal.
2. Pelar y triturar 2 dientes de ajo.
3. En una cazuela con manteca caliente, rehogar el hígado. Añadir los 2 dientes de ajo y el laurel.
4. Mientras, machacar en el mortero 2 dientes de ajo pelados, la canela y un trozo de hígado frito.
5. Añadir el majado al hígado de la cazuela y rociarlo con un poco de agua hirviendo.
6. Rebajar totalmente el fuego hasta que quede muy lento; dejar que el hígado se vaya haciendo pero procurando que no hierva, ya que se endurecería.

Hígado a la veneciana

Para 4 personas
Tiempo de preparación: 30 minutos
Dificultad: baja

Ingredientes:

800 g de hígado de ternera • 2 cebollas • 1 vaso de vino blanco seco • 1 ramita de perejil • pimienta • 1 cucharada de mantequilla • 1 vasito de aceite de oliva • laurel • sal.

Preparación:

1. Limpiar el hígado quitándole la piel que lo cubre; cortarlo en tiritas.
2. Pelar y cortar o picar la cebolla; picar fino el perejil.
3. Calentar el aceite con la mantequilla y sofreír la cebolla con unas hojas de laurel; cuando la cebolla empiece a dorarse, retirar del fuego y dejar templar.
4. Añadir el hígado, el perejil y salpimentar y cocer a fuego suave unos minutos.
5. Quitar la hoja de laurel y agregar el vino; dejar hervir hasta que se consuma y servir.

Criadillas de cordero en salsa

Para 4 personas
Tiempo de preparación: 40 minutos
Dificultad: baja

Ingredientes:

1 kg de criadillas o turmas • 1/2 tazón de puré de tomate • 100 g de manteca de cerdo • 3 cucharadas de harina • 2 huevos • 2 limones • 8 cucharadas de pan rallado • sal • pimienta • perejil.

Preparación:

1. Retirar la piel de las criadillas, lavarlas, secarlas con un paño y cortarlas en escalopas delgadas o rodajas. Sazonarlas con sal y pimienta y rociarlas con zumo del limón exprimido con anterioridad.
2. En un plato, batir los 2 huevos, en otro poner harina y en un tercero el pan rallado.
3. Pasar las escalopas primero por harina, luego por huevo batido y finalmente por el pan rallado.
4. En una sartén con aceite caliente, freír las escalopas hasta que adquieran un color dorado por ambos lados.
5. Disponerlas en una fuente para servir sobre una servilleta puesta en ella.
6. Cortar el otro limón en rodajas y marcar unos triángulos en la cáscara para que ésta adopte la forma de unas margaritas.
7. En una sartén pequeña con aceite caliente, freír el puré de tomate y añadir un poco de perejil.
8. Decorar las escalopas con el limón y el perejil y servir enseguida.

Lengua de ternera estofada

Para 4 personas
Tiempo de preparación: 2 horas y 25 minutos
Dificultad: alta

Ingredientes:

1 lengua de ternera de tamaño regular • 1 hoja de laurel y tomillo • 3 zanahorias • 1 cebolla • 2 dientes de ajo • 2 tomates maduros • 1 clavo de especia • aceite • perejil • sal • pimienta.

Preparación:

1. Si la lengua no está ya cocida al comprarla, hervirla unas dos horas en una olla con agua hirviendo y sal.
2. Pelar las cebollas y zanahorias y cortarlas en rodajas.
3. Pelar los ajos.
4. Lavar los tomates.
5. Lavar también una rama de perejil.
6. Cuando la lengua esté cocida, rehogarla unos minutos con aceite hirviendo.

7. Poco a poco, añadirle la cebolla, las zanahorias, los dientes de ajo, los tomates enteros y la rama de perejil.
8. Cuando la lengua y los ingredientes empiecen a tomar algo de color, añadir el laurel, el clavo de especia, el tomillo, sal y pimienta. Rociar con un poco de agua tibia, tapar la cazuela y dejarla a fuego muy lento unas tres horas. Añadir caldo, si es necesario.
9. Retirar la lengua, cortarla en rodajas y disponerla en una fuente para servir, adornada con las zanahorias y rociada con la salsa pasada por un colador fino o por el chino.

Lengua a la maña

Para 4 personas
Tiempo de preparación: 2 horas y 30 minutos
Dificultad: media

Ingredientes:

1 lengua de vaca • 2 tomates maduros • 1 pimiento • 1 cebolla • 5 zanahorias • 1 cabeza de ajos • perejil • tomillo • 1 clavo • aceite • sal.

Preparación:

1. En una cazuela con agua hirviendo, cocer la lengua durante 20 minutos.
2. Mientras, cortar a trozos el pimiento, pelar y picar la cebolla, triturar los tomates, picar finamente el perejil, pelar las zanahorias y machacar los ajos sin piel.
3. Retirar la lengua del fuego y limpiarla.
4. En una cazuela con aceite hirviendo, rehogar la lengua y agregar todas las verduras, el clavo, el tomillo, el perejil y sal.
5. Dejar la cazuela sobre fuego muy bajo durante casi 2 horas.
6. Cuando la lengua esté en su punto, cortarla en rodajas finas. Disponer estas rodajas en una fuente para servir, decorando con las zanahorias.
7. Pasar por un tamiz o triturador la salsa y rociar con ella las rodajas de lengua.

Mollejas a la montañesa

Para 4 personas
Tiempo de preparación: 40 minutos
Dificultad: baja

Ingredientes:

300 g de mollejas • 1 cebolla • 3 dientes de ajo • 1/2 limón • perejil • pimienta • 1 hoja de laurel • 50 g de pan rallado • aceite • sal.

Preparación:

1. Lavar las mollejas cuidadosamente en varias aguas.
2. En una olla al fuego con la cebolla, perejil, la hoja de laurel y el zumo de medio limón, añadir las mollejas y dejar cocer durante unos 15 minutos. Colar y refrescar con agua fría. Escurrir y quitar las pieles y las bolas de grasa que puedan tener las mollejas.
3. Cuando las mollejas se hayan enfriado y hayan vuelto a endurecer, cortarlas a trozos, mezclarlas con los ajos y el perejil picados y salpimentarlas.
4. Calentar aceite en una sartén, añadir las mollejas y espolvorear con el pan rallado; rehogar bien y servir calientes.

Morros a la casera

Para 4 personas
Tiempo de preparación: 1 hora y 30 minutos
Dificultad: media

Ingredientes:

Morros de vaca hervidos y preparados (cantidad según el apetito)
• 6 puerros • 6 zanahorias tiernas • 6 nabos pequeños
• 1 rábano picante • perejil • tomillo • pimienta • sal
• 1 hoja de laurel • 1 vaso de vino blanco.

Preparación:

1. Cortar los morros en pedazos; pelar las hortalizas y dejarlas enteras; rallar el rábano; formar un ramillete con el tomillo, el perejil y la hoja de laurel.
2. Poner los morros, las hortalizas y el ramillete compuesto en una cazuela con agua hirviendo, sal y pimienta. Dejar sobre fuego normal hasta que todo quede tierno.
3. Escurrir todos los ingredientes y disponerlos en una fuente para servir. Mantener el caldo de cocción sobre fuego normal y añadir el vino blanco y un poco de rábano picante rallado; dejar hasta que el caldo quede reducido. Servir los morros con esta salsa en recipiente aparte.

LEGUMBRES

Alubias rojas estofadas a la montañesa

Para 4 personas
Tiempo de preparación: 2 horas
Dificultad: media

Ingredientes:

250 g de alubias rojas • 1 cebolla • 2 dientes de ajo
• 1 hoja de laurel • 1 cucharada de pimentón • 20 g de harina
• aceite • sal.

Preparación:

1. Dejar las alubias en remojo en agua fría, durante toda la noche.
2. Lavar las alubias y ponerlas en una olla cubiertas con agua fría y añadir también la cebolla a trozos, los dientes de ajo pelados, la hoja de laurel y un buen chorro de aceite.
3. Colocar la olla al fuego, cuando empiece a hervir, cortar la ebullición con un chorro de agua fría. Dejar que vuelva a cocer y mantener a fuego lento, vigilando que estén siempre cubiertas de agua, añadiendo un poco de ella, fría, cuando sea necesario.
4. Cuando las judías estén en su punto, retirarlas del fuego.
5. En una sartén, dorar la harina y el pimentón con cuidado, pues se queman enseguida; añadir un poco del caldo de cocción y verter sobre las alubias. Sazonar con sal y dejar cocer unos minutos más.
6. Reposarlo durante un rato y retirar la hoja de laurel y los trozos de cebolla y servir.

Alubias frescas sanfermineras

Para 6 personas
Tiempo de preparación:
1 hora y 30 minutos
Dificultad: baja

Ingredientes:

1 kg de alubias frescas (pochas) • 2 tomates maduros
• 2 cebollas • 1 pimiento seco (ñora) • 2 dientes de ajo
• aceite • sal.

Preparación:

1. Poner en remojo el pimiento seco en agua templada.
2. En un puchero con agua fría, poner a cocer las pochas a fuego muy lento.
3. Mientras, pelar y picar las cebollas y los ajos; escaldar los tomates, retirarles la piel y trocearlos.
4. A media cocción de las alubias, agregar un chorrito de aceite, el ajo picado y la ñora partida por la mitad. A continuación, espolvorear con sal, al gusto.
5. En una sartén con aceite caliente, sofreír la cebolla y el tomate; pasar por el chino el sofrito y agregarlo a las pochas.
6. Dejar que acabe la cocción del guiso, siempre a fuego lento.

Alubias coloradas del Baztán

Para 6 personas
Tiempo de preparación: 1 hora y 45 minutos
Dificultad: baja

Ingredientes:

1 kg de alubias coloradas • 1/4 kg de morcillas de arroz y cebolla
• 1/2 kg de tocino de veta fresco • 4 dientes de ajo • 6 guindillas
verdes • aceite • sal.

Preparación:

1. Poner en remojo las alubias y dejarlas toda la noche.
2. Poner a cocer las alubias en una olla con agua y un chorro de aceite.
3. Mientras, en una sartén con aceite hirviendo, sofreír los dientes de ajos pelados, asar las morcillas, previamente pinchadas por varios sitios con un palillo, y cocer en agua hirviendo el tocino de veta.
4. Cuando las alubias estén hechas, trasladarlas con su caldo a un puchero ancho, verter el aceite con los ajos fritos y disponer encima las morcillas y el tocino. Espolvorear con sal.
5. Dejar hervir a fuego lento durante un rato. Servir acompañando con unas guindillas verdes y un tinto de cuerpo.

Alubias a la marinera

Para 4 personas
Tiempo de preparación: 2 horas
Dificultad: media

Ingredientes:

400 g de alubias blancas tipo La Granja • 100 g de gambas
• 100 g de langostinos • 100 g de rape • 100 g de cabracho
• 1 zanahoria • 1 cebolla • 1 puerro • 1 pimiento • 1 cucharada
de tomate concentrado • 2 dientes de ajo • 1 hoja de laurel
• aceite • sal.

Preparación:

1. Poner las alubias en remojo el día anterior y dejarlas durante doce horas.
2. En un puchero, echar las alubias, el puerro, la zanahoria, el pimiento y el laurel; cubrir de agua y poner sobre el fuego. Cuando empiece la ebullición añadir más agua fría. Cocer a fuego lento hasta su total cocción.
3. En un recipiente aparte, cocer el pescado y el marisco, limpio y troceado al tamaño de las alubias.
4. En una sartén con aceite caliente, preparar un sofrito con la cebolla, los ajos y el tomate concentrado. Pasar por el pasapurés el sofrito junto con el pimiento, zanahoria y puerro.
5. Agregar a las alubias, añadir también el pescado y el marisco, dar un hervor y servir.

Fabada asturiana

Para 10 personas
Tiempo de preparación: 25 minutos
más el tiempo de cocción
de las «fabes»
Dificultad: media

Ingredientes:

1 kg de «fabes» (judías blancas) • 1 pedazo de lacón (paletilla de
cerdo salada y curada como el jamón) • 1 oreja de cerdo
• 1 morcilla asturiana • 1 longaniza • 1 pedazo de cecina
• 250 g de tocino con costillas • 100 g de unto (manteca de cerdo
ahumada) • 1 repollo • 4 berzas • 1/2 kg de patatas • nabizas.

Preparación:

1. En un pote o marmita de buen tamaño, poner las «fabes» (que habrán estado en remojo durante toda la noche anterior), el lacón, la oreja, la morcilla, la longaniza, la cecina y el trozo de tocino con costillas.
2. Recubrir con agua fría y disponer la olla a fuego normal. Dejar hervir y espumar.
3. Quitar las primeras hojas y lavar el repollo con agua fría.
4. Trocear las berzas.
5. Pelar las nabizas y las patatas. Hacer trozos grandes de estas últimas.
6. Cuando las judías y las carnes estén a medio cocer, añadir el repollo, las berzas, las nabizas y las patatas. Agregar también el unto.
7. Dejar cocer la marmita a fuego normal y retirarla cuando las «fabes», las carnes y hortalizas estén en su punto.
8. Comprobar el punto de sal y rectificar si es preciso (las carnes, al ser en buena parte sazonadas, ya dan el punto de sal).

Judías con chorizo

Para 4 personas
Tiempo de preparación: 2 horas
(más el tiempo de remojo)
Dificultad: baja

Ingredientes:

600 g de chorizo • 500 g de judías blancas • 50 g de tocino
• 1 cebolla • 1 diente de ajo • sal.

Preparación:

1. Poner las judías en remojo la víspera junto con el chorizo.
2. Pelar y picar la cebolla y el ajo; picar el tocino; escurrir las judías.
3. Freír el tocino junto con la cebolla y el ajo picados; añadir las judías, cubrir con agua caliente, sazonar con una pizca de sal y dejar cocer a fuego muy suave.
4. En cazuela aparte cocer el chorizo en el agua de remojo a fuego muy suave poco menos de 2 horas; una vez cocido, escurrirlo y cortarlo en rodajas.
5. Se sirve el chorizo en una fuente acompañado de las judías.

Garbanzos a la andaluza

Para 4 personas
Tiempo de preparación: 2 horas y 10 minutos
Dificultad: media

Ingredientes:

500 g de garbanzos • 250 g de cebollas pequeñas • 250 g de tocino fresco • 1 vaso de vino • 1/4 de kg de pimientos verdes • 1 hoja de laurel • aceite • sal.

Preparación:

1. Poner en remojo los garbanzos durante 12 horas.
2. Poner una olla al fuego con 1 1/2 litros de agua. Cuando empiece a hervir, echar los garbanzos y dejar cocer a fuego lento durante una hora.
3. Pasado este tiempo, y sin que deje de hervir, añadir las cebollas partidas por la mitad, el tocino en trozos grandes, el vino, el laurel y un poco de sal. El agua debe cubrir justo los garbanzos.
4. Dejar cocer a fuego lento con la olla tapada hasta que los garbanzos estén tiernos.
5. Freír los pimientos en aceite y echar sobre los garbanzos.
6. Servir caliente.

Garbanzos con espinacas y almendras

Para 4 personas
Tiempo de preparación: 3 horas y 30 minutos
Dificultad: media

Ingredientes:

1/2 kg de garbanzos • 1 huevo • 12 almendras tostadas • 1/2 kg de espinacas • 1 tomate • 1 cebolla • 1 hoja de laurel • 2 dientes de ajo • 1/2 cucharadita de pimentón dulce • 1 cucharada de harina • aceite • sal.

Preparación:

1. Poner los garbanzos en remojo la víspera en agua templada, un poco de sal y bicarbonato.
2. Al día siguiente, en una olla con agua y un poquito de sal, poner a cocer los garbanzos.
3. Pelar la cebolla y triturarla.
4. Picar los dientes de ajo pelados.
5. Añadir a los garbanzos la cebolla, el ajo y la hoja de laurel. Dejar a fuego lento los garbanzos hasta que estén muy tiernos.
6. Escurrir los garbanzos y reservar el caldo de cocción.
7. En una sartén con aceite caliente, rehogar una cucharada de harina y cuando empiece a tomar color añadir el pimentón. Rociar inmediatamente con un cucharón de caldo de cocción de los garbanzos.
8. En un cazo con agua fría, cocer el huevo unos veinte minutos hasta que quede duro. Dejarlo enfriar, pelarlo y triturarlo.
9. Lavar cuidadosamente las espinacas con agua fría y retirarles el tallo.
10. Escaldar el tomate, retirarle la piel y convertirlo en puré.
11. En una sartén grande con aceite, freír las espinacas troceadas y el tomate. Tapar la sartén, bajar el fuego y cocer unos instantes.
12. En una cazuela de barro plana, disponer los garbanzos escurridos, recubrirlos con el sofrito de harina y pimentón, las espinacas, las almendras peladas y picadas y el huevo triturado. Cocer 15 minutos a fuego lento.

Garbanzos con chorizo

Para 6 personas
Tiempo de preparación: 10 minutos, más
el tiempo de cocción de los garbanzos
Dificultad: baja

Ingredientes:

1/2 kg de garbanzos • 1/2 kg de patatas • 100 g de jamón
magro • 100 g de tocino • 3 chorizos • una pizca de azafrán • sal.

Preparación:

1. Pelar y trocear las patatas.
2. Cortar el jamón en cuadraditos.
3. Cortar el tocino en tiras.
4. Poner a cocer los garbanzos en una olla junto con el jamón y el tocino. Espolvorear con el azafrán y la sal.
5. Cuando los garbanzos empiecen a ablandarse, añadir las patatas y dejarlas unos veinte minutos.
6. En un puchero aparte, cocer los chorizos.
7. Diez minutos antes de retirar la cazuela del fuego, cuando los garbanzos estén tiernos pero no deshechos y las patatas en su punto, añadir los chorizos con un poco de su jugo.
8. Escurrir el guiso, servir en una fuente los garbanzos y sus ingredientes y decorar con los chorizos.

Garbanzos estofados

Para 4 personas
Tiempo de preparación: 15 minutos
Dificultad: baja

Ingredientes:

1/2 kg de garbanzos cocidos • 1 hueso de jamón
• 1/4 kg de ternera para • guisar, en un trozo • 150 g de chorizo
fresco • 1 muslo de gallina • 1 cebolla • 2 puerros • 2 zanahorias
• 100 g de pasta para sopa • orégano • sal.

Preparación:

1. Poner en remojo los garbanzos la víspera y dejarlos toda la noche.
2. Pelar y trocear los puerros y las zanahorias; cortar a cuartos la cebolla.
3. En un puchero hondo, poner los garbanzos, el hueso de jamón, la carne, el chorizo, el muslo de gallina, la cebolla, los puerros, las zanahorias, sal y orégano y cubrir con agua.
4. Poner el puchero sobre fuego normal y dejar hasta que la carne y los garbanzos queden en su punto, es decir, cuando al aplastar con el dedo un garbanzo, éste se deshaga.
5. Colar el guiso y conservar el caldo que, junto con 100 g de pasta para sopa, puede representar un delicioso primer plato.
6. En una fuente para servir, disponer los garbanzos en una parte y la carne en otra.

Garbanzos de vigilia

Para 6 personas
Tiempo de preparación: 1/2 hora más el
tiempo de cocción de los garbanzos
Dificultad: baja

Ingredientes:

1/2 kg de garbanzos • 300 g de bacalao • 1/4 kg de espinacas
o acelgas • 1 cebolla • 3 puerros medianos • 1/2 kg de patatas
• 2 dientes de ajo • pimentón • pimienta molida • aceite • sal.

Preparación:

1. Dejar en remojo la noche anterior los garbanzos y el bacalao, por separado.
2. Pelar y picar la cebolla y los dientes de ajo.
3. Limpiar las espinacas.
4. Pelar y cortar las patatas en dados pequeños.
5. Limpiar y trocear los puerros.
6. En una olla con agua caliente, cocer los garbanzos y el bacalao troceado.
7. En una cazuela con agua hirviendo, cocer las patatas, los puerros y las espinacas. Escurrir y picar las espinacas y los puerros.

8. Mientras, en una sartén con aceite caliente, sofreír la cebolla, los ajos y 1/2 cucharada de pimentón; verter todo ello enseguida en la olla con los garbanzos y el bacalao.

9. Agregar las patatas, las espinacas y los puerros; salpimentar y dejar cocer hasta que los garbanzos estén del todo tiernos.

Potaje de garbanzos y espinacas

Para 4 a 6 personas
Tiempo de preparación: 2 horas más el tiempo de remojo
Dificultad: media

Ingredientes:

500 g de garbanzos • 400 g de espinacas • 2 dientes de ajo
• 1 hoja de laurel • 1 cucharada de pimentón dulce
• 2 huevos duros • 2 cucharadas de aceite de oliva • sal.

Preparación:

1. Poner los garbanzos en remojo la noche anterior.
2. Cocer las espinacas con el agua del lavado 10 minutos. Picarlas
3. Calentar el aceite en una cazuela y dorar los ajos enteros. Cuando estén dorados, incorporar las espinacas y rehogar durante 3 minutos.
4. Añadir el pimentón, remover y agregar agua suficiente para cubrir los garbanzos.
5. Cuando el agua esté caliente, incorporar los garbanzos, el laurel y la sal.
6. Cocer a fuego lento durante 1 hora y 30 minutos, hasta que los garbanzos estén tiernos.
7. Servir agregando los huevos duros picados por encima.

Judías blancas estofadas con chorizo

Para 6 personas
Tiempo de preparación: 2 horas y 10 minutos
Dificultad: baja

Ingredientes:

750 g de judías blancas • 4 chorizos • 1/4 kg de oreja de cerdo
• 2 dientes de ajo • 1 cucharada de harina • 1/2 cucharada de pimentón • 1 hoja de laurel • 2 cebollas • aceite • sal.

Preparación:

1. La víspera poner en remojo las judías en agua fría.
2. Pelar y triturar la cebolla.
3. Picar los dientes de ajo pelados.
4. En una olla con agua fría, cocer las judías junto con los chorizos y la oreja de cerdo.
5. Mientras, sofreír en una sartén la cebolla triturada. Cuando esté transparente, añadir la hoja de laurel, el ajo picado, la harina y el pimentón. Remover rápidamente y echar el sofrito en la olla. Espolvorear con sal 15 minutos antes de retirar la olla del fuego.
6. Cuando las judías estén tiernas, retirar el laurel, poner la judías en una fuente de servir, acompañadas por el chorizo troceado y la oreja cortada en tiras. Servir muy caliente.

Judías estofadas

Para 8 personas
Tiempo de preparación: 2 hora y 15 minutos
Dificultad: media

Ingredientes:

3/4 kg de judías blancas • 100 g de tocino blanco
• 150 g de morcilla • 250 g de oreja de cerdo • 100 g de chorizo
• 1 cabeza de ajos • 1 cebolla • sal.

Preparación:

1. Dejar las judías en remojo toda la noche.
2. Pelar y triturar la cebolla, pelar los dientes de ajo, cortar el chorizo a rodajas, trocear el tocino y la oreja.
3. Poner las judías remojadas al fuego en una olla con agua fría.
4. Cuando rompa a hervir, cambiar el agua y empezar a cocerlas de nuevo junto con la oreja de cerdo.
5. A los 15 minutos de ebullición agregar la cebolla, unos dientes de ajo (al gusto) el chorizo, el tocino y sal.
6. Cuando las judías estén casi hechas, añadir la morcilla.
7. Retirar la olla del fuego, dejar reposar unos instantes y servir caliente.

Estofado de judías coloradas

Para 6 personas
Tiempo de preparación: 2 horas y 40 minutos
Dificultad: media

Ingredientes:

600 g de judías coloradas • 4 cebollas pequeñas • 5 dientes de ajo

• 1 cucharada de pimentón • 1 hoja de laurel • aceite de oliva
• harina • sal.

Preparación:

1. La víspera, poner las judías en remojo en agua fría.
2. Pelar las cebollitas y triturarlas.
3. Pelar los dientes de ajo y dejarlos enteros.
4. En una olla con agua fría, poner a cocer las judías.
5. Mientras, en una sartén con aceite caliente sofreír la cebolla triturada y los dientes de ajo. Añadir el pimentón y la hoja de laurel, remover y echar inmediatamente el sofrito a la olla con las judías.
6. Dejar la olla a fuego lento hasta que las judías estén blandas.
7. Cuando estén casi cocidas, sofreír en una sartén pequeña con un poco de aceite caliente, una cucharadita de harina y sal.
8. Verter este sofrito en la olla con las judías.
9. Este sofrito servirá para espesar el guiso. Servir caliente.

Lentejas con costrones

Para 4 personas
Tiempo de preparación: 1 hora y 20 minutos
Dificultad: baja

Ingredientes:

1/2 kg de lentejas • 1 cebolla • 5 dientes de ajo • 1 hoja de laurel • 2 rebanadas de pan del día anterior • 1/2 cucharada de pimentón • 8 cucharadas de manteca de cerdo • aceite • sal.

Preparación:

1. Poner las lentejas en remojo con agua fría el día anterior.
2. Pelar y triturar la cebolla; y cortar por la mitad a lo largo los dientes de ajo pelados; cortar a cuadrados el pimiento, y partir en triángulos las rebanadas de pan y freírlas en aceite hirviendo.
3. En un puchero con agua fría, poner a cocer las lentejas. A media cocción, añadir la cebolla, los ajos, el pimiento, el pimentón, el laurel y sal; terminar la cocción y escurrir.
4. En una cazuela de barro amplia con la manteca de cerdo caliente, saltear las lentejas; rehogarlas bien y servirlas en la misma cazuela adornadas con los costrones de pan.

Lentejas castellanas

Para 4 personas
Tiempo de preparación: 1 hora
Dificultad: baja

Ingredientes:

250 g de lentejas • 2 chorizos rojos pequeños • 100 g de panceta • 1 cebolla • 2 dientes de ajo • agua • pimienta • sal.

Preparación:

1. Lavar y remojar las lentejas 6 horas por lo menos. Escurrirlas.
2. Poner en una cazuela con buena tapa el tocino cortado en daditos y el chorizo a rodajas, y dejar rehogar. Agregarle la cebolla picada y el ajo dejar unos minutos más.
3. Añadir las lentejas y cubrir de agua dejando cocinar por espacio de 50 minutos con la cacerola tapada; cuando falte poco para acabar la cocción, añadir pimienta y sal a gusto.

Recao del Alto Aragonés

Para 4 personas
Tiempo de preparación: 2 horas y 15 minutos
Dificultad: media

Ingredientes:

1/4 kg de judías blancas • 1/4 kg de patatas • 150 g de arroz • 1 cebolla • 1 cabeza de ajos • 1/2 cucharada de pimentón • 1 hoja de laurel • aceite • sal.

Preparación:

1. Pelar y triturar la cebolla.
2. Pelar un poco la parte superior de la cabeza de ajos; dejar entera.
3. En una olla conagua fría, poner las judías y dejarlas a fuego normal hasta el primer hervor.
4. A los 5 minutos, cambiar el agua de las judías por otra fría y colocar de nuevo la cazuela sobre el fuego.
5. Añadir la cabeza de ajos, la cebolla picada, la hoja de laurel, el pimentón, aceite y sal; dejar hasta que las judías estén tiernas.
6. Aproximadamente 30 minutos antes de retirar del fuego, agregar las patatas y rectificar de sal. Al empezar a cocer de nuevo, echar el arroz.
7. Cuando el arroz esté hecho, retirar la cazuela del fuego, dejar reposar un poco y servir.

Las Conservas

La conservación de los alimentos está vinculada a la evolución de la alimentación humana y al nacimiento y desarrollo de la civilización. La necesidad de disponer de alimentos en las estaciones en que los frutos y la caza eran escasos movió al ser humano a buscar y a encontrar fórmulas que le permitieran conservarlos. Acaso los recursos más antiguos de conservación empleados por el hombre hayan sido la desecación y la salazón de frutas, verduras y carnes, métodos que aún persisten, no obstante las técnicas que ha desarrollado posteriormente, como la refrigeración, la congelación y la liofilización, método de deshidratación a temperaturas bajas.

Paralelamente a la evolución del arte culinario tuvo lugar la lucha por evitar o retardar la descomposición y alteración de las sustancias alimenticias, cuyas causas no fueron conocidas realmente hasta finales del siglo XIX, cuando Pasteur constató que la descomposición orgánica se debía a la acción de fermentos (bacterias).

Hasta entonces el ser humano había sumado a los desecados (sobre todo de frutas) y salazones la conservación mediante el frío, cuyo desarrollo daría lugar a la refrigeración y la congelación, y fórmulas de cocción y maceración con hierbas, aceites y vinagres y otras sustancias, cuyas propiedades conservantes conoció por experiencia.

El progreso tecnológico ha hecho posible que la conservación de los alimentos haya adquirido un carácter industrial, de modo que en los mercados, las tiendas de alimentación, los supermercados, etc., sea posible hallar desde espinacas congeladas hasta platos deshidratados, desde bacalao salado hasta embutidos y desde patés hasta mermeladas y confituras dulces.

Las conservas caseras de carnes, verduras y frutas emplean muy pocos ingredientes conservantes. Los principales son sal, vinagre, alcohol, azúcar, hierbas y especias, cuyas propiedades conservantes actúan directamente sobre los alimentos o mediante tratamientos específicos..

CONSERVAS
Y MERMELADAS

Arrollado argentino de panza

Para 6 personas
Tiempo de preparación: 1 hora y 45 minutos
Dificultad: media

Ingredientes:

1 panza de ternera • 400 g de carne de vaca • 400 g de carne de cerdo • 4 huevos • 3 zanahorias • 1 dl de aceite • orégano • comino • pimienta • sal.

Preparación:

1. Lavar muy bien la panza de ternera; extenderla y salarla por ambos lados.
2. Cocer los huevos unos 12 minutos; lavar y cortar las zanahorias en tiritas.
3. Cortar las carnes en tiras y sazonarlas con sal, pimienta, orégano y una pizca de comino.
4. Disponer las carnes sobre la panza de ternera junto con las tiritas de zanahoria y los huevos duros enteros.
5. Arrollar y coser con un hilo; enaceitar el arrollado y envolverlo en un trapo limpio cuidando de ajustarlo muy bien.
6. Cocer en agua salada y a fuego medio hasta que la panza esté tierna.
7. Prensar poniéndole un objeto pesado.
8. Se sirve frío cortado en rodajas como entrante o acompañando alguna carne asada.

Carnes curadas en salmuera líquida

Tiempo de preparación: 1 hora
(más el tiempo de curado)
Dificultad: baja

Ingredientes:

2 kg de carne en piezas (cantidad variable) • 2,250 kg de sal marina • 150 g de sal gruesa • 300 g de azúcar • 12 granos de pimienta blanca • 12 bayas de enebro • 1 ramita de tomillo • 1 hoja de laurel.

Preparación:

1. Poner a hervir en una olla unos 5 l de agua con las sales marina y gruesa, el azúcar, los granos de pimienta, las bayas de enebro, la ramita de tomillo y la hoja de laurel.
2. Dejar hervir unos 30 minutos.

3. Dejar enfriar y verter la salmuera en el recipiente dedicado a la salazón.
4. Echar las piezas de carne procurando que queden completamente cubiertas por el líquido.

Arrollado de cerdo

Para 10 personas
Tiempo de preparación: 1 hora y 30 minutos
(más los tiempos de adobo y prensado)
Dificultad: media

Ingredientes:

1 piel de cerdo (60 x 40 cm, aproximadamente)
• 1 kg de carne de ternera • 1 kg de carne de cerdo
• 1 kg de tocino • 1 dl de vinagre • 8 dientes de ajo
• 1 cucharadita de pimentón picante • comino • pimienta • sal.

Preparación:

1. Pelar y picar los dientes de ajo.
2. Poner en una fuente algo más de la mitad de los ajos, junto con el vinagre, una pizca de comino, pimienta y sal.
3. Poner la piel de cerdo en este adobo y dejarla macerar unas 12 horas.
4. Cortar las carnes de ternera y cerdo y el tocino en tiritas; sazonar con sal, pimienta, ajo, comino y pimentón.

5. Extender la piel de cerdo en una superficie plana; colocar a lo largo y mezcladas las tiritas de carne y tocino; arrollar y atar con un hilo fuerte.

6. Cocer en abundante agua con sal y a fuego medio hasta que la piel esté tierna.

7. Sacar y colocar el arrollado en una superficie lisa; ponerle encima una tabla y sobre ella un objeto pesado para que escurra toda el agua.

8. Se sirve frío cortado en rodajas.

Anchoas curadas

Para 10 personas
Tiempo de preparación: 20 minutos
(más 3 meses de curación)
Dificultad: baja

Ingredientes:

1 kg de anchoas o boquerones frescos • 10 hojas de laurel
• varias ramitas de tomillo • 50 g de pimienta negra en grano
• 2 kg de sal marina gruesa.

Preparación:

1. Lavar bien las anchoas; quitarles la cabeza y las tripas sin romperles la carne ni la piel del vientre.

2. Extenderlas sobre una superficie plana y cubrirlas de sal para quitarles el exceso de agua.

3. Colocar en un bote de cristal ancho (si la cantidad de anchoas es más de 1 kg utilizar un pequeño barril de madera), una capa de sal de un centímetro de espesor, disponer sobre ella una capa de anchoas.

4. Moler con el molinillo la pimienta sobre las anchoas, colocar una o dos hojas de laurel y una ramita de tomillo.

5. Prensar bien las anchoas y cubrirlas con otra capa de sal.

6. Añadir otra capa de anchoas, prensarlas y repetir la operación hasta llenar el bote.

7. Acabar cubriendo con pimienta, laurel, tomillo y sal.

8. Para consumirlas hay que lavarlas, quitarles la espina y aliñarlas con aceite de oliva virgen.

Paté de higaditos de pollo I

Para una tarrina de 20 x 10 cm
Tiempo de preparación: 30 minutos
(más el tiempo de maceración)
Dificultad: media

Ingredientes:

800 g de higaditos de pollo • 1 cebolla mediana
• 1 copa de brandy • 1 copa de jerez • 1 vaso de nata líquida

• 1 lata pequeña de trufas • 1 hoja pequeña de laurel
• 1 taza de fondo blanco de ave y manos de ternera
• 4 cucharadas de mantequilla • pimienta negra • nuez moscada.

Preparación:

1. Limpiar los higaditos; quitarles las venas y el corazón.

2. Poner en una fuente el brandy, el jerez, una pizca de nuez moscada y pimienta y el laurel.

3. Macerar los higaditos en el adobo durante 2 horas y 30 minutos.

4. Pelar y picar muy fina la cebolla; picar muy finas las trufas.

5. Escurrir los higaditos y picarlos.
6. Calentar la mitad de la mantequilla y sofreír la cebolla; añadir los higaditos con el adobo y removerlos unos minutos.
7. Quitar la hoja de laurel y verter el contenido de la sartén en un mortero; triturar hasta lograr una pasta muy fina.
8. Montar la nata; añadirla al puré junto con las trufas picadas, reservando algunas, y su jugo; corregir la sazón y verter en la tarrina; adornar con las trufas reservadas.
9. Clarificar el fondo blanco, reducirlo y cubrirlo con la gelatina.
10. Derretir el resto de la mantequilla y cubrir.

Carnes curadas en salmuera seca

*Tiempo de preparación: 15 minutos
(más el tiempo de secado)
Dificultad: baja*

Ingredientes:

*2 kg de carne (vaca, oveja, jabalí, corzo, etc.) • 4 kg de sal marina
• 160 g de sal gruesa • 4 ramitas de tomillo • 4 hojas de laurel.*

Preparación:

1. Triturar la sal gruesa.
2. Orear la carne durante 24 horas; a continuación, frotarla con la sal triturada.
3. Poner una capa de sal marina en un recipiente de madera o de gres y poner sobre ella la carne.
4. Poner sobre la carne el tomillo y el laurel y cubrirlo todo con el resto de la sal.
5. Tapar el saladero herméticamente para el curado de la carne durante algo más de 2 meses.

Confit de pato

*Para 4-6 personas
Tiempo de preparación:
1 hora (más el tiempo de maceración)
Dificultad: media*

Ingredientes:

*1 pato • 2 puerros • 1 cebolla • 6 dientes de ajo • 1 zanahoria
• 3 ramitas de apio • 1 hoja de laurel • 1 ramita de tomillo
• 250 g de manteca grasa de oca o manteca de cerdo
• pimienta en grano • sal.*

Preparación:

1. Limpiar el pato y chamuscarlo; trocearlo en octavos.
2. Pelar y cortar la cebolla en trozos grandes; pelar 3 ajos.

3. Salar y poner los trozos de pato en una fuente honda junto con la cebolla y los ajos pelados; sazonar con unos 10 granos de pimienta y dejar macerar 3 días.
4. Escurrir el pato y reservarlo; raspar la zanahoria; cortar el puerro en rodajas y pelar los dientes de ajo restantes.
5. Fundir la grasa de oca y rehogar el puerro, la zanahoria y el apio; añadir los trozos de pato junto con el laurel y el tomillo y los ajos, comprobar la sazón de sal y freír hasta que esté tierno; dejarlo templar en su salsa.
6. Escurrir el pato y ponerlo en el recipiente de conserva; colar la salsa y añadirla al pato procurando que lo cubra totalmente y dejándola enfriar para que se solidifique.
7. Cerrar herméticamente y conservar en lugar fresco y seco.

Foie-gras al oporto

*Para 6 personas
Tiempo de preparación: 2 horas
(más el tiempo de enfriado y reposo)
Dificultad: media*

Ingredientes:

1 hígado de pato cebado • (500 g, aproximadamente) • 1 vaso de oporto • 1 cucharada de mantequilla • pimienta blanca • sal.

Preparación:

1. Abrir el hígado por la mitad; con un cuchillo pequeño y puntiagudo quitarle las venas y los rastros verdosos de la hiel.
2. Sazonarlo con sal y pimienta, regarlo con el oporto y envolverlo con un trapo.

3. Poner el hígado en el frigorífico durante 8 horas.

4. Pasado este tiempo, ponerlo en un molde de horno rectangular untado con mantequilla.

5. Hornear a 90 °C durante 1 hora y 15 minutos o 1 hora y 30 minutos si se quiere menos rosado.

6. Dejar templar y desmoldear; colocar el hígado en una tarrina, prensarlo y dejarlo enfriar.

Fiambre de conejo macerado

Para 4 personas
Tiempo de preparación: 40 minutos
(más el tiempo de maceración)
Dificultad: media

Ingredientes:

1 conejo • 3 hojas de laurel • 1 ramita de tomillo • 4 dientes de ajo • 2 l de aceite de oliva • sal.

Preparación:

1. Deshuesar el conejo.

2. Poner en una fuente el aceite junto con el laurel, el tomillo y los ajos enteros y sin pelar.

3. Salar ligeramente este adobo y dejar macerar en él el conejo deshuesado durante unas 12 horas.

4. Sacar el conejo, enrollarlo y envolverlo en papel de aluminio y cocerlo al baño María a temperatura media durante unos 20 o 25 minutos.

5. Una vez cocido, se deja enfriar y se desenvuelve.

Queso de cabeza de cerdo

Para 10-12 personas
Tiempo de preparación: 4 horas
(más el tiempo reposo y prensado)
Dificultad: alta

Ingredientes:

1 cabeza pequeña de cerdo (3-4 kg, aproximadamente) • 500 g de cortezas de tocino frescas • 2 cebollas • 2 zanahorias • 1 cabeza de ajo • 1 ramito de hierbas aromáticas (tomillo, perejil y laurel) • 4 clavos de especia • comino • pimienta en grano • sal gruesa • sal fina.

Preparación:

1. Raspar y chamuscar la cabeza de cerdo; quitarle los sesos y la lengua y partirla en cuartos.

2. Picar muy fina la sal gruesa y condimentarla con pimienta recién molida y una pizca de comino; restregar los cuartos de cabeza y la lengua con la sal condimentada.

3. Poner los trozos de cabeza, la lengua y las cortezas de tocino en una tarrina; cubrirlo todo con una delgada capa de sal fina, tapar con un trapo y dejar reposar en lugar fresco durante 4 días.

4. Sacar los ingredientes de la tarrina, quitarles muy bien la sal y echarlos en una cazuela.

5. Pelar las cebollas y clavarles sendos clavos de especia; pelar los ajos y raspar las zanahorias; añadir estos ingredientes a la cazuela junto con las hierbas aromáticas.

6. Agregar agua a la cazuela hasta cubrir todos los ingredientes y llevar a ebullición a fuego suave; tapar, reducir más el fuego y dejar cocer durante 3 horas espumando de tanto en tanto.

7. Escurrir los trozos de cabeza, la lengua y las cortezas y dejarlos enfriar en una fuente.

8. Deshuesar los trozos de cabeza; dejar aparte la parte plana de las orejas y cortar en daditos el resto juntamente con la lengua.

9. Colocar los daditos de carne y lengua en una fuente; comprobar la sazón de sal y condimentar con pimienta recién molida.

10. Colar una taza del caldo de cocción, añadirlo a la tarrina y mezclar.

11. Forrar las paredes y el fondo de una tarrina con las cortezas de tocino y verter una tercera parte de la mezcla de carne y caldo; colocar la mitad de las orejas; poner otro tercio de mezcla y el resto de las orejas primero y de la mezcla después.

12. Cubrir con papel de aluminio; colocar una tablilla ajustada a la boca de la tarrina, ponerle un peso encima y dejarla unas 24 horas.

13. Desmoldear y presentarlo con lonchas de tomate u otro ingrediente al gusto.

Gelatina de ave

Tiempo de preparación: 6 horas
Dificultad: media

Ingredientes:

1 gallina (u otra ave de, aproximadamente, 1 kg) • 2 esqueletos de ave • 1 pie de ternera • 50 g de cortezas de tocino • 50 g de zanahoria • 50 g de cebolla • 1 puerro • 1 ramita de apio • 1 ramita de tomillo • 1 hoja pequeña de laurel • sal.

Preparación:

1. Trocear la gallina y los esqueletos; deshuesar y escaldar el pie de ternera; cortar en rodajas finas la zanahoria y la cebolla; separar la parte blanca del puerro y picarla junto con el apio.
2. Poner en una olla las verduras, las cortezas de tocino, la carne, los huesos, el tomillo y el laurel; cocer a fuego muy suave durante 10 minutos.
3. Añadir un vaso de agua y cocer hasta que el líquido se haya reducido casi totalmente; repetir dos veces más esta operación deteniendo la reducción en su punto.
4. Añadir poco menos de 1 l de agua y sazonar con sal y dejar cocer a fuego muy suave durante 5 horas.
5. Filtrar el caldo y dejar reposar unos 15 minutos; eliminar la grasa y colarlo nuevamente tratando de no verter el poso.

Paté de hígado de cerdo

Para 6 personas
Tiempo de preparación: 2 horas
(más el tiempo de prensado)
Dificultad: media

Ingredientes:

500 g de hígado de cerdo • 250 g de carne magra de cerdo o de ternera desvenada • 1 cebolla mediana • 3 huevos • 1 vaso de leche • 1 copita de brandy • 1 hoja de laurel • 250 g de grasa de jamón • 250 g de miga de pan • 4 lonchas de tocino fresco • 2 escalonias • 1 ramita de tomillo • 1 ramita de perejil • nuez moscada • pimienta • sal.

Preparación:

1. Cortar en dados de unos 2 cm el hígado, la carne y la grasa de jamón; ponerlos por separado en una fuente, salar y especiar.
2. Pelar y picar muy pequeñas las escalonias y la cebolla.
3. Poner la miga de pan a remojar en la leche.
4. Derretir en una sartén la grasa de jamón hasta que comience a dorarse; aumentar la intensidad del fuego y soasar el hígado.
5. Agregarle la cebolla y la escalonia; sofreír durante unos minutos y añadir la carne, soasarla rápidamente y retirar la sartén del fuego.
6. Rociar con el brandy, remover durante unos minutos, echar el contenido en otro recipiente y dejar que se enfríe.
7. Picar no muy finamente todos los ingredientes; escurrir la miga de pan y añadirla a la mezcla juntamente con las yemas de los 3 huevos y el perejil; trabajar la mezcla con una espátula de madera hasta que quede consistente y homogénea.
8. Forrar el fondo y los lados de una tarrina con tres lonchas de tocino; verter el picadillo y cubrir con la cuarta loncha; colocar sobre ésta el laurel y el tomillo, tapar y sellar con una pasta de harina y agua.
9. Colocar la tarrina en un recipiente con agua hirviendo y cocer al baño María en el horno a temperatura media cerca de 1 hora, añadiendo agua caliente si es necesario.
10. Sacar la tarrina, quitarle la tapa poniendo en su lugar una tablilla, sobre la cual se coloca un peso de unos 500 g, y se deja enfriar.

Foie-gras trufado

Para 6 personas
Tiempo de preparación: 2 horas
(más el tiempo de macerado)
Dificultad: media

Ingredientes:

1 hígado de oca cebada (600 g, aproximadamente) • 3 tazas de fondo blanco de ave y ternera • 1 redaño (tela de grasa) de cerdo • 2 copitas de brandy • 2 vasitos de jerez • 3 trufas • pimienta blanca en grano • sal de especias.

Preparación:

1. Limpiar y desvenar el hígado, quitándole la hiel y sus rastros.
2. Colocar en una fuente el brandy, mondaduras de una trufa, sal de especias y pimienta recién molida.
3. Colocar el hígado en este adobo, tapar herméticamente y dejar macerar durante 3 horas.

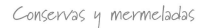

Gelatina blanca de cocina

Tiempo de preparación: 6 horas
Dificultad: media

Ingredientes:

250 g de jarrete de ternera • 250 g de huesos de ternera • 250 g de codillo de buey • 1 pie de ternera • 50 g de cortezas de tocino • 50 g de zanahoria • 50 g de cebolla • 1 puerro • 1 ramita de apio • 1 ramita de tomillo • 1 hoja pequeña de laurel • sal.

Preparación:

1. Trocear pequeños los huesos; deshuesar y escaldar el pie de ternera; cortar en rodajas finas la zanahoria y la cebolla; separar la parte blanca del puerro y picarla junto con el apio.
2. Poner en una olla las verduras, el laurel, el tomillo, las cortezas de tocino, la carne y los huesos; cocer a fuego muy suave durante 10 minutos.
3. Añadir un vaso de agua y cocer hasta que el líquido se haya reducido casi totalmente; repetir dos veces más esta operación cuidando de detener la reducción en su punto.
4. Añadir poco menos de 1 l de agua y sazonar con sal y dejar cocer a fuego muy suave durante 5 horas.
5. Filtrar el caldo y dejar reposar unos 15 minutos; eliminar la grasa y colarlo nuevamente tratando de no verter el poso.

4. Envolver el hígado en un redaño de cerdo, atarlo con un hilo.
5. Llevar a hervor el fondo blanco y sumergir el hígado; añadir las mondaduras de trufa del adobo, corregir la sazón y dejar hervir a fuego suave unos 15 minutos.
6. Pelar y trocear las trufas restantes, calentarlas y enfriarlas en un vasito de jerez.
7. Dejar enfriar el hígado en el fondo blanco.
8. Retirar la mitad del fondo blanco; desgrasarlo y verterlo en otro recipiente; añadirle el resto del jerez y clarificarlo; dejarlo coagular.
9. Quitar el redaño del hígado, ponerlo en una fuente proporcional a su tamaño, clavetearle los trocitos de trufa y recubrirlo con la gelatina del fondo blanco; repetir la operación hasta que se forme una gruesa capa lustrosa sobre el hígado.

Adobo antillano para carnes

Para 1 kg de carne
Tiempo de preparación: 30 minutos
Dificultad: baja

Pasta de adobo para aves

Para 1 pieza
Tiempo de preparación: 20 minutos
Dificultad: baja

Ingredientes:

1 ave • 3 dientes de ajo • 1 cucharadita de orégano • pimienta • sal.

Preparación:

1. Pelar y majar en un mortero los dientes de ajo; añadir el orégano y continuar majando hasta tener una pasta fina.
2. Añadir sal y pimienta y mezclar.
3. Impregnar con esta pasta el ave, limpia y bien seca, y dejar macerar 1 día antes de cocinarla.

Ingredientes:

1 kg de carne • 1 zanahoria • 2 cebollas • 2 vasitos de ron
• 1 dl de aceite • 2 hojas de laurel • 1 limón • 1 ramita de perejil
• 1 dl de vinagre • 2 vasitos de vino blanco • 1 ramita de tomillo
• 6 clavos de especia • 3 granos de pimienta verde.

Preparación:

1. Pelar y cortar la cebolla en rodajas finas y disgregarlas; cortar el limón en rodajas grandes y la zanahoria en rodajas finas.
2. Poner en una olla 1 l de agua y agregar todos los ingredientes; cuando comience a hervir continuar a fuego vivo durante unos 15 minutos.
3. Dejar enfriar y, sin colar, verter sobre las carnes que se han de adobar.

Adobo crudo para carne de caza y matadero

Para adobar 1 kg de carne
Tiempo de preparación: 1 hora
Dificultad: baja

Ingredientes:

1 kg de carne • 1 zanahoria • 2 cebollas • 4 escalonias
• 2 dientes de ajo • 1 ramita de apio • 1 ramita de perejil
• 1 ramita de tomillo • 1 hoja de laurel • 1 l de vino blanco
• 4 dl de vinagre • 2 dl de aceite de oliva • pimienta en grano
• 2 clavos de especia.

Preparación:

1. Cortar la zanahoria en rodajas finas; pelar y cortar las cebollas y las escalonias en rodajas finas; picar el perejil y el apio; pelar los ajos.
2. Calentar el aceite en una olla y rehogar las verduras; añadir el vino, el vinagre, el perejil, el apio, los ajos, los clavos de especia y unos granos de pimienta recién molidos.
3. Cocer durante unos 30 minutos a fuego suave; dejar enfriar y verter sobre las piezas a macerar.

Adobo cocido para carne de caza y matadero

Para adobar 1 kg de carne
Tiempo de preparación: 20 minutos
Dificultad: baja

Ingredientes:

1 kg de carne • 1 zanahoria • 2 cebollas • 1 ramita de tomillo
• 1 hoja de laurel • 1 l de vino blanco • 1 ramita de perejil
• 4 escalonias • 2 dientes de ajo • 1 ramita de apio • 4 dl de vinagre
• 2 dl de aceite de oliva • pimienta en grano • 2 clavos de especia.

Preparación:

1. Cortar la zanahoria en rodajas finas; pelar y cortar las cebollas y las escalonias en rodajas finas; picar el perejil y el apio; pelar los ajos.
2. Poner la mitad de estas verduras en una fuente grande.
3. Se colocan las piezas de la carne a adobar y sobre ellas el resto de las verduras, los ajos, el perejil, el apio, el tomillo, el laurel, los clavos de especia y unos granos molidos de pimienta.
4. Cubrir con el vino blanco, el vinagre y el aceite.
5. La maceración se hace en un lugar fresco durante un tiempo que depende del tamaño de las piezas y de la temperatura ambiente. Las piezas de mayor tamaño requieren de 5 a 6 días en invierno y de 1 a 2 días en verano.

Chutney de tomates y manzanas

Tiempo de preparación: 1 hora
Dificultad: media

Ingredientes:

1 kg de tomates verdes • 1 kg de manzanas agrias
• 250 g de cebollas • 500 g de pasas • 750 g de azúcar moreno
• 2 dientes de ajo • 1 pizca de nuez moscada • 2 cucharaditas de jengibre molido • 2 cucharaditas de pimienta negra en grano
• 3 clavos de especia • 1 l de vinagre de vino • sal gorda.

Preparación:

1. Picar los tomates; pelar los dientes de ajo; pelar y picar las cebollas y las manzanas; machacar la pimienta y, juntos, los clavos de especia y la nuez moscada.
2. Poner en un recipiente los tomates verdes, las cebollas, los ajos y las manzanas; condimentar con el jengibre, la pimienta y la mezcla de nuez y clavos de especia.
3. Añadir el azúcar, 2 cucharadas de sal gorda y 6 cucharadas de vinagre; cocer a fuego suave.

4. Sin dejar de remover, añadir poco a poco el vinagre restante; cocer unos 45 minutos, hasta que la salsa se espese.

5. Esterilizar unos 4 frascos y echar en ellos el chutney; dejar enfriar; tapar y conservar en lugar fresco y oscuro.

Salsa agridulce de maíz

Tiempo de preparación: 40 minutos
Dificultad: media

Ingredientes:

9 mazorcas de maíz • I pimiento verde • I pimiento rojo
• 2 cebollas grandes • 300 g de azúcar moreno
• 3 cucharaditas de mostaza seca • I l de vinagre de sidra
• sal gorda.

Preparación:

I. Separar los granos de maíz de las mazorcas; picar finos los pimientos; pelar y picar finas las cebollas.

2. Poner en una cacerola el maíz, los pimientos y la cebolla; añadir el azúcar moreno, la mostaza y el vinagre.

3. Sazonar con una cucharada rasa de sal gorda y cocer a fuego suave durante 20 minutos o hasta que todos los ingredientes estén tiernos.

4. Dejar enfriar y envasar en frasco de vidrio herméticamente cerrado.

5. Esterilizar al baño María durante 30 minutos y conservar en lugar fresco y oscuro.

Escabeche de caballa

Para 6 personas
Tiempo de preparación: I hora
Dificultad: media

Ingredientes:

12 caballas pequeñas • I zanahoria grande • I cebolla grande
• 2 vasos de vino blanco seco • 2 dl de vinagre
• I ramita de tomillo • I hoja pequeña de laurel
• pimienta blanca recién molida • sal.

Preparación:

I. Pelar y cortar en rodajas finas la cebolla; raspar y cortar en rodajas finas la zanahoria.

2. Preparar el adobo con la cebolla, la zanahoria, el vino, el vinagre, el tomillo y el laurel y cocerlo durante unos 20 minutos.

3. Vaciar y lavar bien las caballas, salpimentarlas y colocarlas en una fuente refractaria de barro; añadir el adobo y cocer durante unos 9 minutos.

4. Ponerlas en un frasco herméticamente cerrado y hervirlas al baño María durante 15 minutos.

5. Guardar en un lugar seco y fresco.

Carpaccio de avestruz con albahaca

Para 4 personas
Tiempo de preparación: 20 minutos
(más el tiempo de enfriado y maceración)
Dificultad: baja

Ingredientes:

250 g de filetes de avestruz • 100 g de queso parmesano o manchego curado • I ramita de albahaca • I dl de aceite de oliva virgen • pimienta negra en grano • sal marina gruesa.

Preparación:

I. Poner la carne de avestruz durante I hora en el congelador.

2. Sacar la carne y cortarla en filetes muy finos con la ayuda de un cuchillo muy bien afilado.

3. Poner los filetes en una fuente o en cada plato.

4. Rociar la carne de avestruz con el aceite de oliva virgen.

5. Espolvorear con unos granos de sal gruesa y unos granos de pimienta molidos gruesos.

6. Picar la albahaca y espolvorear los filetes de avestruz.

7. Cortar el queso en virutas y ponerlas sobre la carne.

8. Introducir el carpaccio en el frigorífico unas horas antes de servir.

Escabeche de codorniz

Para 4 personas
Tiempo de preparación: 50 minutos
Dificultad: baja

Ingredientes:

8 codornices • 1 cebolla • 1 zanahoria • 2 dientes de ajo • 1 ramita de apio • 2 dl de aceite de oliva • 1 pastilla de caldo de ave • 1 dl de vinagre • tomillo • pimienta en grano • sal.

Preparación:

1. Vaciar las codornices y cortarles el cuello; chamuscarlas, lavarlas y escurrirlas; atarlas con un hilo y reservarlas.
2. Pelar y cortar la cebolla en casquitos finos; trocear el apio; raspar y cortar en rodajas finas la zanahoria.
3. Disolver la pastilla de caldo en una taza de agua templada.
4. Calentar el aceite en una sartén honda y rehogar la cebolla, el apio, la zanahoria y los dientes de ajo sin pelar.
5. Sazonar con sal, unos 12 granos de pimienta y una pizca de tomillo; agregar el caldo y cocer durante 10 minutos.
6. Añadir el vinagre, dar un hervor e incorporar las codornices, procurando que queden cubiertas por el caldo; tapar y dejar cocer a fuego suave durante unos 30 minutos.
7. Dejarlas enfriar en su caldo; colocarlas en frascos herméticamente cerrados para su conservación.

Cebiche de camarones

Para 4 personas
Tiempo de preparación: 1 hora
(más el tiempo de marinado)
Dificultad: media

Ingredientes:

1 kg de camarones • 5 limones • 1 cucharada de tomate concentrado • 2 tomates • 1 pimiento • 1 cebolla.

Preparación:

1. Lavar los camarones y quitarles el caparazón.
2. Colocarlos en una fuente honda.
3. Exprimir los limones; triturar y reducir a zumo los tomates y el pimiento despepitado.
4. Pelar y cortar en dados la cebolla.
5. Añadir el zumo de limón y la cebolla a los camarones; comprimirlos para que absorban mejor el limón y dejarlos en maceración unas 4 horas en el frigorífico.
6. Retirar los camarones y ponerlos en una fuente.
7. Apartar la cebolla del marinado y colar el caldo; añadirle el tomate concentrado y el zumo de tomate y pimiento y remover.

8. Regar los camarones con esta salsa y cubrir con los daditos de cebolla.

Glasmästarsill

Para 6 personas
Tiempo de preparación: 35 minutos
Dificultad: baja

Ingredientes:

12 arenques • 1 cebolla grande • 2 zanahorias • 1 manojo de rábanos picantes • 1/2 l de vinagre • 2 hojas de laurel • 2 cucharadas de azúcar • mostaza • jengibre • pimienta en grano • sal.

Preparación:

1. Vaciar los arenques; quitarles la piel, la cabeza, las aletas y la cola; cortarlos en trocitos y salarlos ligeramente.
2. Poner el vinagre en un recipiente, añadirle el azúcar y hervirlo durante unos 2 minutos.
3. Pelar y trocear la cebolla; trocear las zanahorias y los rábanos.
4. Poner en un frasco el arenque y las cebollas, las zanahorias y los rábanos troceados; condimentar a gusto con pimienta, mostaza, jengibre y las hojas de laurel.
5. Verter el vinagre hervido en el frasco cubriendo todos los ingredientes; tapar herméticamente y conservar en un sitio fresco.

Queso de oveja al aceite aromatizado

Tiempo de preparación: 15 minutos
Dificultad: baja

Ingredientes:

*500 g de queso de oveja • 1 l de aceite de oliva de 0,4°
• 10 hojas de laurel • 3 dientes de ajo • 1 cucharadita de tomillo
• 1 cucharadita romero • 1 cucharadita de enebro en grano
• 1 cucharadita de pimienta blanca en grano.*

Preparación:

1. Colocar el queso en un bote de cristal de boca ancha y cierre hermético.
2. Añadir los ajos, el laurel, el tomillo, el romero, el enebro y la pimienta.
3. Agregar el aceite, procurando que el queso quede bien cubierto.
4. Remover, tapar y conservar en lugar fresco.
5. El queso puede empezar a consumirse una vez que se ha hinchado.
6. Cada vez que se corta un trozo para consumir, debe vigilarse que el restante quede siempre impregnado por el aceite.

Perdices en escabeche

Para 4 personas
Tiempo de preparación: 1 hora y 20 minutos
Dificultad: baja

Ingredientes:

*2 perdices • 1 cebolla • 1 zanahoria • 6 cebolletas
• 2 dientes de ajo • 1 hoja de laurel • 1 ramita de tomillo*

*• 3 dl de vinagre de vino • 6 dl de aceite de oliva
• pimienta negra en grano • sal.*

Preparación:

1. Limpiar y chamuscar las perdices; salarlas y atarlas con un hilo; ponerlas en una olla y reservar.
2. Pelar y cortar en cascos la cebolla; pelar las cebolletas y los ajos; cortar en juliana la zanahoria.
3. Verter el aceite y el vinagre sobre las perdices junto con la cebolla, las cebolletas, los ajos, el laurel, el tomillo y unos granos de pimienta.
4. Tapar la olla y cocer a fuego suave durante 1 hora o hasta que las perdices estén tiernas.
5. Dejar enfriar y conservar en un frasco de vidrio herméticamente tapado.

Salmón marinado al eneldo

Para 4 personas
*Tiempo de preparación: 20 minutos
(más el tiempo de marinado)*
Dificultad: media

Ingredientes:

600 g de salmón fresco • 1 ramita de eneldo • 6 cucharadas de azúcar • 1 cucharadita de pimienta molida • 6 cucharadas de sal.

Preparación:

1. Limpiar y descamar el salmón; quitarle la espina central y las de la base de las aletas, del vientre y las dorsales, procurando no dañar la piel; separar en dos filetes.

2. Picar el eneldo muy fino.

3. En un recipiente mezclar la sal, el azúcar, la pimienta y el eneldo.

4. Frotar el salmón con esta mezcla.

5. Poner en una fuente un filete de salmón con la piel hacia abajo; cubrirlo con una capa de la sal especiada.

6. Poner el otro filete encima y también cubrir con otra capa de sal especiada.

7. Poner sobre el salmón un plato o una tablilla con un peso ligero encima y dejar marinar unas 48 horas.

Choucroute casera

*Tiempo de preparación: 1 hora
(más el tiempo de maceración)
Dificultad: media*

Ingredientes:
*2 kg de repollo de cogollo blanco y muy duro
• 12 bayas de enebro • sal.*

Preparación:
1. Separar las hojas de la col y cortarlas en tiras finas.
2. Colocarlas en un recipiente en capas sucesivas alternadas con bayas de enebro y espolvoreadas con sal.
3. Sobre la última capa se pone una tablilla de madera y sobre ésta un peso; dejar la col prensada y en fermentación por lo menos 3 semanas.
4. Conservar en un lugar fresco.
5. Para consumirla se lava en agua fría si es reciente, pero se la deja en remojo unas 2 horas si la conserva data de varios meses.

Aceitunas curadas en aceite

*Tiempo de preparación: 1 hora
(más el tiempo de curado)
Dificultad: baja*

Ingredientes:
*3 kg de aceitunas verdes • 500 g de sal gruesa • 4 hojas de laurel
• 1 diente de ajo • 1 cucharada de anís en grano
• 3 l de aceite de oliva.*

Preparación:
1. Cortar el rabito de las aceitunas.
2. Disolver la sal en un recipiente con agua.
3. Echar las aceitunas en la salmuera y dejarlas macerar 24 horas.
4. Quitar el agua salada y cubrir las aceitunas con agua tibia; añadir el laurel, el ajo y el anís y dejar en este caldo unos 3 días.
5. Escurrir las aceitunas; ponerlas en varios frascos y cubrirlas de aceite.
6. Tapar los frascos herméticamente y dejarlas varios días antes de empezar a consumirlas.

Confitura de pimientos

*Tiempo de preparación: 1 hora y 30 minutos
Dificultad: baja*

Ingredientes:
*2 pimientos verdes • 2 pimientos rojos • 2 pimientos amarillos
• 1 cebolla • 2 dientes de ajo • 8 hojas de cardamomo
• 1 cucharada de tabasco • 2 cucharadas de vinagre de vino
blanco • 2 cucharadas de azúcar moreno • 3 cucharadas
de aceite de oliva virgen • pimienta negra • sal.*

Preparación:

1. Untar los pimientos con aceite y asarlos al horno a 230 °C durante 40 minutos.
2. Pelar y cortar en tiras los pimientos y ponerlos en un recipiente.
3. Pelar y cortar en rodajas finas la cebolla; pelar y machacar los ajos; picar fino el cardamomo.
4. Calentar el resto del aceite y freír la cebolla hasta que esté tierna; añadirla a los pimientos.
5. Diluir el azúcar en el vinagre; agregar el ajo, el cardamomo, el tabasco y la pimienta y sazonar con sal; mezclar bien y añadir a los pimientos; dejar reposar 1 hora.
6. Poner los pimientos en un frasco de cristal, taparlo herméticamente y esterilizar al baño María durante 30 minutos.

Cebollitas encurtidas

Tiempo de preparación: 20 minutos
(más el tiempo de reposo)
Dificultad: baja

Ingredientes:

1 kg de cebollitas • 150 g de sal gorda
• 1 l de vinagre aromático.

Preparación:

1. Pelar y poner las cebollitas en una olla.
2. Disolver la sal en algo más de 1litro de agua y cubrir con ella las cebollitas; dejar reposar 12 horas.
3. Escurrir, enjuagar y secar las cebollitas con papel de cocina y ponerlas en 2 o 3 frascos de cristal esterilizados.
4. Cubrir las cebollitas con el vinagre.
5. Tapar herméticamente los frascos y dejar macerar por los menos 1 mes antes de empezar a consumirlas.

Chiles en vinagre

Tiempo de preparación: 1 hora
(más el tiempo de marinado)
Dificultad: media

Ingredientes:

1 kg de chiles (serranos, jalapeños) • 2 l de vinagre • 1 l de aceite
• 2 kg de zanahorias • 1 kg de cebolla • 1 coliflor pequeña
• 5 cabezas de ajo • 8 hojas de laurel • 3 ramitas de tomillo
• 2 ramitas de mejorana • 1 cucharada de pimienta
• 2 clavos de especia.

Preparación:

1. Cortar los chiles en cruz por la punta; raspar y cortar las zanahorias en rodajas finas; pelar y cortar las cebollas en cuartos; dividir en

cuartos las cabezas de ajo, separando unos 10 dientes; separar los ramilletes de la coliflor.
2. Calentar el aceite en una olla y freír los dientes de ajos hasta que estén dorados; retirarlos y añadir la zanahoria, la coliflor, la cebolla, los ajos y los chiles.
3. Agregar el vinagre, la pimienta, los clavos, el laurel, el tomillo, la mejorana y una taza de agua; tapar y dejar hervir a fuego moderado hasta que los ingredientes estén tiernos.
4. Ponerlo todo en un frasco, tapar bien y conservar.

Aceitunas marinadas

Tiempo de preparación: 20 minutos
(más el tiempo de maceración)
Dificultad: baja

Ingredientes:

1 kg de aceitunas verdes, negras o ambas
• 2 limones • 1 chalote
• aceite de oliva
• 2 ramas de tomillo
• 6 hojas de laurel
• 1 cabeza de ajo
• vinagre de vino.

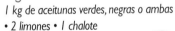

183

Preparación:

1. Lavar las aceitunas en agua tibia y hervirlas durante 5 minutos.
2. Cortar el limón en rodajas y desgranar los ajos.
3. Escurrir bien las aceitunas y ponerlas en un frasco con tapa.
4. Agregar el tomillo, el laurel y las rodajas de limón; agregar en partes iguales el aceite y el vinagre e incorporar los ajos y el chalote.
5. Mezclar agitando el bote y dejar en maceración.
6. Las olivas están listas cuando se hinchan.

Encurtido de peras especiadas

Tiempo de preparación: 1 hora y 30 minutos (más el tiempo de maceración)
Dificultad: media

Ingredientes:

1 kg de peras • 1 limón • 1 trocito de jengibre fresco • 2 clavos de especia • 1 ramita de canela • 2 dl de vinagre de vino blanco • 300 g de azúcar.

Preparación:

1. Pelar las peras, cortar por la mitad y colocarlas en una olla con agua.
2. Exprimir el limón y añadir el zumo a la olla; cocer a fuego suave durante 1 hora o hasta que las peras estén tiernas.
3. Poner en una olla aparte el vinagre junto con el azúcar, el jengibre, la canela y los clavos y cocer a fuego suave hasta disolver completamente el azúcar; hervir durante 5 minutos.
4. Agregar las peras y cocer a fuego suave durante unos 20 minutos o hasta que las peras estén muy tiernas.
5. Retirar las peras y ponerlas en un frasco de cristal previamente calentado en agua.
6. Espesar el almíbar hirviéndolo 5 minutos más y echarlo sobre las peras, procurando que queden bien cubiertas con él.
7. Tapar herméticamente y guardar en lugar fresco.

Limones curados en sal

Tiempo de preparación: 10 minutos
Dificultad: baja

Ingredientes:

10 limones • 175 g de sal gruesa.

Preparación:

1. Lavar y secar los limones.
2. Partirlos en cuartos, aunque dejándolos unidos por el extremo del tallo.

3. Salarlos por dentro.
4. Esterilizar 1 o 2 frascos de cristal.
5. Envasar los limones procurando que la misma tapa hermética sirva de prensa.
6. Conservar en lugar fresco y oscuro durante un mes por lo menos.

Encurtido de cebolla

Tiempo de preparación: 20 minutos
Dificultad: baja

Ingredientes:

1 kg de cebollas • 1 l de vinagre • 4 hojas de laurel • 1 cucharadita de pimienta en grano • sal.

Preparación:

1. Pelar y quitar las dos primeras capas de las cebollas.
2. Llevar a hervor una cacerola con agua y sumergir las cebollas durante 1 minuto.
3. Escurrir y poner en frascos de cristal.
4. Moler la pimienta; triturar las hojas de laurel reduciéndolas a polvo.
5. Poner el vinagre en un recipiente y sazonarlo con sal, la pimienta y el laurel.
6. Verter el vinagre condimentado en los frascos cubriendo las cebollas.
7. Tapar herméticamente los frascos, ponerlos al baño María en agua hirviendo durante 15 minutos.
8. Dejar enfriar con el agua y guardar en lugar seco.

Conserva de judías verdes y tomates

Tiempo de preparación: 50 minutos
Dificultad: baja

Ingredientes:

1 kg de judías verdes • 1 kg de tomates • sal.

Preparación:

1. Lavar y secar muy bien las judías y los tomates.
2. Quitarles el hilo a las judías y trocearlas.
3. Partir los tomates a lo largo y en rodajas finas, procurando que conserven sus semillas.
4. Llenar uno o dos botes de cristal con las verduras mezcladas.
5. Salar ligeramente y cerrar herméticamente los frascos.
6. Sumergir los frascos en agua y hervir al baño María durante unos 40 minutos.
7. Dejar enfriar sin sacarlos del agua y, una vez fríos los frascos, ponerlos en un lugar seco hasta el momento de su utilización, que puede ser pasada la primera semana.

Picalilli

Tiempo de preparación: 1 hora
(más el tiempo de maceración)
Dificultad: media

Ingredientes:

1,5 kg de hortalizas frescas (coliflor, cebollitas, zanahorias, pimientos rojos y verdes, apio, judías verdes, etc.) • 250 g de sal gorda • 30 g de mostaza seca • 15 g de cúrcuma molida • 15 g de jengibre molido • 30 g de harina de maíz • 275 g de azúcar • 1 l de vinagre destilado.

Preparación:

1. Lavar y trocear pequeñas todas las hortalizas; ponerlas en un recipiente y mezclarlas con la sal dejándolas 12 horas.
2. Enjuagar las hortalizas con agua fría; escurrirlas.
3. Poner en un recipiente la mostaza, la cúrcuma y un poco de vinagre; batir hasta formar una pasta; agregar el azúcar y mezclar.
4. Verter esta pasta en una cacerola, añadir más de la mitad del vinagre y cocer a fuego suave, removiendo constantemente hasta que comience a hervir; añadir las hortalizas escurridas, tapar y cocer a fuego suave durante 15 minutos.
5. Esterilizar 2 o 3 frascos de boca ancha y, aún calientes, introducir en ellos las hortalizas con la ayuda de una cuchara perforada, procurando no llenarlos hasta arriba.
6. Disolver la harina de maíz en el resto del vinagre y añadirla a la cacerola; cocer a fuego suave hasta espesar la mezcla y verterla sobre las hortalizas; tapar herméticamente y conservar.

Limones especiados al aceite

Tiempo de preparación: 10 minutos
(más el tiempo de maceración)
Dificultad: baja

Ingredientes:

10 limones • 60-70 clavos de especia • 1,5 l de aceite de oliva de 0,4°.

Preparación:

1. Lavar y secar los limones.
2. Pinchar cada limón con 6 o 7 clavos de especia.
3. Poner los limones en botes de cristal de boca ancha y cubrirlos con el aceite.
4. Tapar herméticamente los frascos y dejar en maceración 2 meses como mínimo.

Cerezas y uvas en aguardiente al ron

Tiempo de preparación: 25 minutos
Dificultad: baja

Ingredientes:

500 g de uvas • 500 g de cerezas • 1 l de aguardiente
• 1 copa de ron • 250 g de azúcar.

Preparación:

1. Lavar las uvas y las cerezas y dejarlas escurrir.
2. Quitar a las frutas secas el cabillo, procurando no romper la piel.
3. Poner las frutas en 1 o 2 frascos de vidrio, repartiéndolas por partes iguales.
4. Poner el azúcar en una olla y cocer con un vaso de agua durante 10 minutos.
5. Dejar enfriar el almíbar y verterlo sobre las uvas y las cerezas; añadir el ron y el aguardiente, cubriéndolas por completo.
6. Tapar herméticamente y dejar macerar al menos 2 meses.

Setas en aceite especiado

Tiempo de preparación: 40 minutos
Dificultad: baja

Ingredientes:

1 kg de setas variadas • 2 dl de vinagre • 1 vaso de vino blanco seco • 1 hoja de laurel • 2 ramitas de canela • 3 clavos de especia • aceite de oliva • pimienta en grano • sal.

Preparación:

1. Limpiar las setas con un cepillo.
2. Ponerlas en una cazuela y cubrirlas con el vino y el vinagre.
3. Sazonar con la sal, pimienta, el laurel, la canela y los clavos.
4. Tapar la cazuela y cocer las setas a fuego moderado durante aproximadamente unos 25 minutos.
5. Colarlas y secarlas bien con un paño, dejándolas envueltas en él hasta el día siguiente.
6. Poner las setas en un bote de cristal junto con las hierbas y las especies coladas.

7. Cubrir con aceite de oliva; tapar herméticamente el bote y conservar en lugar fresco.

Uvas al brandy

Tiempo de preparación: 15 minutos
Dificultad: baja

Ingredientes:

1 kg de uvas de moscatel • 1 l de brandy • canela en rama
• 250 g de azúcar.

Preparación:

1. Lavar las uvas, escurrirlas y separarlas, procurando quitarles el cabillo sin romper la piel.
2. Poner las uvas en un frasco grande de vidrio, añadirles el azúcar y la canela.
3. Cubrir las uvas con el aguardiente; tapar herméticamente y dejar macerar unas 4 semanas.

Conserva de frutas en aguardiente

Tiempo de preparación: 1 hora
(más el tiempo de maceración)
Dificultad: baja

Ingredientes:
5 kg de frutas (peras, melocotones, ciruelas, cerezas, etc.)
• 4 l de aguardiente • 2 kg de azúcar.

Preparación:
1. Cortar la fruta por la mitad o en cuartos según su tamaño, dejando enteras las más pequeñas.
2. Poner las frutas mezcladas en 4 botes grandes de cristal de cierre hermético.
3. Añadir el aguardiente en cada uno de los botes cubriendo las frutas.
4. Tapar y poner los frascos en un lugar seco y oscuro y dejar macerar la fruta durante una semana.
5. Calentar dos tazas de agua y disolver el azúcar; hervirla hasta obtener un almíbar transparente.
6. Dejar enfriar el almíbar y añadirlo a las frutas.
7. Tapar herméticamente y conservar.

Arrope de chañar

Para 10 personas
Tiempo de preparación: 2 horas
Dificultad: baja

Ingredientes:
1 kg de frutos de chañar.

Preparación:
1. Lavar los frutos de chañar y hervirlos en poco más de 1 l de agua a fuego moderado.
2. Remover con una cuchara de madera desde el momento en que la pulpa empieza a deshacerse.
3. Cocer hasta que se forme un líquido espeso y cremoso.
4. Pasar por un colador fino; dejar enfriar y servir.
5. Suele utilizarse como mermelada o como acompañamiento de platos a base de maíz.

Pasas al kirsch

Tiempo de preparación: 10 minutos
Dificultad: baja

Ingredientes:
500 g de uvas pasas • 0,5 l de kirsch.

Preparación:
1. Quitarle el cabillo a las pasas y ponerlas en un frasco de cristal de boca ancha.
2. Cubrir con el kirsch y tapar herméticamente.
3. Dejar macerar 4 semanas como mínimo.

Arrope de tuna

Para 10 personas
Tiempo de preparación: 2 horas
Dificultad: baja

Ingredientes:

1 kg de higos chumbos (tunas).

Preparación:

1. Pelar los higos chumbos y lavarlos en varias aguas; trocearlos menudos.
2. Poner los trocitos en una olla y cubrirlos con agua; cocer a fuego suave hasta que se deshagan y formen un líquido espeso.
3. Pasar el arrope por un colador fino y dejar enfriar.

Jalea argentina de calabaza

Para 4 personas
Tiempo de preparación: 30 minutos
Dificultad: media

Ingredientes:

1,5 kg de calabaza • 2 cucharadas de gelatina • 1,5 kg de azúcar.

Preparación:

1. Pelar y trocear la calabaza.
2. Diluir el azúcar en 2 l de agua, cocer la calabaza hasta que esté tierna.
3. Sacar y tamizar la calabaza y volverla a la olla.
4. Disolver la gelatina en un poquito de agua fría y añadirla a la olla; cocer hasta que todo esté bien espeso.
5. Dejar enfriar unos minutos; pasar la jalea a un recipiente de cristal y ponerlo en el frigorífico durante aproximadamente 1 hora.
6. Envasar en un frasco de cristal y conservar.

Jalea de manzana

Tiempo de preparación: 1 hora
Dificultad: baja

Ingredientes:

12 manzanas reinetas grandes • 400 g de azúcar
• 4 cucharadas de gelatina.

Preparación:

1. Pelar y trocear las manzanas.
2. Ponerlas en una olla junto con el azúcar y 4 vasos de agua y cocer durante 15 minutos.
3. Disolver en un poquito de agua la gelatina y añadirla a la olla.

4. Continuar la cocción a fuego suave hasta tener un líquido espeso y uniforme.
5. Pasar por un colador fino y envasar en frascos de vidrio.
6. Tapar herméticamente y esterilizar al baño María durante 30 minutos.
7. Conservar en lugar fresco.

Jalea de naranja y limón

Tiempo de preparación: 1 hora
Dificultad: baja

Ingredientes:

500 g de naranjas • 500 g de limones • 700 g de azúcar.

Preparación:

1. Rallar superficialmente la piel de las naranjas y de los limones.
2. Pelar las naranjas y los limones y cortarlos en trozos grandes.
3. Poner las frutas y las ralladuras en la olla y añadir el azúcar.
4. Cocer a fuego suave y dejar hervir.
5. Espumar de tanto en tanto hasta que el jarabe esté en su punto.
6. Envasar caliente en frascos de vidrio, tapar herméticamente y guardar en sitio fresco.
7. Si la conserva es para más de dos meses conviene, una vez envasada, esterilizarla al baño María durante unos 30 minutos antes de guardarla.

Jalea de fresas

Tiempo de preparación: 1 hora
Dificultad: baja

Ingredientes:

2 kg de fresas • 2 kg de azúcar • 4 cucharadas de gelatina.

Preparación:

1. Lavar muy bien las fresas y quitarles el cabillo.
2. Poner la fruta en una olla junto con el azúcar, 1,5 l de agua y la gelatina y dejar cocer a fuego suave durante unos 30 minutos.
3. Cuando el almíbar esté a punto de hebra corta, pasarlo por un colador fino y se envasa en frascos de vidrio.
4. Dejar enfriar y tapar herméticamente.

Jarabe de pétalos de rosa

Tiempo de preparación: 20 minutos
Dificultad: baja

Ingredientes:

1 taza de pétalos de rosa • 700 g de azúcar.

Preparación:

1. Picar finos los pétalos de rosa.
2. Ponerlos en una olla junto con el azúcar y un vasito de agua.
3. Cocer a fuego suave durante 10 minutos.
4. Dejar enfriar y envasar en un frasco de vidrio.
5. Esterilizar al baño María durante 30 minutos.

Licor de naranja

Tiempo de preparación: 10 minutos
Dificultad: baja

Ingredientes:

6 naranjas • 750 g de azúcar • 1 l de grappa
• 6 granos de pimienta negra.

Babaco al jugo

Tiempo de preparación: 50 minutos
Dificultad: baja

Ingredientes:

1 babaco grande maduro • 4 cucharadas de azúcar
• 1 naranja o 1 hoja de naranja.

Preparación:

1. Pelar y cortar en trozos el babaco.
2. Añadir el azúcar y macerar 30 minutos.
3. Pelar la naranja.
4. Calentar 1/2 taza de jugo de babaco hasta que suelte el hervor; añadir un trozo de cáscara de naranja o 1 hoja, tapar y cocer a fuego muy suave 3 minutos.
5. Quitar la cáscara, dejar enfriar el jugo.
6. Bañar la fruta con este jugo y envasar en un frasco de cristal tapado herméticamente.
7. Esterilizar hirviendo el frasco al baño María durante 30 minutos.

Preparación:
1. Lavar las naranjas y secarlas muy bien.
2. Mondarlas y ponerlas en un recipiente.
3. Añadir el azúcar y el aguardiente; tapar y dejar en maceración durante 9 días.
4. Remover de tanto en tanto.
5. Filtrar el licor, embotellarlo y taparlo herméticamente.

Boniatos en dulce

Tiempo de preparación: 1 hora
Dificultad: baja

Ingredientes:
1 kg de boniatos • 1 rama de canela • 350 g de azúcar.

Preparación:
1. Pelar los boniatos y cortarlos longitudinalmente.
2. Colocarlos en una olla y cubrirlos con agua fría.
3. Agregar el azúcar, tapar y cocer a fuego vivo hasta que comiencen a hervir.
4. Reducir el fuego, añadir la canela y cocer unos 30 minutos.
5. Dejar enfriar y envasar en un frasco de cristal.
6. Tapar herméticamente y esterilizar al baño María durante 30 minutos.

Confitura de fresas

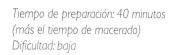

Tiempo de preparación: 40 minutos
(más el tiempo de macerado)
Dificultad: baja

Ingredientes:
3 kg de fresas • 3,250 kg de azúcar.

Preparación:
1. Quitarles el cabillo a las fresas y ponerlas en un recipiente con agua fría.
2. Lavarlas y ponerlas en un recipiente, dejando que suelten su jugo.
3. Poner en una olla unos 3 l de agua y 2,5 kg de azúcar y cocer a fuego moderado hasta que comience a hervir.
4. Añadir las fresas con su jugo y dejarlas macerar 24 horas.
5. Retirar las fresas y reservarlas.
6. Agregar al almíbar el resto del azúcar y cocerlo hasta que comience a hervir.
7. Verter este almíbar sobre las fresas y dejarlas macerar otras 24 horas.
8. Envasar en botes de cristal; tapar herméticamente y esterilizar al baño María durante 35 minutos.

Dátiles rellenos

Tiempo de preparación: 20 minutos
Dificultad: media

Ingredientes:
1 kg de dátiles • 500 g de almendras • 150 g de caramelo líquido
• 8 cucharadas de azúcar • 4 cucharadas de agua de azahar
• azúcar glas.

Preparación:
1. Limpiar y secar los dátiles, abrirlos mediante un corte lateral y quitarles el hueso.
2. Pelar las almendras, dorarlas un poco en el horno y después triturarlas muy finas.

3. Mezclar en un bol las almendras, el azúcar y el agua de azahar.
4. Rellenar los dátiles con esta mezcla, pasarlos por el caramelo líquido y por el azúcar glas.

Calabaza glaseada

Tiempo de preparación: 1 hora y 20 minutos
Dificultad: media

Ingredientes:
1 kg de calabaza • 1 limón • 3 cucharadas de mantequilla
• 2 cucharadas de azúcar moreno • sal.

Preparación:
1. Pelar y trocear en dados la calabaza; exprimir el limón; fundir la mantequilla.
2. Poner la calabaza con la mantequilla fundida en una cazuela, añadir el azúcar moreno, una pizca de sal y el zumo de limón.
3. Tapar la cazuela y ponerla en el horno medio alto durante 30 minutos; quitar la tapa y cocer 15 minutos más.
4. Dejar enfriar y envasar en frascos de vidrio.
5. Tapar herméticamente los frascos y esterilizarlos al baño María durante 35 minutos.

Calabaza en almíbar

Tiempo de preparación: 2 horas
Dificultad: media

Ingredientes:
1 kg calabaza amarilla • 1 terrón de cal viva • 3 clavos de especia
• 1 kg de azúcar.

Preparación:
1. Pelar y trocear menuda la calabaza.
2. Diluir la cal en abundante agua; sumergir la calabaza y dejarla unas 12 horas.
3. Lavar la calabaza en varias aguas.
4. Ponerla en una olla con el azúcar y los clavos; cubrir con agua y cocer a fuego muy suave hasta un punto de almíbar grueso.
5. Dejar enfriar y envasar en frascos de cristal.

Confitura de arándanos salvajes

Tiempo de preparación: 40 minutos
(más el tiempo de maceración)
Dificultad: baja

Ingredientes:
1 kg de arándanos salvajes • 800 g de azúcar

Preparación:
1. Lavar y secar muy bien los arándanos y quitarles los cabillos.
2. Esterilizar los botes de cristal dejándolos en agua hirviendo unos 10 minutos; secarlos.
3. Poner unos 2 vasos de agua en una olla; añadir el azúcar y hervir sin remover unos 15 minutos.
4. Retirar del fuego y añadir los arándanos; dejarlos reposar unas 12 horas.
5. Poner la olla al fuego y cocer unos 20 minutos más.
6. Dejar enfriar y pasarlos a los botes de cristal; taparlos herméticamente y esterilizarlos al baño María unos 20 minutos.
7. Dejar enfriar sin sacar del agua; secar los botes y guardar en lugar fresco y seco.

Frutas confitadas y escarchadas

Tiempo de preparación: 40 minutos
(más el tiempo de remojo y macerado)
Dificultad: baja

Ingredientes:

1 kg de cerezas, guindas, ciruelas y albaricoques
• 1 kg de azúcar.

Preparación:

1. Lavar y poner la fruta en un recipiente y cubrirla con agua fría; dejarla en remojo 48 horas.
2. Calentar agua en una olla y escaldar la fruta.
3. Pasar las frutas por agua fría y escurrirlas.
4. Poner en una olla unos 2 vasos de agua con el azúcar y hervir unos 5 minutos; sumergir la fruta en este almíbar unos 2 minutos y escurrirla dejándola en otro recipiente aparte.
5. Reducir un poco el almíbar y verterlo sobre la fruta; dejar enfriar y reposar 24 horas.
6. Calentar el almíbar y cuando suelte el hervor sacar la fruta colocándola aparte.
7. Dejar hervir el almíbar unos 5 minutos a fuego suave y verterlo sobre la fruta; repetir la operación 2 veces más.
8. Poner la fruta en una rejilla sobre la bandeja del horno y secarla en él a temperatura baja.
9. Rebozar la fruta en azúcar y guardarla en frascos de cristal esterilizados.

Mermelada de limón

Tiempo de preparación: 1 hora y 50 minutos
Dificultad: media

Ingredientes:

10 limones • 2 cucharadas de gelatina • 1 kg de azúcar.

Preparación:

1. Exprimir los limones y filtrar el zumo.
2. Separar una monda, quitarle la parte blanca y cortarla en tiritas finas con una tijera.
3. Poner la monda cortada en una olla de fondo grueso; añadir el azúcar y el zumo de limón y cocer a fuego vivo.
4. Disolver la gelatina en un poquito de agua y añadirla a la olla; dejar cocer hasta tener un almíbar fuerte.
5. Dejar enfriar y envasar la mermelada en frascos de cristal herméticamente tapados.
6. Esterilizar al baño María durante 35 minutos.

Mermelada de melón al ron

Tiempo de preparación: 1 hora y 20 minutos
(más el tiempo de maceración y enfriado)
Dificultad: baja

Ingredientes:

1 melón de 1 kg • 500 g de azúcar • 1/2 barrita de canela en rama • corteza de medio limón • 1 copita de ron negro.

Preparación:

1. Quitar la corteza al melón, los filamentos y las pepitas; cortarlos en dados de unos 2 cm de lado.
2. Poner el melón en una cazuela; agregar el azúcar, tapar con un paño y dejarlo 24 horas en maceración.
3. Cortar la piel del melón y añadirlo a la cazuela; colocar ésta al fuego suave unos 2 minutos; añadir la canela y cocer a fuego medio durante 65 a 75 minutos removiendo de tanto en tanto con una cuchara de madera.
4. Retirar la canela y la corteza de limón; agregar el ron y mezclar con rapidez; dejar enfriar y envasar en frascos esterilizados y herméticos.

Zanahorias confitadas

Tiempo de preparación: 45 minutos
Dificultad: baja

Ingredientes:

1 kg de zanahorias • 1 kg de azúcar.

Preparación:

1. Raspar las zanahorias y cortarlas longitudinalmente en tiritas.
2. Poner las tiritas de zanahoria en una olla y cubrirlas con agua.
3. Cocer las zanahorias durante unos 5 minutos; añadir el azúcar y

continuar la cocción hasta que las zanahorias estén tiernas y el almíbar esté espeso.

4. Dejarlas enfriar y envasarlas en frascos de cristal herméticamente cerrados.

5. Esterilizar al baño María durante 35 minutos.

Dulce de calabaza y albaricoque

*Tiempo de preparación: 2 horas
(más el tiempo de remojo)
Dificultad: media*

Ingredientes:

*300 g de orejones de albaricoque • 1 kg calabaza
• 1 kg de azúcar.*

Preparación:

1. Cortar los orejones en laminillas; poner en remojo en 1,5 l de agua durante 5 horas.
2. Pelar calabaza y cortarla en trocitos menudos.
3. Escurrir los orejones y reservar.
4. Cocer la calabaza en la misma agua de remojo de los orejones durante 30 minutos; escurrir la calabaza, reducirla a puré y reservar.
5. Añadir el azúcar al agua y hervir hasta conseguir un almíbar claro; agregar los orejones y cocer durante 30 minutos.
6. Añadir el puré de calabaza y cocer a fuego suave, removiendo constantemente con una cuchara de madera, hasta lograr una pasta homogénea y cremosa.
7. Verter en un molde humedecido y dejar enfriar.
8. Desmoldear y dejar secar en lugar aireado antes de conservarlo en un recipiente de cristal.

5. Envasar caliente en botes de cristal; tapar herméticamente cuando la mermelada esté fría.
6. Esterilizar al baño María durante 35 minutos.

Dulce de cayote

*Tiempo de preparación: 1 hora
Dificultad: media*

Ingredientes:

*400 g de cayote (cidra) • 1 terrón de cal viva • canela en rama
• 4 clavos de especia • 1 limón • 350 g de azúcar.*

Mermelada de manzanas

*Tiempo de preparación: 1 hora y 30 minutos
Dificultad: media*

Ingredientes:

1 kg de manzanas reinetas • 1 limón • 700 g de azúcar.

Preparación:

1. Pelar las manzanas y cortarlas en trozos pequeños.
2. Exprimir el limón.
3. Poner las manzanas troceadas en una cacerola con medio vaso de agua durante unos 20 minutos.
4. Añadir una cucharada de zumo de limón al azúcar y remover hasta formar una pasta; añadirla a la cocción de manzanas y dejar cocer hasta que suelte el hervor.

Preparación:

1. Asar los cayotes al horno moderado hasta que se ablande su cáscara.
2. Pelar los cayotes; despepitarlos y cortarlos en trozos pequeños.
3. Disolver la cal viva en agua fría y sumergir los trozos de cayote; remover de tanto en tanto durante 2 minutos.
4. Escurrir y lavar el cayote en varias aguas.
5. Poner el azúcar en una cazuela con un poco de agua; añadir 1 o 2 ramitas de canela y los clavos y cocer hasta conseguir un almíbar claro.
6. Agregar los trozos de cayote y hervir hasta que forme hebras y el almíbar alcance un punto grueso.
7. Exprimir el limón y añadir 3 cucharadas de zumo al dulce; dejar enfriar y conservar en recipiente de cristal.

Dulce de castañas

Tiempo de preparación: 1 hora y 30 minutos
Dificultad: media

Ingredientes:

1 kg de castañas • 1 kg de azúcar • 1 palo de vainilla • sal.

Preparación:

1. Pelar las castañas, ponerlas en una olla cubiertas de agua y cocerlas durante 20 minutos a fuego suave.

2. Escurrir las castañas y reducirlas a puré.
3. Poner el puré de castañas en una cazuela, añadirle el azúcar, el palo de vainilla y una pizca de sal y cocer a fuego suave, sin dejar de remover, durante unos 20 minutos.
4. Dejar enfriar y envasar en frascos de cristal.

Dulce de batata

Tiempo de preparación: 4 horas
Dificultad: media

Ingredientes:

1 kg de batatas (boniatos) • 2 tazas de leche • vainilla
• 1 kg de azúcar.

Preparación:

1. Pelar y trocear las batatas; cocerlas en 2 tazas de agua durante 15 minutos y reducirlas a puré.
2. Devolver el puré a la olla, añadir el azúcar y la leche y cocer a fuego suave.
3. Diluir la vainilla en un poquito de agua y agregarla a la olla; cocer a fuego suave durante 3 horas y 30 minutos.
4. Poner en un recipiente con tapa y conservar en lugar fresco y seco.

Dulce de membrillo

Tiempo de preparación: 2 horas
Dificultad: media

Ingredientes:

2 kg de membrillos • 2 kg de azúcar.

Preparación:

1. Lavar los membrillos.
2. Calentar abundante agua en una olla y, cuando comience a hervir, añadir los membrillos; cocer hasta que estén tiernos.
3. Retirar los membrillos y dejarlos enfriar; pelarlos y reducirlos a puré pasando la pulpa por un cedazo de modo que quede bien fino.
4. Poner el azúcar y 1 l de agua en una olla y cocer hasta que hierva; colar el almíbar y devolverlo a la olla.
5. Cocer a fuego fuerte hasta que se espese.
6. Añadir poco a poco el puré de membrillo, removiendo constantemente con una cuchara de madera.
7. Reducir el fuego y continuar la cocción sin dejar de remover durante 1 hora.
8. Volcar el dulce en un molde humedecido y dejar enfriar.
9. Dejar secar en un lugar aireado y conservar en un recipiente de cristal.

Helados y Sorbetes

Helado de albaricoque

Para 6 a 8 personas
Tiempo de preparación: 1 hora
Dificultad: media

Ingredientes:

500 g de albaricoques • 80 g de azúcar de caña
• 200 g de nata montada • 1/2 vaso de agua.

Preparación:

1. Lavar, secar y deshuesar los albaricoques.
2. Cocerlos al vapor hasta que estén bien blandos y pasarlos por un cedazo.
3. Dejar enfriar el puré obtenido y, mientras tanto, preparar el almíbar.
4. Hacer hervir a fuego suave cerca de 10 minutos el azúcar con el agua, removiendo si es necesario.
5. Cuando el almíbar se haya enfriado, unirlo al puré de albaricoque y añadirle suavemente la nata montada.
6. Ponerlo en la heladera y hacer funcionar la máquina durante 20 minutos.

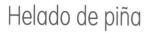

Helado de piña

Para 6 a 8 personas
Tiempo de preparación: 50 minutos
(más el tiempo de congelación)
Dificultad: media

Ingredientes:

1 piña de 750 g • zumo de medio limón • 100 g de chocolate blanco • 50 ml de leche • 30 g de azúcar glas
• 200 g de crema • 1/2 copita de ron.

Preparación:

1. Pelar la piña dejando la cáscara bien gruesa.
2. Cortar la pulpa a lo largo, desechando el tronco duro, y después en rodajas finas.
3. Cortar las rodajas en trozos más pequeños.
4. Poner los trozos de piña y el zumo que han desprendido en un recipiente con el zumo de limón. Dejarlo reposar tapado.
5. Trocear el chocolate pequeño y fundirlo con la leche a fuego muy suave sin dejar de remover; batirlo con la batidora de varillas para que quede suave. Dejar enfriar.
6. Tamizar el azúcar glas. Montar la crema con el azúcar glas.
7. Mezclar la masa de chocolate con la nata montada.
8. Mezclar los trozos de piña con limón agregando el ron; volcar la masa en un recipiente para congelador con capacidad para 1 litro. Dejar 8 horas removiendo de vez en cuando.

Helado de cerezas

Para 6 a 8 personas
Tiempo de preparación: 1 hora
Dificultad: media

Ingredientes:

600 g de cerezas • 130 g de azúcar • 2,5 dl de agua
• 1 pizca de canela.

Preparación:

1. Lavar bien las ciruelas, quitarles el pedúnculo y deshuesarlas.
2. Ponerlas a cocer con el azúcar; pasarlas por un colador chino y agregarle la canela.
3. Cuando la preparación esté bien fría, pasarla por la heladora y hacerla funcionar 20 minutos.

Helado de naranja

Para 4 personas
Tiempo de preparación: 1 hora
Dificultad: media

Preparación:

1. Trabajar en un recipiente las yemas de huevo con la miel, dejar reposar.
2. Mientras tanto, poner a calentar la leche con la nata y la vainilla.
3. Apenas hayan soltado el hervor, retirar del fuego. Quitar la vainilla.
4. Verter la mezcla caliente sobre las yemas mezclando continuamente.
5. Después de haberlo mezclado todo, poner a fuego muy suave y retirar antes de que hierva.
6. Cuando se ha entibiado la preparación, añadirle el coco rallado.
7. Colocar en la heladora y hacerla funcionar 20 minutos. O congelar en refrigerador, removiendo con frecuencia.

Helado de coco

Para 4 a 6 personas
Tiempo de preparación: 1 hora
Dificultad: media

Ingredientes:

200 g de pulpa de coco • 50 g de leche de coco
• 200 g de nata montada • 1 cucharada de miel
• 2 claras de huevo.

Preparación:

1. Recoger en un recipiente la leche de coco después de haberla filtrado.

Ingredientes:

Zumo de 6 naranjas • 300 g de nata montada • 150 g de azúcar
• cáscara rallada de 1 naranja • 5 huevos • 1/2 rama de vainilla
• 1/2 vaso de vodka o licor de naranja • 1 vaso de agua.

Preparación:

1. Lavar las naranjas y rallar la cáscara de una. Dejarla macerar con el licor.
2. Exprimir el zumo de las tres naranjas y ponerlo en una cacerola.
3. Agregarle el agua, el azúcar y la vainilla.
4. Poner la preparación al fuego moderado, removiendo con cuchara de madera.
5. Cuando comienza a hervir, retirarla del fuego, quitar la vainilla y dejar enfriar.
6. Mientras tanto, batir las yemas, agregarlas al zumo de las naranjas y ponerlo a cocer al baño María, sin dejar de remover para que no hierva.
7. Retirar cuando la crema esté ligeramente espesa.
8. Dejar enfriar, removiendo de vez en cuando.
9. Mezclar con suavidad a la crema, la nata montada, y las claras batidas a punto nieve.
10. Poner en la heladora y dejar funcionar 20 minutos.

Helado de coco a la vainilla

Para 4 a 6 personas
Tiempo de preparación: 1 hora
Dificultad: media

Ingredientes:

200 g de pulpa de coco rallada • 200 g de leche
• 200 g de nata líquida • 2 yemas de huevo
• 1 cucharada de miel • 1/2 rama de vainilla.

2. Quitar la corteza y rallar la cantidad necesaria.
3. Mezclar la miel bien diluida en la leche de coco e incorporarla a la nata montada y a las claras montadas a punto de nieve.
4. Colocar la mezcla en la heladora y hacerla funcionar durante 30 minutos.

Helado de naranja a la crema

Para 4 a 6 personas
Tiempo de preparación: 1 hora
Dificultad: media

Ingredientes:

Zumo de 2 naranjas • cáscara rallada de 1 naranja • 4 huevos • 4 cucharadas de azúcar • 2 tazas de nata montada azucarada • zumo de 1 limón • 2,5 dl de leche.

Preparación:

1. Batir las yemas con el azúcar, el jugo de las naranjas y el zumo de limón.
2. Poner a hervir la leche con la cáscara rallada, dejarla enfriar y unirla a las yemas.
3. Cocer al baño María, removiendo continuamente con una cuchara de madera.
4. Dejar enfriar.
5. Cuando la preparación se haya enfriado, incorporarle las claras montadas y la nata.
6. Ponerla en la heladora y dejarla funcionar 20 minutos.

Helado de banana

Para 4 a 6 personas
Tiempo de preparación: 40 minutos
Dificultad: media

Ingredientes:

300 g de pulpa de banana • 80 g de leche • 2 cucharadas de miel • zumo de 1 limón.

Preparación:

1. Pelar la banana, que deberá ser bien madura.
2. Triturarla bien con máquina o con un tenedor; agregarle el zumo de limón.
3. Seguidamente diluir la miel con la leche, unirle el resto de los ingredientes y batir enérgicamente para obtener una preparación espumosa.
4. Colocarla en la heladora y hacerla funcionar durante 30 minutos.
5. También se puede congelar en el refrigerador, removiendo con frecuencia.

Helado de frutas mixtas

Para 6 a 8 personas
Tiempo de preparación: 40 minutos
Dificultad: media

Ingredientes:

100 g de albaricoques • 100 g de melocotones • 100 g de frambuesas • 100 g de fresones • 200 g de nata montada • 70 g de azúcar de caña • zumo de 1 limón.

Preparación:

1. Deshacer bien la fruta después de haberla lavado, deshuesado y quitado las hojas.
2. Incorporarlas con suavidad a la nata montada, añadir el resto de los ingredientes y poner en la heladora durante 30 minutos.

Helado de fresas

Para 4 a 6 personas
Tiempo de preparación: 40 minutos
Dificultad: media

Ingredientes:

300 g de fresas • 150 g de leche • 150 g de nata montada • 80 g de azúcar • 1 huevo • 1/2 rama de vainilla • 1 corteza de limón.

Preparación:

1. En una cacerola poner a calentar la leche con la rama de vainilla y la corteza de limón.
2. Apenas suelte el hervor, quitarlo de fuego y dejarlo enfriar.
3. Mientras tanto, lavar y secar bien las fresas, a las cuales se les habrán quitado las hojas.

5. Mientras tanto lavar, secar y triturar la pulpa del melocotón.
6. Cuando la crema se haya enfriado, agregarle la fruta y ponerla a enfriar.
7. Poner en la heladora y hacer funcionar durante 25 minutos.

Helado de limón

Para 4 a 6 personas
Tiempo de preparación: 40 minutos
Dificultad: baja

Ingredientes:
4 limones • 250 g de nata montada
• 100 g de azúcar en terrones.

Preparación:
1. Lavar bien los limones, secarlos y frotar sobre la cáscara los terrones de azúcar para que tome el sabor.
2. Después, exprimirlos en un recipiente, filtrar el zumo y añadirlo a los terrones de azúcar con dos o tres cucharadas de agua.
3. Poner en el fuego y dejar hervir unos cuantos minutos removiendo de vez en cuando.
4. Dejar enfriar.
5. Mientras tanto, montar la nata y cuando la preparación esté fría, unirla con suavidad.
6. Introducir en la heladora y hacerla funcionar durante 30 minutos.

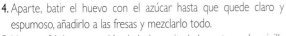

4. Aparte, batir el huevo con el azúcar hasta que quede claro y espumoso, añadirlo a las fresas y mezclarlo todo.
5. Una vez fría la preparación de leche, quitarle la corteza y la vainilla y unir todos los ingredientes con suavidad, incluyendo la nata montada.
6. Introducir la preparación en la heladora y hacerla funcionar media hora.
7. Puede congelarse en el congelador del refrigerador.

Helado de melocotón

Para 4 a 6 personas
Tiempo de preparación: 40 minutos
Dificultad: baja

Ingredientes:
300 g de pulpa de melocotón • 400 g de leche
• 80 g de azúcar de caña • 1 cucharada de fécula • 2 huevos
• 1 trozo de cáscara de limón.

Preparación:
1. Batir muy bien los huevos con el azúcar y la fécula.
2. Mientras tanto poner a calentar la leche con la cáscara de limón.
3. Cuando la leche haya hervido, retirar la cáscara de limón y añadir los huevos con el azúcar batidos, mezclando constantemente con una cuchara de madera.
4. Bajar el fuego y apenas comience a hervir retirarla del fuego y dejarla enfriar.

Helado de melocotón Bella Elena

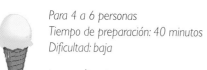

Para 4 a 6 personas
Tiempo de preparación: 40 minutos
Dificultad: baja

Ingredientes:

6 cucharadas de azúcar • 3 huevos • 1/2 l de leche.

Preparación:

1. Poner la leche en un recipiente llevarla al fuego y hacerla hervir a fuego suave.
2. Mientras tanto, batir las yemas con el azúcar hasta que estén bien espumosos.
3. Añadirlos a la leche sin dejar de batir y ponerlo todo a baño María.
4. Quitarlo del fuego y del baño María, dejar enfriar sin dejar de batir.
5. Cuando la crema esté fría, agregarle con suavidad las claras batidas a nieve.
6. Ponerla en la heladora y hacerla funcionar unos 25 minutos.
7. Se puede enfriar en la cubeta especial para helados del refrigerador, procediendo a removerlo cada dos horas hasta que congele por completo.

Helado de mandarina

Para 4 a 6 personas
Tiempo de preparación: 50 minutos
Dificultad: baja

Ingredientes:

6 mandarinas • 100 g de azúcar en terrones
• 250 g de nata montada • 3 cucharadas de agua.

Preparación:

1. Lavar muy bien las mandarinas, secarlas y frotar sobre la cáscara los terrones de azúcar para que tomen el sabor de la fruta.
2. Cortar la parte superior, como un sombrero, quitar con cuidado el contenido de la pulpa procurando mantener intactas las cáscaras para que sirvan de copa para servir el helado.
3. Pasar por la licuadora la pulpa de mandarina para extraer su jugo y volcarla sobre los terrones de azúcar. Añadir 3 cucharadas de agua.
4. Llevar al fuego y hacer hervir la mezcla durante unos minutos.
5. Mientras tanto, montar la nata.
6. Una vez que se haya enfriado el almíbar, incorporarlo a la nata, removiendo con suavidad con cuchara de madera.
7. Llevar a la heladora y hacerla funcionar durante 30 minutos.
8. Una vez enfriado el helado, llenar con él las cáscaras de mandarinas vacías y ponerlo inmediatamente en el congelador.

Helado de gelatina con azafrán

Para 4 a 6 personas
Tiempo de preparación: 35 minutos
Dificultad: media

Ingredientes:

2 hojas de gelatina • 1 dl de leche • 1 sobre de azúcar de vainilla
• 1 cucharadita de edulcorante líquido • 1 pizca de azafrán
• 1 plátano mediano • zumo de medio limón
• 1 dl de suero de mantequilla • 1 clara de huevo.

Preparación:

1. Remojar la gelatina tapada unos 10 minutos en un cazo de agua fría.
2. Hervir unos minutos la leche con el azúcar de vainilla y el edulcorante.
3. Sacar la gelatina del agua y exprimirla bien.
4. Mezclar con la batidora de varillas la gelatina y el azafrán con la leche hasta que la gelatina se haya disuelto totalmente.
5. Cortar el plátano en trozos y triturarlo en la batidora con el zumo de limón, el suero de mantequilla, la clara y la mezcla de leche.
6. Añadir toda esta mezcla a la pulpa de fruta.
7. Poner la crema en la heladora y hacerla funcionar unos 20 minutos.
8. Lleva unas 5 horas si se congela en el refrigerador.

Helado de melón

Para 4 a 6 personas
Tiempo de preparación: 45 minutos
Dificultad: media

Preparación:

1. Lavar la fruta, escurrirla y quitarle los pedúnculos.
2. Cortar 200 g de ellas, las más grandes, a mitades o cuartos.
3. Hervir la fruta con el azúcar en terrones y el agua, removiendo con frecuencia hasta que la fruta esté bien cocida; pasar la fruta por tamiz y dejarla enfriar.
4. Partir el chocolate en trozos, añadir 100 g de yogur y fundirlo al baño María o en microondas. Removerlo con la batidora de varillas.
5. Batir el chocolate fundido con el yogur y una cucharada de zumo de limón.
6. Añadir el yogur restante, poco a poco, a la mezcla de chocolate, batiendo.
7. Montar la nata con el azúcar glas y unir con la mezcla de chocolate y yogur.
8. Volcar la preparación en una cubeta para el congelador y agregarle las frutas cocidas. Congelar unas 6 horas; servir haciendo bolitas y adornando con la fruta reservada.

Helado Mozart

Para 6 a 8 personas
Tiempo de preparación: 40 minutos
(más el tiempo de congelación)
Dificultad: media

Ingredientes:

100 g de guirlache de nuez • 2 huevos • 30 g de pistachos pelados • 1 cucharadita de zumo de limón • 1 cucharadita de licor de almendras • 50 g de azúcar glas • 200 g de nata.

Preparación:

1. Partir el guirlache y fundirlo al baño María.
2. Mezclar los huevos con el guirlache aún caliente hasta formar una crema lisa.
3. Rallar finos los pistachos y mezclarlos junto con el zumo de limón y el licor con la crema de guirlache.
4. Tamizar el azúcar glas y montar la nata.
5. Añadir la nata montada a la crema de guirlache hasta que quede bien mezclada.
6. Verter la preparación en un recipiente de plástico para congelador de 1 litro de capacidad y congelar 8 horas removiendo con frecuencia.

Helado de nectarinas

Para 4 a 6 personas
Tiempo de preparación: 1 hora
Dificultad: media

Ingredientes:

400 g de pulpa de melón • 200 g de nata montada • 50 g de pasas de uva • 2 cucharadas de miel • zumo de 1 limón • 1/2 vaso de marrasquino o de oporto.

Preparación:

1. Cortar en dos un melón bien maduro y perfumado.
2. Cortar en zigzag la circunferencia para que quede más decorativo.
3. Extraer la pulpa y quitarle la parte fibrosa, tratando de no romper la cáscara.
4. Mojar las dos mitades con el oporto o el marrasquino.
5. Convertir en puré la pulpa y mezclarla con el zumo de limón, la miel y las pasas de uva bien lavadas.
6. Incorporar a la preparación la nata montada.
7. Poner en la heladora y hacerla funcionar durante 35 minutos.
8. También se puede congelar en las cubetas del refrigerador.

Helado de yogur con bayas

Para 6 a 8 personas
Tiempo de preparación: 30 minutos
(más el tiempo de congelación)
Dificultad: media

Ingredientes:

250 g de bayas (grosellas, frambuesas, fresas, moras) • 50 g de azúcar en terrones • 50 ml de agua • 100 g de chocolate blanco • 1 cucharada de zumo de limón • 300 g de yogur entero • 200 g de nata • 1 cucharada de azúcar glas.

Ingredientes:

250 g de nectarinas bien maduras • 1/3 de vaina de vainilla
• 100 ml de agua • 50 g de azúcar • 50 g de miel
• zumo de medio limón • 200 g de nata.

Preparación:

1. Abrir la vainilla con un cuchillo afilado.
2. Hervirla unos 5 minutos a fuego suave con el agua y el azúcar.
3. Sacar la vainilla, raspar la pulpa y añadirla al preparado de azúcar.
4. Añadir la miel y mezclarlo todo hasta que la miel se haya disuelto.
5. Dejar enfriar la mezcla.
6. Escaldar las nectarinas en agua hirviendo, pasarlas rápidamente por agua fría y pelarlas.
7. Separar la pulpa de los huesos y cortarlas en trozos pequeños.
8. Poner los trozos en una batidora y verter encima el zumo de limón.
9. Añadir a la fruta el almíbar enfriado y la nata y batirlo todo durante 1 minuto.
10. Verter inmediatamente la preparación en el recipiente de la heladora y hacerla funcionar unos 20 minutos.
11. Volcarlo en una cubeta para helados y congelarlo en el refrigerador otros 10 minutos. Removerlo hasta que se congele.

Helado de requesón

Para 6 a 8 personas
Tiempo de preparación: 40 minutos
(más el tiempo de congelación)
Dificultad: media

Ingredientes:

100 g de requesón • 25 g de pasas de Corinto • zumo de medio
limón • 1/2 copita de ron • 75 g de azúcar glas • 1 huevo
• 1 cucharada de agua caliente • 1/2 sobre de azúcar de vainilla
• 200 g de nata.

Preparación:

1. Lavar las pasas en un colador, escurrirlas y picarlas.
2. Mezclarlas en un cazo con zumo de limón y el ron y dejarlas reposar.
3. Tamizar el azúcar glas en un cazo grande.
4. Añadir el huevo, el agua, el azúcar de vainilla, al azúcar glas y batir con batidora eléctrica, hasta que la masa forme una espuma espesa.
5. Montar la nata.
6. Añadir las pasas con el líquido al requesón formando una masa lisa.
7. Agregar despacio la espuma de huevo a cucharadas y, por último, la nata montada.
8. Volcar inmediatamente la preparación en una cubeta para congelador de 1 litro y congelar durante 7 horas, removiendo cada 2 horas.

Helado de cacahuetes

Para 4 a 6 porciones
Tiempo de preparación: 30 minutos,
(más el tiempo de congelación)
Dificultad: media

Ingredientes:

50 g de crema gruesa de cacahuetes • 50 g de chocolate blanco
• 50 ml de zumo de naranja • 50 g de miel clara • 1 cucharada
de zumo de limón • 1/2 copa de licor de naranja • 200 g de nata.

Preparación:

1. Poner en un cazo la crema de cacahuetes, el chocolate a trozos y el zumo de naranja.
2. Mantener al baño María y remover con la batidora de varillas hasta mezclar bien.
3. Dejar enfriar la preparación, removiendo de vez en cuando.
4. Mezclar el zumo de limón y el licor a la preparación ya fría.
5. Mientras tanto, montar la nata.
6. Añadirla con cuidado a la masa de cacahuetes.
7. Volcar inmediatamente la preparación en una cubeta enfriada para congelador.
8. Congelar durante 6 horas. No es necesario remover.

Helado de miel y lima

Para 4 a 6 personas
Tiempo de preparación: 30 minutos
(más el tiempo de reposo y congelación)
Dificultad: media

Ingredientes:

2 limas • 50 ml de agua • 50 g de azúcar en terrones
• 50 g de miel clara • 200 g de nata.

Preparación:

1. Lavar las limas y secarlas con un paño bien limpio.
2. Rallar las cáscaras y exprimirlas.
3. Hervir el agua durante 1 minuto sin dejar de remover con la cáscara rallada, el zumo de lima y la miel.
4. Sacar el cazo del fuego y dejar enfriar la preparación durante 1 hora.
5. Montar la nata con la batidora de varillas.
6. Añadir el preparado de azúcar enfriado muy suavemente a la nata montada.
7. Verter la preparación inmediatamente en un recipiente de plástico para el congelador de 1 litro de capacidad y congelarlo durante 8 horas. Remover cada 2 horas.

Helado de crocanti con ron

Para 6 a 8 personas
Tiempo de preparación: 30 minutos
(más el tiempo de congelación)
Dificultad: media

Ingredientes:

1 hoja de gelatina • 100 ml de leche • 50 g de mantequilla
• 1 pizca de azúcar de vainilla • 100 g de azúcar glas
• 3 claras de huevo • 1 cucharadita de zumo de limón
• 50 g de crocanti de avellana • 1 copita de ron.

Preparación:

1. Poner la gelatina en remojo durante 10 minutos.
2. Calentar la leche a fuego suave con la mantequilla cortada a trocitos y el azúcar vainillada, removiendo hasta que la mantequilla se haya fundido. Apartar.
3. Exprimir la hoja de gelatina, añadirla y, a continuación, remover hasta que se disuelva.
4. Dejar enfriar batiendo de vez en cuando con la batidora eléctrica.
5. Tamizar el azúcar glas en un cuenco.
6. Batir ligeramente las claras de huevo, espolvorear el azúcar glas y batir hasta formar una nieve firme. Añadir el zumo de limón y batir 1/2 minuto más.
7. Batir una vez más la mezcla fría de leche y añadirle al poco la clara montada.
8. Volcar de inmediato en una cubeta de plástico enfriada la preparación y añadirle el crocanti y el ron, remover y congelar unas 6 horas, removiendo cada 2 horas.

Helado de jengibre

Para 6 a 8 personas
Tiempo de preparación: 35 minutos
(más el tiempo de congelación)
Dificultad: media

Ingredientes:

3 yemas de huevo • 100 g de confitura de jengibre • 200 ml de zumo de manzana • zumo de medio limón • 200 g de nata.

Preparación:

1. Batir al baño María las yemas de huevo con la confitura, el zumo de manzana y el zumo de limón.
2. Retirar el baño María del fuego y enfriar la preparación sin quitarla del baño María, removiendo con frecuencia.
3. Montar la nata.
4. Mezclar un tercio de la nata con la espuma enfriada de jengibre, mezclar y añadir el resto.
5. Volcar en un recipiente de plástico con tapa para congelador de un litro de capacidad y congelar 6 horas. Removerlo cada 2 horas.

Helado de tiramisú

Para 6 a 8 personas
Tiempo de preparación: 30 minutos
(más el tiempo de congelación)
Dificultad: media

Ingredientes:

250 g de queso mascarpone • 1 tacita (30 g) de café caliente muy cargado • 100 g de azúcar glas • 1 copita de licor de almendras • 1 pizca de canela molida • 10 melindros • 1 cucharada de cacao en polvo • 2 huevos.

Preparación:

1. Sacar con tiempo el mascarpone de la nevera, aproximadamente una hora antes.
2. Agregar el café al mascarpone y batir con batidora eléctrica para que quede una crema.
3. Tamizar el azúcar glas y batir los huevos con el azúcar, el licor de almendras y la canela hasta formar una espuma cremosa. Unos 5 minutos de varilla eléctrica.
4. Poner los melindros en una bolsita de plástico y aplastar con una mano de mortero hasta que se hayan hecho migas.
5. Mezclar la espuma de huevo y las migas de melindro con el mascarpone.
6. Volcar la crema en un recipiente un poco amplio de plástico y poner en el congelador dejando 6 horas.
7. Para servir cortar el postre helado en rectángulos, sacándolos con cuidado con una espátula y espolvorear con cacao antes de servir.

Helado de vainilla

Para 6 a 8 personas
Tiempo de preparación: 30 minutos
(más el tiempo de congelación)
Dificultad: media

Ingredientes:

1 sobre de azúcar de vainilla • 50 g de azúcar glas • 3 yemas • 2 claras • 200 g de nata.

Preparación:

1. Batir las 3 yemas con el azúcar glas hasta que queden bien espumosas.
2. Agregar el azúcar de vainilla.
3. Montar las dos claras con una cucharada de azúcar glas.
4. Aparte, batir la nata con un sobre de azúcar vainillada.
5. Unir las tres preparaciones, verter en una cubeta de congelador para helados y dejarla congelar unas 7 horas removiendo con frecuencia.

Helado de frambuesa

Para 4 a 6 personas
Tiempo de preparación: 50 minutos
Dificultad: baja

Ingredientes:

500 g de frambuesas • 300 g de azúcar • 1 1/2 vasos de agua • 2 naranjas.

Preparación:

1. Poner el azúcar en una pequeña cacerola junto con el agua y dejar a fuego moderado hasta obtener un almíbar bastante espeso.
2. Mientras tanto, limpiar muy bien las frambuesas, pasarlas por un tamiz fino, recogiendo el puré en una cacerola.
3. Incorporarle al puré el almíbar ya frío y el zumo de las dos naranjas.
4. Unir bien todos los ingredientes y verter la crema en la heladora dejando funcionar 30 minutos.
5. Si se congela en la cubeta especial del congelador tardará 5 horas, removiendo de vez en cuando.

Helado de chocolate

Para 6 a 8 personas
Tiempo de preparación: 40 minutos
(más el tiempo de congelación)
Dificultad: baja

Ingredientes:

100 g de chocolate amargo • 50 ml de leche • 3 yemas
• 2 claras • 50 g de azúcar glas • 200 g de nata
• 1 sobre de azúcar de vainilla.

Preparación:

1. Fundir el chocolate con la leche al baño María.
2. Batirlo y dejarlo enfriar.
3. Batir las tres yemas con azúcar glas.
4. Montar las dos claras a punto de nieve firme con 1 cucharada de azúcar glas.
5. Mientras tanto, montar la nata con un sobre de azúcar de vainilla.
6. Unir las tres preparaciones removiendo bien y congelar en cubeta enfriada para congelador de 6 a 7 horas. Remover con frecuencia.

Helado de praliné

Para 6 a 8 personas
Tiempo de preparación: 30 minutos
(más el tiempo de congelación)
Dificultad: media

Ingredientes:

50 g de manteca de coco • 50 g de chocolate cobertura
semiamargo • 50 g y 1 cucharada de azúcar glas
• 2 yemas de huevo • 1/2 copita de licor de naranja (optativo)
• 2 claras de huevo.

Preparación:

1. Partir la manteca de coco y la cobertura en trozos y ponerlos al baño María.
2. Fundir bien los dos ingredientes.
3. Enfriar la preparación, removiendo varias veces mientras se enfría.
4. Tamizar el azúcar glas en un cuenco.
5. Batir las yemas bien espumosas con 50 g de azúcar glas y el licor.
6. Montar las claras con el azúcar glas restante.
7. Mezclar la preparación de chocolate con la espuma de yema poco a poco.
8. Añadir las claras montadas a punto de nieve a la preparación anterior.

9. Verter la crema en un recipiente cuadrado grande e introducir en el congelador del refrigerador durante 6 horas. No necesita remover.
10. Para servirlo, cortarlo en dados y extraerlos con cuidado.

Helado de café

Para 4 a 6 personas
Tiempo de preparación: 50 minutos
Dificultad: media

Ingredientes:

1/2 litro de café muy cargado • 4 yemas de huevo
• 250 g de azúcar • 300 g de nata.

Preparación:

1. Poner en una cacerola las cuatro yemas, añadirles el azúcar y batirlas hasta que estén bien espumosas.
2. Añadirles poco a poco el café y seguir batiendo.
3. Montar la nata bien firme uniendo todos los ingredientes con suavidad.
4. Calentar a fuego muy suave sin dejar de remover y cuando suelte el hervor retirar la crema del fuego, dejándola enfriar y removiendo de vez en cuando.
5. Una vez fría, verter el helado en la heladora y hacerla funcionar 25 minutos. En el congelador del frigorífico se necesitan unas 5 horas.

Espuma helada Cordón Bleu

Para 4 o 6 personas
Tiempo de preparación: 20 minutos
(más el tiempo de congelación)
Dificultad: baja

Ingredientes:

1/2 litro de helado de pistachos • 3/4 de litro de nata
• 200 g de fruta confitada variada • unas rebanadas de bizcocho.

Preparación:

1. Cortar en daditos toda la fruta confitada y el bizcocho.
2. Batir la nata hasta que esté bien consistente.
3. Incorporarle la fruta confitada y el bizcocho, mezclando bien los ingredientes.
4. Revestir el fondo y las paredes de un molde alto con el helado de pistachos y colocar en su interior la nata, nivelando bien la superficie.
5. Cubrir el molde con su tapa o con un papel impermeabilizado.
6. Poner el molde en el frigorífico durante unas 4 o 5 horas.

Helado de almendras y nueces

Para 4 a 6 personas
Tiempo de preparación: 50 minutos
Dificultad: media

Ingredientes:

100 g de almendras • 125 g de nueces peladas
• 550 g de azúcar • 8 yemas • 1 l de leche • 1/4 rama de vainilla.

Preparación:

1. Poner en el horno las nueces y las almendras peladas; removerlas continuamente para que se tuesten bien.
2. Retirar cuando estén bien doradas y quitarles la piel.
3. Poner 250 g de azúcar en un recipiente con una cucharada de agua y dejar acaramelar. Añadirle los frutos y retirar del fuego.
4. Poner las yemas en un recipiente con el azúcar y batirlas muy bien.
5. Agregarles la leche tibia y poner al fuego mezclando continuamente
6. Quitar del fuego y dejar enfriar.
7. Mientras tanto, triturar en el mortero las nueces y almendras hasta que quede una pasta fina.
8. Mezclar las dos preparaciones y poner en la heladora.
9. Dejar funcionar 30 minutos.
10. Puede congelar en el refrigerador en la cubeta especial para helado.

Espuma helada

Para 6 a 8 personas
Tiempo de preparación: 30 minutos
(más el tiempo de congelación)
Dificultad: baja

Ingredientes:

1 kg de fruta variada (albaricoques, melocotones, ciruelas, frambuesas) • 250 g de nata batida • 2 copas de marrasquino.

Preparación:

1. Pelar la fruta, cortarla en rodajas y pasarlas por el tamiz, recogiendo el puré en una cacerola.
2. Preparar un almíbar denso con el azúcar y un vaso de agua.
3. Hervirlo durante 15 minutos, aproximadamente.
4. Dejarlo enfriar y luego añadirlo al puré de frutas, uniendo bien los ingredientes.
5. Batir la nata hasta que quede bien firme.
6. Incorporar el licor y la nata suavemente a la preparación de la fruta.
7. Forrar con un papel impermeabilizado un molde redondo de paredes altas y verter en él la mezcla, nivelando bien la superficie.
8. Introducirlo en el congelador 4 horas.

Helado de leche condensada

Para 6 a 8 personas
Tiempo de preparación: 40 minutos
Dificultad: media

Ingredientes:

2 tazas de leche condensada • 1/2 taza de agua • 3 yemas
• 3 claras • 3 cucharadas de azúcar • 1 cucharadita
de azúcar vainillada.

Preparación:

1. Hervir la leche con el agua.
2. Batir las yemas con el azúcar hasta que estén claras y espesas.
3. Añadir poco a poco la leche batiendo continuamente.
4. Llevar a fuego suave hasta que se espese, pero sin hervir.
5. Retirar y enfriar. Agregar el azúcar vainillado y las claras batidas a punto de nieve.
6. Verter la preparación en la heladora y dejar funcionar hasta que tome consistencia.
7. Se puede congelar en la cubeta especial para helados del refrigerador.

Biscuit glacé de frutas

Para 4 a 6 personas
Tiempo de preparación:40 minutos
(más el tiempo de congelación)
Dificultad: baja

Ingredientes:

8 yemas de huevo • 6 cucharadas de azúcar
• 1 kg de nata montada • caramelo líquido.

Para el mazapán:

300 g de almendras molidas • 300 g de azúcar
• 1 clara montada a punto de nieve • frutas confitadas o frescas.

Preparación:

1. Batir las yemas con el azúcar hasta que estén espumosas.
2. Añadir la nata montada y un poco de caramelo líquido (se puede sustituir por un poco de extracto de vainilla).
3. Agregar las frutas confitadas bien picadas; lavadas y escurridas si son frescas.
4. Para preparar el mazapán, moler bien las almendras, agregar el azúcar y machacar la pasta muy bien.
5. Luego añadir la clara de huevo montada bien firme.
6. Estirar la masa y forrar un molde alargado de paredes altas.
7. Verter la mezcla de nata y frutas y ponerlo en el congelador durante 3 horas.
8. Dejarlo en la nevera hasta el momento de servir.

Helado de aguacate

Para 6 a 8 personas
Tiempo de preparación: 40 minutos
Dificultad: media

Ingredientes:

1 taza y media de puré de aguacate • 4 cucharadas de zumo de limón • 1 taza de azúcar molida • 1/2 taza de zumo de piña • 1/2 taza de zumo de naranja • 1 taza de leche • 1/2 cucharadita de sal • gotas de esencia de almendras.

Preparación:

1. Poner todos los ingredientes en un recipiente en el orden indicado.
2. Mezclar bien después de añadir cada uno.
3. Verter en la heladora y dejarla funcionar unos 30 minutos o hasta que tome consistencia.
4. Para congelar en la cubeta del refrigerador previamente enfriada, verter la mezcla sin que llegue al borde, taparla y dejarla 5 horas removiendo de vez en cuando hasta su completa congelación.

Helado de caquis

Para 4 a 6 personas
Tiempo de preparación: 40 minutos
Dificultad: baja

Ingredientes:

300 g de pulpa de caquis • 150 g de agua • 50 g de azúcar de caña • zumo de un limón • 1 clara de huevo • 1 pizca de canela.

Preparación:

1. Poner en una cacerola el agua con el azúcar, dejarla hervir para hacer un almíbar.
2. Mientras tanto, sacar la pulpa de la fruta, quitarle las partes fibrosas y añadirle la canela. Batir bien hasta formar una crema.

3. Incorporar el almíbar y la clara de huevo a punto de nieve firme.
4. Poner en la heladora y hacer funcionar durante 20 minutos.

Helado de castaña

Para 4 a 6 personas
Tiempo de preparación: 1 hora y 30 minutos
Dificultad: media

Ingredientes:

250 g de pulpa de castaña • 250 g de leche • 100 g de nata líquida • 2 cucharadas de miel • 2 cucharadas de ron • 1 huevo • 1 pizca de sal.

Preparación:

1. Quitar a las castañas la cáscara externa, pesarlas y dejarlas en agua hirviendo durante unos minutos para quitar la interna con facilidad.
2. Poner la leche y la nata en una cacerola, llevarla al fuego, añadirle las castañas, ponerles un poco de sal y dejarlas cocer una hora, aproximadamente.
3. Cuando las castañas estén bien cocidas, reducirlas a puré agregándoles un poco de la leche del hervor.
4. Añadirle la miel y el ron, mezclando enérgicamente y batiendo unos minutos hasta conseguir una pasta lisa.
5. Cuando la preparación se haya enfriado, introducirla en la heladora y hacerla funcionar unos 20 minutos.
6. Si se pone en la cubeta, recordar que tiene que estar bien enfriada antes de introducirla en el congelador.

Helado de crema inglesa

Para 6 a 8 personas
Tiempo de preparación: 50 minutos
Dificultad: baja

Ingredientes:

6 huevos • **corteza de un limón** • **1 litro de leche**
• **350 g de azúcar.**

Preparación:

1. Poner en una cacerola cuatro yemas y dos huevos enteros.
2. Incorporarles el azúcar y batir los ingredientes con el batidor de varillas hasta obtener una mezcla casi blanca y espumosa.
3. Mientras tanto, se habrá puesto la leche a hervir con la corteza de limón.
4. Unir las dos preparaciones, quitando la corteza.
5. Poner al fuego la crema removiendo constantemente sin que llegue a hervir.
6. Cuando empieza a espesarse ligeramente, retirarla del fuego, verterla en un recipiente grande y seguir batiendo hasta que se enfríe.
7. Tamizarla, introducirla en la heladora y hacerla funcionar durante unos 25 minutos.

Helado de pistachos

Para 4 a 6 personas
Tiempo de preparación: 1 hora y 30 minutos
Dificultad: baja

Ingredientes:

100 g de pistachos • **4 huevos** • **250 g de azúcar** • **1 litro de leche** • **unas gotas de colorante verde para pastelería.**

Preparación:

1. Poner los pistachos en el mortero hasta que queden convertidos en una pasta.
2. Hervir la leche y sin enfriar añadirle los pistachos y dejarlos durante una hora.
3. Poner las yemas de huevo y el azúcar en una cacerola y batir con varilla eléctrica hasta que la preparación quede blanca y espesa.
4. Diluirlas de a poco con la leche y los pistachos y llevar al fuego la preparación.
5. Retirarla del fuego cuando comience a hervir.
6. Pasar la crema por un tamiz fino y, a continuación, dejarla enfriar completamente.
7. Una vez esté bien fría, incorporarle el colorante verde para avivar el color.
8. Proceder a su congelación, durante 30 minutos en la heladora (4 horas en el congelador del refrigerador).

Helado de mermelada de castaña

Para 4 a 6 personas
Tiempo de preparación: 40 minutos
Dificultad: baja

Ingredientes:

250 g de mermelada de castañas • 150 g de leche • 2 huevos
• 1 cucharada de ron • 1 cucharada de malta de cebada.

Preparación:

1. Batir las yemas de huevo hasta que queden bien espumosas.
2. Añadirles la mermelada de castaña, la cucharada de malta, la leche, el ron y mezclarlo todo muy bien.
3. Incorporar la clara batida a nieve bien firme con suavidad.
4. Verter la mezcla en la heladora y hacerla funcionar 25 minutos.

Helado de caramelo

Para 4 a 6 personas
Tiempo de preparación: 40 minutos
(más el tiempo de congelación)
Dificultad: baja

Ingredientes:

6 huevos • la corteza de un limón • 350 g de azúcar
• 50 g de azúcar para el caramelo.

Preparación:

1. Poner en una cacerola 4 yemas y dos huevos enteros, incorporarles el azúcar y batir con batidora de varillas hasta que la preparación quede blanca y espumosa.
2. Mientras se baten los huevos, hervir la leche con la corteza de limón.
3. Retirar la corteza de limón y unir las dos preparaciones.
4. Ponerla al fuego removiendo sin que llegue a ebullición.
5. Cuando comience a espesarse, retirarla del fuego verterla en un recipiente grande y batirla hasta que enfríe.
6. Mientras tanto, poner en una cacerolita el azúcar con dos cucharadas de agua y cuando se ponga de color dorado mezclar con la crema que se está enfriando.
7. Congelar durante 6 horas removiendo o en heladora 30 minutos.

Helado de chocolate y almendras

Para 4 a 6 personas
Tiempo de preparación: 40 minutos
Dificultad: media

Ingredientes:

50 g de chocolate fondant rallado • 1 taza de almendras molidas
• 185 g de azúcar • 2 tazas de nata montada • 2 huevos
• 2 yemas de huevo • 1 cucharada de cacao • 0,5 dl de leche.

Preparación:

1. Batir los huevos y las yemas con el azúcar hasta conseguir una crema espumosa.
2. Añadir el cacao y el chocolate derretido en la leche caliente y las almendras tostadas y molidas.
3. Poner al baño María y batir con batidora eléctrica hasta obtener una crema espesa.
4. Dejar enfriar y unir la nata montada.
5. Ponerlo todo en la heladora y dejar funcionar 20 minutos.

6. Si se pone en el congelador, enfriar primero la cubeta, dejarlo durante 5 horas, removiendo de vez en cuando.

Helado de espuma de fresas

Para 4 o 6 personas
Tiempo de preparación:
30 minutos, (más el tiempo
de congelación)
Dificultad: baja

Ingredientes:

500 g de nata batida • 500 g de fresas • 150 g de azúcar glas
• medio limón • vino blanco.

Preparación:

1. Lavar las fresas con el vino blanco, dejarlas unos minutos en remojo en el mismo vino.
2. Pasarlas por el tamiz y adicionarles el azúcar, el zumo de medio limón y remover.
3. Batir la nata hasta que quede bien montada y mezclarla con los demás ingredientes.
4. Verter la mezcla en un molde de paredes altas, previamente enfriado en el frigorífico y volver a meterlo en el congelador durante 4 o 5 horas, removiendo la espuma de vez en cuando para que no se formen cristales en la superficie.

Helado de higos

Para 4 a 6 personas
Tiempo de preparación: 1 hora
Dificultad: baja

Ingredientes:

350 g de higos maduros • 100 g de leche • 50 g de azúcar
• 1 cucharada de miel • zumo de un limón.

Preparación:

1. Lavar y secar los higos. A continuación, hacer un puré y agregarle el zumo de limón.
2. Añadirle la leche, en la cual se habrá mezclado la miel y el azúcar.
3. Mezclarlo todo con cuidado.
4. Introducir la preparación en la heladora y hacerla funcionar unos 35 minutos.
5. Si se congela en el refrigerador, mantener la cubeta helada mientras se prepara el helado.
6. Dejar enfriar durante unas 6 horas, removiendo la crema de vez en cuando.

Helado de fresa en tulipa

Para 4 a 6 personas
Tiempo de preparación: 30 minutos
(más el tiempo de congelación)
Dificultad: media

Ingredientes:

350 g de azúcar • 10 yemas de huevo • 1 litro de leche
• 1 rama de canela • corteza de medio limón • 700 g de fresas.

Preparación:

1. Poner la leche a cocer; añadir la canela, el azúcar y la corteza de limón. Tapar y dejar reposar durante 10 minutos.
2. Poner las yemas en un cazo y agregar la leche caliente.
3. Poner al fuego al baño María y batir constantemente hasta que se espese un poco.
4. Colar la crema, ponerla en un cuenco y dejarla enfriar removiendo de vez en cuando.
5. Lavar las fresas, hacer un puré y añadirlo a la crema una vez que ésta esté fría.
6. Verter en una cubeta especial para helado previamente enfriada y meter en el congelador unas 4 horas.

212

Ingredientes:

200 g de galletas de chocolate tipo María • 1 tableta de chocolate a la taza (sin leche) • 3 huevos • 125 g de mantequilla • 1 vaso de leche • 2 cucharadas de azúcar.

Relleno:

1 kg de nata montada • 300 g de fresas • 1 bote de mermelada de fresas.

Preparación:

Bizcocho:

1. Moler las galletas. Separar las yemas de las claras y añadir a las yemas las cucharadas de azúcar, batiendo con varilla eléctrica hasta que estén espumosas.
2.. Agregar las galletas molidas, el chocolate derretido previamente con la mantequilla y el vaso de leche.
3. Añadir las claras batidas a nieve muy duras.
4. Untar con mantequilla una placa bien plana para horno.
5. Cocer 15 minutos. Desmoldear sobre un paño húmedo.
6. Enrollarlo junto con el paño hasta el momento de utilizarlo.

Relleno:

7. Lavar las fresas, quitarles los pedúnculos, partirlas y mezclarlas con la confitura.
8. Poner encima de la masa extendida el preparado de fresa y la mitad de la nata montada. Enrollar el bizcocho hasta formar un cilindro y dejar helar durante 2 horas, aproximadamente.
9. Sacar del congelador y cubrir con la nata restante.

7. Servir el helado con la cuchara redonda especial, poner dos bolas en cada tulipa y añadir algunas fresas enteras.

Helado de regaliz

Para 4 a 6 personas
Tiempo de preparación: 50 minutos
Dificultad: baja

Ingredientes:

30 g de regaliz en bastoncitos • 250 g de nata montada • 200 g de leche • 70 g de azúcar de caña.

Preparación:

1. Poner en una cacerola la leche, el azúcar y los bastoncitos de regaliz en trocitos.
2. Hacer hervir hasta que el regaliz se haya disuelto.
3. Dejar enfriar y añadirle después la nata montada.
4. Verter el preparado en la heladora y hacerla funcionar 30 minutos.
5. Este helado no está preparado para el congelador.

Brazo de gitano helado

Para 4 a 6 personas
Tiempo de preparación: 1 hora
y 30 minutos (más el tiempo de congelación)
Dificultad: alta

Helado Málaga

Para 4 a 6 personas
Tiempo de preparación: 50 minutos
Dificultad: baja

Ingredientes:
50 g de pasas de uva • 250 g de leche • 200 g de nata montada • 100 g de azúcar • 2 yemas de huevo • ron.

Preparación:
1. Lavar las pasas de uva y ponerlas en remojo en el ron hasta cubrirlas.
2. Mientras tanto, en una cacerola batir bien las yemas con el azúcar hasta que estén bien cremosas.
3. Unir la leche que se habrá calentado a fuego moderado sin dejar de remover.
4. Llevar la preparación al fuego sin dejar de batir y retirarla cuando se espese y antes de que comience a hervir.
5. Dejar enfriar y unir el ron con las pasas de uva y añadir la nata montada con mucha suavidad.
6. Poner la preparación en la heladora y hacerla funcionar 20 minutos.
7. Si se pone en el congelador, dejarlo enfriar muy bien y verter la mezcla en la cubeta especial para helados sin llenarla demasiado.
8. Congelar 5 horas removiendo de vez en cuando.

Helado con salsa de frambuesas

Para 4 a 6 personas
Tiempo de preparación: 30 minutos
(más el tiempo de maceración)
Dificultad: baja

Ingredientes:
400 g de fresitas • 200 g de frambuesas • 75 g de azúcar • 1 copita de oporto • 4 bolas de helado de nata • 250 g de nata • 1 naranja.

Preparación:
1. Exprimir el zumo de la naranja y mezclarlo con el oporto y el azúcar.
2. Añadir las frambuesas y dejar macerar las frutas con el licor durante unas horas.
3. Pasarlo todo por el pasapurés y por un tamiz fino para eliminar las semillas de frambuesas.
4. Mezclar con la nata.
5. Limpiar las fresas, quitarle las hojas, y repartirlas en 4 porciones.
6. Poner una bola de helado en cada uno de los platos y cubrir con la salsa obtenida con las frambuesas, el zumo de naranja, el oporto y el azúcar.

Helado de nuez

Para 4 a 6 personas
Tiempo de preparación: 50 minutos
Dificultad: media

Ingredientes:
100 g de nueces peladas • 250 g de leche • 200 g de nata montada • 80 g de azúcar de caña • 1 clara de huevo • 1/2 rama de vainilla • 2 cucharadas de extracto de nuez.

Preparación:
1. Poner a calentar en una cacerola la leche con el azúcar y la vainilla abierta longitudinalmente para aprovechar todo su aroma.
2. Mientras tanto, tostar unos minutos en el horno las nueces y picarlas muy finamente.
3. Diluir la pasta con una cucharada de leche caliente.
4. Unir el resto de la leche ya fría quitando la vainilla.
5. Añadir la nata montada a la leche con las nueces, el extracto de nuez y la clara batida a punto de nieve.
6. Unirlo todo muy bien y verterlo en la heladora, y hacerla funcionar 25 minutos.
7. También se puede congelar en el refrigerador.

Biscuit glacé de chocolate

Para 4 a 6 personas
Tiempo de preparación: 30 minutos
(más el tiempo de congelación)
Dificultad: media

Ingredientes:

150 g de chocolate sin leche (para postres) • 175 g de azúcar
• 300 g de nata montada • 7 huevos • 1 trocito de vainilla
en rama • 2,5 dl de agua.

Preparación:

1. Poner en un cazo al fuego el azúcar, la vainilla y el agua.
2. Dejar cocer unos 10 minutos hasta obtener un almíbar claro.
3. Batir ligeramente las 7 yemas y verter sobre ellas el almíbar sin dejar de batir.
4. Cocer el conjunto al baño María durante 5 minutos, batiendo con batidora eléctrica.
5. Una vez que la crema quede bien espumosa y haya aumentado de volumen, retirar del fuego y seguir batiendo durante 5 minutos más.
6. Incorporar con cuidado poco a poco el chocolate previamente fundido en 2 o 3 cucharadas de agua.
7. Remover y mezclar bien; agregarle la nata montada mezclando con cuidado.
8. Por último, agregar a la crema 3 claras batidas a punto de nieve. Mezclar lo justo para que se liguen y no pierdan esponjosidad.
9. Verter en molde alto rectangular y dejar en el congelador no menos de 4 horas.

Helado de avellana

Para 4 a 6 personas
Tiempo de preparación: 1 hora
Dificultad: media

Ingredientes:

80 g de avellanas peladas • 300 g de leche
• 200 g de nata líquida • 70 g de azúcar de caña
• 1/2 rama de vainilla • 1 cucharada de melaza o miel.

Preparación:

1. Poner las avellanas en agua hirviendo unos minutos para quitarles la piel.
2. Mientras tanto, poner en una cacerola, la leche, la nata líquida, el azúcar y la vainilla, la cual se habrá cortado longitudinalmente para aprovechar todo su aroma.
3. Hervir durante unos minutos removiendo de vez en cuando. Dejar enfriar.
4. Poner en un recipiente las avellanas picadas con la melaza o la

miel y una cucharada de agua y dejar cocer unos minutos removiendo continuamente.
5. Quitar del fuego, dejar enfriar, triturar más las avellanas mezclando la pasta con un poco de leche.
6. Mezclar todos los ingredientes después de haber retirado la vainilla y poner en el fuego unos minutos, removiendo continuamente hasta que la crema esté algo espesa.
7. Dejar enfriar y poner en la heladora durante 30 minutos. También se puede congelar en el refrigerador.

Helado de café Mona Lisa

Para 4 a 6 personas
Tiempo de preparación: 50 minutos
Dificultad: baja

Ingredientes:

200 g de nata • 150 g de leche • 100 g de azúcar • 2 huevos
• 1 tacita de café bien fuerte • algunos granos de café.

Preparación:

1. Preparar el café bien fuerte, dejarlo enfriar en una cacerola.
2. Mientras tanto, batir los huevos con el azúcar hasta que estén bien espumosos.
3. Hacer hervir la leche con los granos de café y, al primer hervor, retirarla del fuego.
4. Mezclar la leche con los huevos sin dejar de batir.

5. Poner en el fuego unos minutos, hasta que la crema esté ligeramente espesa.
6. Mezclarle el café y dejar enfriar. Una vez fría, añadirle con cuidado la nata montada.
7. Poner en la heladora y hacerla funcionar 25 minutos.
8. Se puede usar una cubeta y endurecer en el congelador durante 5 horas, removiendo de vez en cuando.

Helado de stracciatella

Para 4 a 6 personas
Tiempo de preparación: 1 hora
Dificultad: media

Ingredientes:

250 g de leche • 250 g de nata para montar • 100 g de azúcar
• 1/2 rama de vainilla • 70 g de chocolate fondant.

Preparación:

1. Poner en una cacerola la leche, el azúcar y la vainilla, la cual se habrá cortado longitudinalmente para que desprenda el sabor.
2. Cuando suelte el hervor, esperar dos minutos, retirarla del fuego y dejarla enfriar.
3. Mientras tanto, montar la nata y rallar el chocolate.
4. Cuando la leche esté fría, quitarle la vainilla.
5. Mezclar todos los ingredientes con cuidado y verterla en la heladora haciéndola funcionar durante 30 o 35 minutos.
6. También se puede congelar en el refrigerador.

Helado de café Mónica

Para 4 a 6 personas
Tiempo de preparación: 50 minutos
(más el tiempo de maceración)
Dificultad: baja

Ingredientes:

70 g de café en grano • 300 g de nata • 100 g de azúcar
• 150 g de leche • 3 yemas de huevo.

Preparación:

1. Poner en un termo la leche bien caliente y los granos de café. Dejarlos toda la noche (12 horas).
2. Después, batir las yemas con el azúcar hasta que queden espumosas y mezclarlas con la leche tibia y filtrada.
3. Montar la nata bien firme y mezclar todos los ingredientes con suavidad.
4. Verter en la heladora y hacerla funcionar 30 minutos.
5. En congelador se introduce la cubeta con su tapa y se deja unas 6 horas removiendo cada 2 horas.

Helado de yogur

Para 4 a 6 personas
Tiempo de preparación: 1 hora y 40 minutos
Dificultad: baja

Ingredientes:

350 g de yogur • 150 g de fruta fresca de la estación
• 100 g de nata líquida • 50 g de azúcar.

Preparación:

1. Lavar, pelar y pesar la fruta. Ponerla en un recipiente y dejarla macerar con el azúcar durante 1 hora.
2. Mientras tanto, diluir el yogur con la nata líquida y mezclar todos los ingredientes. La fruta con el preparado de yogur y nata.
3. Verter en la heladora y hacerla funcionar 20 minutos.
4. Si se congela en el refrigerador, verter el preparado en la cubeta especial previamente enfriada, taparla y remover cada dos horas. Dejarla 4 horas.

Helado rápido de crema

Para 4 a 6 personas
Tiempo de preparación: 50 minutos
Dificultad: baja

Ingredientes:

200 g de leche • 200 g de nata montada • 70 g de azúcar • 2 huevos.

Preparación:

1. Batir los huevos con el azúcar hasta que estén espumosos.
2. Agregar la leche y después la nata montada con mucha suavidad.
3. Verter el preparado en la heladora y hacerla funcionar durante 30 minutos.

Helado de dátiles

Para 4 a 6 personas
Tiempo de preparación: 50 minutos
Dificultad: baja

Ingredientes:

200 g de dátiles • 200 g de leche • 200 g de nata líquida • 2 cucharadas de vodka • 1 cucharada de malta.

Preparación:

1. Lavar, secar y quitar la cáscara a los dátiles.
2. Picarlos finamente, añadirles la malta, la leche, la nata y el licor.
3. Mezclarlo todo muy bien y ponerlo en la heladora dejándola funcionar durante 30 minutos.
4. Si se congela en el refrigerador, se debe poner toda la mezcla a cocer al baño María, retirándola antes de que comience a hervir.
5. Dejar enfriar y enseguida añadirle el licor.
6. Verter en la cubeta especial para helados y poner en el congelador durante 5 horas, removiendo de vez en cuando.

Helado de leche con huevo

Para 4 a 6 personas
Tiempo de preparación: 30 minutos
(más el tiempo de congelación)
Dificultad: media

Ingredientes:

1 cucharada de fécula • 200 g de leche fría • 300 g de leche caliente • 12 pastillas de edulcorante • 25 g de mantequilla • 4 claras de huevo • 1/2 cucharadita de azúcar de vainilla • 1 cucharada de cacao amargo.

Preparación:

1. Disolver la fécula en la leche fría.
2. Poner en una cacerola el resto de la leche, agregar el edulcorante y la mantequilla.
3. Llevar al fuego y remover hasta que rompa el hervor.
4. Dejar enfriar y verter en la cubeta especial para helados previamente enfriada.
5. Dejar congelar una hora; mientras tanto, batir las claras a punto de nieve firme e incorporar removiendo con suavidad.
6. Dejar congelar unas 4 o 5 horas.
7. Servir en copas alternando en capas con cacao espolvoreado.

Helado de vainilla con nata

Para 4 a 6 personas
Tiempo de preparación: 50 minutos
Dificultad: media

Ingredientes:

250 g de leche • 200 g de nata para montar • 4 yemas de huevo • 80 g de azúcar • 1 rama de vainilla.

Preparación:

1. Batir las yemas con el azúcar hasta que estén bien espumosas.
2. Mientras tanto, poner la leche a calentar con la rama de vainilla, cortada longitudinalmente para que desprenda el sabor.
3. Cuando la leche hierva, verterla despacio sobre las yemas sin dejar de batir.
4. Poner la crema al baño María durante algunos minutos, mezclando continuamente con cuchara de madera y evitando que rompa el hervor.
5. Quitarle la vainilla y dejarla enfriar. Mientras tanto, montar la nata.
6. Cuando se haya enfriado la crema, agregarla con mucho cuidado a la nata, tratando de que la preparación quede espumosa.
7. Poner la preparación en la heladora y hacerla funcionar durante 25 minutos.
8. Si se congela en el refrigerador, colocarla en la cubeta especial para helado enfriada, sin llenarla hasta el borde. Dejarla en el congelador 6 horas, removiendo de vez en cuando.

Sorbete de naranja

Para 4 a 6 personas
Tiempo de preparación: 35 minutos
Dificultad: baja

Ingredientes:

Zumo de 4 naranjas • 100 g de azúcar • 3 dl de agua • zumo de un limón • cáscara rallada de 2 naranjas • 1 clara de huevo.

Preparación:

1. Hacer hervir en una cacerola el agua y el azúcar durante 10 minutos.
2. Cuando la preparación esté todavía caliente, unirle la cáscara rallada de la naranja y dejar enfriar.
3. Añadir los zumos de las naranjas y el limón al almíbar.
4. Agregar la clara de huevo montada bien firme, remover con cuidado.
5. Verter en la heladora, hacerla funcionar y mantener hasta que el sorbete esté en su punto.
6. Para congelar en el refrigerador, verter la mezcla en una cubeta especial para helados, sin llenarla demasiado, ponerle la tapa y dejar hasta que se congele, comprobando y removiendo el preparado.

Sorbete de guindas

Para 4 a 6 personas
Tiempo de preparación: 50 minutos
Dificultad: media

Ingredientes:

450 g de guindas • 100 g de miel • 100 g de agua
• zumo y cáscara de limón • 1 pizca de canela • 1 clara de huevo.

Preparación:

1. Lavar las guindas, quitarles el pedúnculo y deshuesarlas.
2. Poner los huesos con el agua y la canela en un recipiente y dejarlo hervir unos 10 minutos.
3. Rallar la cáscara de limón y exprimirlo para obtener el zumo.
4. Unir todos los ingredientes: las guindas, el zumo y la ralladura de limón, el líquido del hervor de los huesitos y la miel.
5. Poner a fuego moderado y remover durante 15 minutos.
6. Dejar enfriar y agregar la clara a punto de nieve.
7. Poner en la heladora y dejarla funcionar controlando hasta que tome consistencia.
8. Si se congela en el refrigerador, poner la preparación en una cubeta especial para helados previamente enfriada con su tapa y dejar congelar durante 6 horas removiendo de vez en cuando.

Sorbete de fresas

Para 4 a 6 personas
Tiempo de preparación: 20 minutos
Dificultad: baja

Ingredientes:

500 g de fresones • 150 g de azúcar • zumo de 1 limón
• zumo de 1 naranja.

Preparación:

1. Lavar muy bien los fresones para que no quede nada de arenilla y escurrirlos bien.
2. Añadirles el zumo de limón, el de naranja y el azúcar.
3. Mezclarlo todo muy bien y, si se desea más fino, triturarlo con licuadora eléctrica.
4. Verter en la heladora y hacerla funcionar controlando hasta que la preparación tenga la consistencia deseada.
5. Si se utiliza el congelador del refrigerador, colocar la preparación en la cubeta especial previamente enfriada sin llenar hasta el borde. Dejar congelar de 2 a 3 horas removiendo de vez en cuando.

Sorbete de fruta mixta

Para 4 a 6 personas
Tiempo de preparación: 30 minutos
Dificultad: baja

Ingredientes:

100 g de albaricoque • 100 g de fresas • 100 g de frambuesas
• 100 g de cerezas • 1/2 l de agua • 200 g de azúcar.

Preparación:

1. Lavar, deshuesar y escurrir la fruta. Pelar los albaricoques.
2. Poner la fruta en la batidora.
3. Hacer hervir el agua con el azúcar durante 15 minutos y dejarla enfriar antes de agregarla a la fruta.
4. Mezclar bien en la batidora.
5. Poner la mezcla en la heladora y hacerla funcionar controlando hasta que la preparación tome la consistencia deseada.
6. Para congelar en el refrigerador verter la mezcla en la cubeta especial para helados, taparla y dejarla durante una hora, sacarla, mezclar bien y dejar otra hora en el congelador.

Sorbete de kiwi

Para 4 a 6 personas
Tiempo de preparación: 20 minutos
Dificultad: baja

Ingredientes:

500 g de kiwi maduro • 50 g de azúcar
• zumo de 1 limón.

Sorbete de limón

Para 4 a 6 personas
Tiempo de preparación: 15 minutos
(más el tiempo de congelación)
Dificultad: baja

Ingredientes:

3 limones • 100 g de azúcar
• 2,5 dl de nata para montar.

Preparación:

1. Utilizar limones bien frescos y jugosos.
2. Exprimirlos recogiendo el zumo en un recipiente.
3. Añadir el azúcar y mezclar.
4. Verter la preparación en una cubeta especial para helados previamente enfriada y ponerla en el congelador.
5. Mientras tanto, montar la nata bien firme.
6. Pasada una hora, quitar la cubeta y unirle la nata montada, removiendo todo con suavidad.
7. Ponerla nuevamente en el congelador y dejarla 2 horas más.

Sorbete de bayas

Para 4 a 6 personas
Tiempo de preparación: 30 minutos
(más el tiempo de reposo)
Dificultad: baja

Preparación:

1. Limpiar bien los kiwis y quitarles la cáscara.
2. Ponerlos en una batidora con el azúcar y el limón.
3. Batir durante algunos minutos.
4. Poner en la heladora y hacerla funcionar hasta que tenga la consistencia deseada.
5. También se puede congelar en el refrigerador.

Sorbete de mandarina

Para 4 a 6 personas
Tiempo de preparación: 30 minutos
Dificultad: media

Ingredientes:

4 mandarinas maduras • 150 g de azúcar
• zumo de media naranja • cáscara de naranja • 2,5 dl agua
• 200 g de nata para montar.

Preparación:

1. Poner en una cacerola el agua, el azúcar y hervir 10 minutos.
2. Aún caliente, unir la cáscara rallada de la naranja. Dejar enfriar.
3. Mientras tanto, exprimir las mandarinas, recogiendo el zumo en un recipiente, al que se añadirá el zumo de naranja.
4. Agregar el zumo de la fruta al almíbar ya frío.
5. Mezclarlo todo y añadir la nata montada.
6. Poner la preparación en la heladora y hacerla funcionar hasta que tome la consistencia deseada.
7. También se puede congelar en el refrigerador, poniendo la preparación en una cubeta previamente enfriada sin llenar hasta el borde.

Ingredientes:

300 g de bayas variadas (grosellas, fresas, moras, frambuesas)
• 50 g de azúcar • 50 g de azúcar gelatinizante
• 2 cucharaditas de zumo de limón • 1,2 dl de agua • cáscara
rallada de medio limón • 1/2 copa de licor de frambuesa.

Preparación:

1. Lavar las frutas y quitarles los pedúnculos.
2. Espolvorear las frutas ya limpias con azúcar y rociarlas con zumo de limón.
3. Dejar reposar unas horas.
4. Hervir un minuto el agua con el azúcar gelatinizante y la cáscara de limón.
5. Apartarlo del fuego y dejarlo enfriar.
6. Triturar las frutas en la batidora, pasarlas por cedazo y añadirle el licor de frambuesa.
7. Unir todos los ingredientes y verter en la heladora y dejar funcionar unos 20 minutos.
8. También se puede congelar en el refrigerador.

Sorbete de yogur

Para 4 a 6 personas
Tiempo de preparación: 40 minutos
Dificultad: baja

Ingredientes:

400 g de fresas • 300 g de yogur
• 50 g de azúcar • 1/2 l de agua.

Preparación:

1. Poner en la cacerola el agua y el azúcar y dejarlo hervir durante 10 minutos.

2. Mientras tanto, lavar y escurrir bien las fresas, deshacerlas y unirlas con el almíbar.
3. Dejar enfriar la preparación.
4. Luego, añadirle el yogur y batir durante unos minutos.
5. Verter el preparado en la heladora y hacerla funcionar controlando hasta que el preparado esté con la consistencia deseada.
6. También se puede usar el congelador poniendo el preparado en una cubeta especial para helados previamente enfriada.

Granizado de menta

Para 4 a 6 personas
Tiempo de preparación: 30 minutos
Dificultad: baja

Ingredientes:

150 g de jarabe de menta • 150 g de azúcar • 2,5 dl de agua.

Preparación:

1. Poner al fuego el agua con el azúcar y dejar hervir 10 minutos.
2. Trasvasarlo a otro recipiente y dejarlo enfriar.
3. Añadirle el jarabe de menta y remover.
4. Ponerlo en una cubeta especial para helados previamente enfriada, taparla y dejar congelar completamente.
5. Una vez congelado, sacarlo de la cubeta, partirlo en trozos y ponerlo en la picadora 2 segundos.
6. Colocarlo en copas altas y servirlo.

Granizado de café

Para 4 a 6 personas
Tiempo de preparación: 40 minutos
Dificultad: baja

Ingredientes:

3 tazas de café bien fuerte • 1/2 l de agua • 100 g de azúcar.

Preparación:

1. Poner en una cacerolita el agua, con el azúcar y dejarlo hervir unos 10 minutos.
2. Mientras, hacer el café bien fuerte y añadirle el almíbar.
3. Trasvasarlo todo a un recipiente y dejarlo enfriar.
4. Verter el preparado en una cubeta especial para congelar previamente enfriada y ponerlo en el congelador hasta que esté completamente helado.
5. Quitarlo de la cubeta, cortarlo un poco y ponerlo en la picadora unos segundos.
6. Se sirve en copas altas y se toma con cañita.

REPOSTERÍA

Alfajores

Para 6 personas
Tiempo de preparación: 55 minutos
Dificultad: alta

Ingredientes

700 g de harina • 400 g de azúcar • 8 huevos
• 50 g de mantequilla • 50 g de coco rallado • mermelada
de melocotón o fresa (al gusto) • levadura • vainilla en polvo.

Preparación:

1. En un bol, poner la mantequilla reblandecida, las ocho yemas de huevo, una clara, el azúcar y la vainilla. Mezclar todo bien.
2. Formar un volcán con la harina mezclada con la levadura; añadir la mezcla anterior y trabajar la masa hasta formar una pasta homogénea.
3. Dejar reposar la masa un rato y estirarla con la ayuda del rodillo previamente enharinado, dándole unos seis milímetros de grosor.
4. Cortar la pasta en forma de círculos con la ayuda de un vaso.
5. Colocar los discos en una placa previamente untada con mantequilla.
6. Introducir la placa en el horno a temperatura media durante veinticinco minutos, aproximadamente.
7. Dejar enfriar los alfajores, cubrir con un poco de mermelada, unirlos de dos en dos y espolvorear con el coco rallado por ambos lados.

Manjar de monjas

Para 4 personas
Tiempo de preparación: 35 minutos
Dificultad: baja

Ingredientes:

1 l de leche • 200 g de harina de arroz • 200 g de azúcar
• 1 rama de canela.

Preparación:

1. En un recipiente, disolver el azúcar y la harina en un poco de leche, removiendo para que no se formen grumos.
2. Añadir el resto de la leche con canela en rama.
3. Poner la mezcla en un cazo sobre fuego normal, e ir dando vueltas constantemente con una cuchara de madera hasta que dé el primer hervor.
4. Dejar sobre el fuego durante unos minutos más y, cuando la pasta esté en su punto, verterla en una fuente plana y ancha. Dejarla enfriar; cortarla a trozos y servirla.

Torta a la navarra

Para 4 personas
Tiempo de preparación: 50 minutos
Dificultad: baja

Ingredientes:

4 huevos • 100 g de pasas • 100 g de miga de pan rallado
• 1/4 l de leche • 3 cucharadas de mantequilla • canela en polvo
• 150 g de azúcar.

Preparación:

1. Retirar 2 cucharadas de azúcar y reservarlas.
2. Poner las pasas en remojo con agua tibia.
3. En un recipiente hondo, poner la miga de pan, la leche, los huevos, una pizca de canela, el azúcar y las pasas escurridas. Mezclar bien todo durante unos minutos.
4. Untar una fuente refractaria con la mantequilla, espolvorearla con 2 cucharadas de azúcar e incorporar seguidamente la mezcla de los ingredientes.
5. Introducir la fuente en el horno y mantenerla hasta que la torta esté dorada en la superficie.
6. Dejar enfriar y desmoldar. Servir la torta cortada en forma de triángulos.

Almojábanas

Para 4 personas
Tiempo de preparación: 1 hora y 15 minutos
Dificultad: media

Ingredientes:

500 g de harina • 1/4 l de aceite • 1/2 l de agua • 6 huevos
• 50 g de azúcar.

Almíbar:

400 g de azúcar • 6 dl de agua • la piel de 1 limón.

Preparación:

1. Lavar y cepillar bien el limón.
2. Preparar el almíbar, poniendo un recipiente al fuego con el agua indicada; añadir el azúcar y la piel de limón, procurando cortar sólo la parte amarilla. Dejar cocer 10 minutos, a partir de la ebullición.
3. En un cazo al fuego, poner 1/2 litro de agua, el aceite y el azúcar; llevar a ebullición. Echar toda la harina, trabajar con la espátula de madera, removiendo para que no se formen grumos, con el fuego más suave hasta que se despegue la pasta de las paredes del cazo.
4. Retirar del fuego y dejar enfriar un poco.
5. Añadir los huevos uno a uno, esperando que se absorba uno antes de añadir el siguiente. Tiene que quedar una masa espesa pero elástica y manejable.
6. Precalentar el horno a 170 °C.
7. Untar una fuente para horno. Con dos cucharas, poner porciones sobre la fuente, un poco separadas, para evitar que se peguen cuando se hinchen al cocer.
8. Cuando estén todas bien puestas, hacer un agujero en el centro, con el dedo untado de aceite.
9. Cocer en el horno a 180 °C, unos veinte minutos, hasta que se doren.
10. Sacar del horno, dejar enfriar y pasar por el almíbar conservado caliente; colocarlas en una fuente. Servir frías.

Baltazares de nueces

Para 4 personas
Tiempo de preparación: 1 hora y 10 minutos
Dificultad: media

Ingredientes:

4 huevos y 2 yemas • nueces trituradas (igual peso que el de los 4 huevos más las 2 yemas)
• azúcar (el mismo peso que las nueces) • 1 limón
• mantequilla derretida (el mismo peso que la harina)
• harina (la mitad del peso del azúcar) • 2 copitas de ron, o de brandy • azúcar de lustre.

Preparación:

1. En un recipiente hondo, poner los 4 huevos y las 2 yemas, las nueces, el azúcar, la harina, la mantequilla derretida, la ralladura de 1/2 limón y el licor.
2. Mezclar bien y batir durante un buen rato.
3. Cuando la masa esté en su punto, formar a continuación unas pequeñas tortillas.
4. En una sartén pequeña con un poco de mantequilla, saltear las tortillas, dándoles la vuelta.
5. Cuando las piezas estén doradas por los dos lados, enrollarlas rápidamente.
6. Disponerlas en una fuente una al lado de la otra y espolvorearlas con azúcar de lustre.

Perrunillas

Para 4 personas
Tiempo de preparación: 50 minutos
Dificultad: media

Ingredientes:

Harina • 1 copa de aguardiente • 6 huevos • 400 g de manteca
• 600 g de azúcar • 1 cucharada de canela en polvo.

Preparación:

1. Batir fuertemente la manteca en un recipiente hondo; añadir las yemas de los huevos, el aguardiente, el azúcar, la canela y, finalmente, la harina en forma de lluvia; seguir mezclando y batiendo todos los ingredientes hasta obtener una masa suave y blanda.
2. Formar las perrunillas con las manos espolvoreadas con harina. A continuación, disponerlas en una placa de pastelería enmantecada.
3. Batir las claras de huevo a punto de nieve y poner una cucharada sobre cada perrunilla.
4. Introducir la placa en el horno, y retirarla cuando las perrunillas estén doradas.
5. Servir fría.

Bartolillos (pestiños madrileños con mermelada)

Para 4 personas
Tiempo de preparación: 55 minutos
Dificultad: media

Ingredientes:

1/2 kg de harina • 100 g de mantequilla • 20 g de levadura de panadería (2 cucharadas) • 100 g de azúcar • 15 g de levadura en polvo (1 1/2 cucharadas) • 2 1/2 vasos pequeños de leche • mermelada de melocotón.

Preparación:

1. En un recipiente hondo, disponer la harina, la mantequilla derretida al calor, el azúcar, la levadura de panadería disuelta en un poco de agua tibia, la levadura en polvo y la leche fría.

2. Mezclar todos los ingredientes, amasar durante un buen rato hasta que la masa quede flexible, recubrirla con un lienzo y dejarla reposar.

3. Disponer la masa sobre una superficie lisa y aplanarla con el rodillo, dejándola delgada.

4. Con una rueda de pastelería, cortar unos rectángulos de 10 por 5 centímetros, aproximadamente.

5. Espolvorear la mesa con harina y disponer encima los triángulos de masa. Pincelarlos en la superficie con un poco de leche.

6. Rellenar cada triángulo con un montículo pequeño de mermelada de melocotón (se puede usar también crema pastelera). Doblarlos por la mitad y unir los bordes con el cortapastas.

7. Dejar reposar los bartolillos durante unos veinte minutos y luego freírlos en una sartén con aceite hirviendo.

8. Retirarlos de la sartén, disponerlos en una fuente y espolvorearlos con azúcar.

Natillas

Para 4 personas
Tiempo de preparación: 50 minutos
Dificultad: media

Ingredientes:

1 l de leche • 6 yemas de huevo • 1 cucharada de harina • 4 cucharadas de azúcar • 2 ramas de canela.

Preparación:

1. Cocer la leche junto con la canela. Colarla y dejarla enfriar.

2. En una cazuela, poner las yemas de huevo, el azúcar y la harina. A continuación mezclar y agregar la leche ya fría.

3. Poner la cazuela sobre el fuego y remover continuamente hasta que rompa a hervir.

4. En ese momento, bajar el fuego y, sin dejar de remover, mantener durante 5 minutos, aproximadamente.

5. Finalmente, retirar el cazo del fuego, verter las natillas en una fuente de postre y dejar hasta que se enfríe.

6. Servir espolvoreado con canela.

Bizcocho de nueces

Para 6 personas
Tiempo de preparación: 45 minutos
Dificultad: media

Ingredientes:

4 huevos • 200 g de harina • 2 cucharaditas de levadura • 100 g de nueces picadas • ralladura de limón • 125 g de mantequilla • 200 g de azúcar.

Preparación:

1. En un bol, mezclar los huevos, el azúcar y la ralladura de limón trabajando con las varillas; batir hasta que esté espumoso y añadir la mantequilla derretida. Después, incorporar la harina mezclada con la levadura, poco a poco, sin amasar demasiado.

2. Untar con mantequilla un molde redondo de 24 cm de diámetro y verter en él la mitad del preparado. Esparcir las nueces picadas por encima y, sobre éstas, el resto del preparado, cubriéndolas.

3. Precalentar el horno a 170 °C, entrar la masa del bizcocho y dejar cocer unos 30 minutos. Comprobar el punto de cocción, retirar del horno y dejar enfriar.

Pastel cordobés

Para 4 personas
Tiempo de preparación: 1 hora y 10 minutos
Dificultad: alta

Ingredientes:

400 g de harina • 50 g de manteca de cerdo
• 200 g de mantequilla • 2 huevos • 400 g de cabello de ángel
• 1 vaso de agua • canela • azúcar • vinagre • sal.

Preparación:

1. Mezclar la harina con el agua, la manteca, un poco de sal y un chorrito de vinagre; amasar bien hasta conseguir una pasta homogénea.
2. Dejar reposar un rato, estirar la masa con el rodillo enharinado, untar la masa con la mantequilla blanda.
3. Doblar la masa seis veces (como para hacer el hojaldre) y partirla por la mitad.
4. Estirar cada mitad, dándole la misma forma redonda.
5. Cubrir una mitad con cabello de ángel, tapar con la otra mitad.
6. Pintar los extremos con huevo batido y cerrar las dos capas dándoles forma de trenza.
7. Ponerlo en el horno a temperatura alta por 30 o 35 minutos.
8. Una vez cocido, pintar toda la superficie con huevo batido y espolvorear con azúcar y canela.
9. Volver a introducir unos instantes el pastel en el horno ya apagado.
10. Servir caliente o frío.

Bizcocho de manzana

Para 4 personas
Tiempo de preparación: 50 minutos
Dificultad: baja

Ingredientes:

3 huevos • 125 g de harina • 2 cucharaditas de levadura en polvo
• 3 manzanas reinetas • ralladura de limón
• 100 g de mermelada de albaricoque • 125 g de mantequilla.

Preparación:

1. En un bol, trabajar la mantequilla reblandecida junto con el azúcar, luego, añadir los huevos y la ralladura de limón y seguir trabajando hasta formar una masa espumosa.
2. Agregar la harina mezclada con la levadura y batir con las varillas hasta que esté bien amalgamado.
3. Untar un molde de 24 cm de diámetro, forrar el fondo con un papel y volver a untar. Verter la preparación anterior en el molde.
4. Pelar las manzanas, cortarlas en gajos muy finos y cubrir toda la masa en forma circular.
5. Precalentar el horno a 180 °C, introducir el molde, y dejar cocer

unos 30 minutos. Comprobar el punto de cocción, pinchando con una aguja, que debe salir limpia.
6. Cuando esté en su punto, sacar del horno y desmoldar en rejilla.
7. En un cazo pequeño, disolver la mermelada con 2 cucharadas de agua y 1 de azúcar, remover y dejar hervir unos segundos. Cubrir el pastel con este almíbar y servirlo en bandeja con blonda.

Bizcochos de Calatayud

Para 4 personas
Tiempo de preparación: 1 hora
Dificultad: media

Ingredientes:

200 g de harina • 2 cucharadas de levadura
• 3 cucharadas de azúcar fino • 125 g de azúcar molido
• 6 huevos • aceite.

Preparación:

1. Batir las yemas de los huevos con el azúcar molido hasta lograr una mezcla esponjosa.
2. Batir también las claras de huevo a punto de nieve.
3. Mezclar la levadura con la harina.
4. Poner en un recipiente hondo las yemas batidas con el azúcar, la mezcla de harina y levadura y las claras a punto de nieve. Mezclar y agregar el azúcar fino.
5. Untar con aceite rectángulos de papel de barba para pastelería.
6. Con la ayuda de una manga pastelera con boquilla ancha, formar unos bizcochos alargados en estos papeles.
7. Disponerlos sobre una placa de hornear y cocerlos en el horno, a temperatura suave, durante 20 minutos.

Leche frita

Para 4 personas
Tiempo de preparación: I hora
Dificultad: baja

Ingredientes:

3/4 l de leche • 2 huevos • harina • 6 cucharadas
de azúcar • 8 cucharadas de sémola • vainilla
• I corteza de limón.

Preparación:

1. Poner en un cazo la leche con el azúcar, la corteza de limón y un poco de vainilla.
2. Cuando dé el primer hervor, añadir poco a poco la sémola, removiendo continuamente, y dejar sobre fuego lento unos 15 minutos, vigilando no desborde en ningún momento el cazo.
3. Verter en una fuente, dejar enfriar y cortar la masa a cuadrados iguales.
4. Rebozar los cuadraditos con harina y huevo batido y, finalmente, con harina. Freírlos en una sartén con aceite hirviendo y espolvorearlos con azúcar.

Borrachos de Guadalajara

Para 4 personas
Tiempo de preparación: 50 minutos
Dificultad: media

Ingredientes:

150 g de harina • 3 huevos • 1/4 kg de azúcar
• I copita de manzanilla • canela en polvo.

Preparación:

1. Separar las yemas de las claras de huevo.
2. Batir a punto de nieve las claras en un recipiente hondo.
3. Aparte, batir las yemas con 5 cucharadas de azúcar.
4. Añadir las yemas batidas a las claras y echar la harina poco a poco.
5. Mezclar continuamente hasta que quede una pasta lisa.
6. En un molde para bizcochos, verter la mezcla anterior y cocerla a horno moderado.
7. Mientras, preparar un almíbar en un puchero pequeño con el resto del azúcar, la copa de manzanilla y un poco de agua.
8. Cuando el bizcocho esté en su punto, dejar enfriar, desmoldarlo y cortarlo en cuadrados de unos cuatro centímetros de lado.
9. Mojar los bizcochos en el almíbar y espolvorearlos con canela en polvo.
10. Disponerlos en una fuente de cristal.

Pastel de dátiles

Para 6 personas
Tiempo de preparación: 50 minutos
Dificultad: baja

Ingredientes:

1/4 l de agua • 1/4 kg de azúcar • 350 g de dátiles
• 350 g de nueces sin cáscara • 50 g de azúcar de lustre.

Guarnición:

100 g de dátiles frescos • 50 g de nueces.

Preparación:

1. En un cazo, mezclar el azúcar con el agua, añadir los dátiles sin hueso y dejar cocer lentamente hasta que se forme una mermelada.
2. Retirar del fuego. Dejar enfriar.
3. Añadir las nueces troceadas. Remover con cuidado hasta que quede todo bien amalgamado.
4. Preparar una hoja de papel de aluminio, espolvorear con azúcar de lustre y colocar el preparado de dátiles, envolver formando un rollo.
5. Colocar el rollo obtenido en el congelador unas dos horas, hasta que tome consistencia.
6. Cuando esté en su punto, ya se puede servir, adornar con unos dátiles frescos y medias nueces.

Bollos de Pascua asturianos

Para 4 personas
Tiempo de preparación: 55 minutos
Dificultad: media

Ingredientes:

500 g de harina • 6 cucharadas de manteca • levadura • azúcar derretida.

Preparación:

1. Mezclar la levadura con la harina y pasar por el tamiz.
2. Disponer en un recipiente la harina con la levadura y agua, hasta obtener una masa. Trabajarla continuamente y formar un bollo.
3. Disponerlo en una lata pastelera y cocer a horno suave.
4. Cuando esté en su punto, retirar el bollo del horno, desmenuzarlo y mezclar con la manteca unos instantes y agregar el azúcar.
5. Servir enseguida.

Boronitas

Para 4 personas
Tiempo de preparación: 25 minutos
Dificultad: baja

Ingredientes:

1/2 l de leche • 200 g de harina de maíz • 100 g de azúcar • 5 cucharadas de mantequilla • azúcar vainillada • aceite.

Preparación:

1. En un recipiente hondo, desleír la harina de maíz con la leche fría. Verter la leche poco a poco.
2. Añadir la mantequilla y el azúcar vainillada.
3. Disponer la mezcla en una cazuela y ésta a fuego normal. Cuando empiece el primer hervor conviene remover suavemente y, cuando la mezcla esté bien espesa, volcarla sobre un mármol y dejar enfriar.
4. Cortar la masa en cuadraditos.
5. En una sartén con aceite caliente, freír las boronitas hasta que queden doradas; disponerlas en una fuente y espolvorearlos con azúcar.

Brazo de gitano

Para 6 personas
Tiempo de preparación: 30 minutos
Dificultad: alta

Ingredientes:

6 huevos • 150 g de harina • 150 g de azúcar • 1 limón • mantequilla • azúcar de lustre.

Relleno:

Crema, chocolate, trufa o nata.

Preparación:

1. Forrar con papel blanco una fuente para horno, untar el papel con un poco de mantequilla y espolvorear con harina.
2. Cascar los huevos y poner sólo las yemas en un bol.
3. Batir los huevos y añadir la piel de limón rallada y el azúcar, mezclar bien.
4. Montar las claras a punto de nieve e incorporarlas a las yemas con cuidado de que no se deshagan; añadir la harina y mezclar poco a poco con una espátula de madera hasta conseguir una pasta homogénea.
5. Extender la pasta encima del papel de la fuente y estirarla hasta obtener 5 milímetros de grosor.
6. Llevar la fuente al horno a temperatura media y dejar cocer durante 10 minutos.
7. Sacar del horno y separar la pasta del papel.

8. Colocar la pasta sobre otro papel previamente espolvoreado con harina.

9. Cubrir la pasta con el relleno que se quiera y enrollarla, dándole forma de tubo y cuidando de que el relleno no salga por los lados.

10. Espolvorear con azúcar de lustre, dejar enfriar y servir.

Rosquillas castellanas

Para 4 personas
Tiempo de preparación: 25 minutos
Dificultad: baja

Ingredientes:

3 huevos • 10 cucharadas de aceite y aceite suficiente para freír • 1 copita de anís • 1 cucharada de manteca • 150 g de azúcar • una pizca de sal • harina.

Preparación:

1. En un recipiente hondo, mezclar los ingredientes, excepto la harina.

2. Cuando estén bien mezclados, añadir poco a poco la harina, hasta lograr que la masa se despegue del recipiente.

3. Aplanar la masa resultante con un rodillo y cortarla en tiras de un centímetro de ancho y de unos siete de largo.

4. Formar con las tiras unas especies de corbatas o arandelas enganchando las puntas.

5. En una sartén con aceite abundante e hirviendo, ir friendo las rosquillas en tandas de tres o cuatro unidades, girándolas.

6. Una vez doradas las rosquillas, disponerlas en una fuente y espolvorearlas con azúcar.

Torrijas

Para 4 personas
Tiempo de preparación: 35 minutos
Dificultad: baja

Ingredientes:

1 barra de pan del día anterior • 3 dl de leche fresca • 3 huevos frescos • 1 rama de canela • ralladura de limón • 3 dl de aceite • 100 g de azúcar • azúcar glas.

Preparación:

1. Cortar el pan en rebanadas un poco gruesas.

2. En un cazo, calentar la leche con la canela, el azúcar y la raspadura de limón. Dejar hervir unos minutos, retirar y dejar enfriar.

3. Batir los huevos como para tortilla, pasar las rebanadas de pan por la leche azucarada, escurrirlas y pasarlas luego por los huevos batidos.

4. Tener preparada en el fuego una sartén con aceite caliente. Freír las torrijas, dejándolas doradas por los dos lados. Escurrir bien.

5. Pasarlas por un plato que contenga azúcar glas. Servir.

Buñuelos del Pirineo

Para 6 personas
Tiempo de preparación: 35 minutos
Dificultad: media

Ingredientes:

1/4 l de agua o leche • 125 g de harina • 4 huevos • 100 g de mantequilla • canela en polvo • vainilla líquida • corteza de limón • 10 g de azúcar • aceite • azúcar de lustre • sal.

Relleno:

Crema o nata • 200 g de chocolate
• almendras picadas.

Preparación:

1. Verter la leche, o agua, en un cazo junto con la sal, la mantequilla, la canela y unas gotas de vainilla. Poner al fuego y, cuando empiece a hervir, echarle de un golpe la harina removiendo vivamente con un batidor de varillas; trabajarlo hasta conseguir una pasta muy unida y que se despegue del cazo (tarda unos dos minutos).
2. Retirar el cazo del fuego y añadir de uno en uno los huevos, procurando que, antes de echar uno, el anterior haya sido absorbido por la masa. Dejar reposar unos quince minutos.
3. Calentar aceite abundante en una sartén, freír pequeñas porciones de la pasta preparada; al sacarlos, ponerlos sobre papel absorbente. Dejar enfriar.
4. Abrir los buñuelos por la mitad y rellenarlos con crema o nata (según gusto).
5. En un cazo, derretir al baño María el chocolate. Cuando esté bien deshecho y caliente, bañar los buñuelos.
6. Colocar en una bandeja los buñuelos cubiertos de chocolate y espolvoreados con las almendras picadas.
7. Servir.

Flan de frutas cántabro

Para 4 personas
Tiempo de preparación: 1 hora
Dificultad: media

Ingredientes:

4 huevos • 5 dl de leche • 1/2 kg de peras • ralladura de limón
• 2 dl de agua • 160 g de azúcar.

Preparación:

1. Caramelizar un molde de flan con 60 g de azúcar. Dejar enfriar.
2. Pelar las peras y cortarlas en trocitos pequeños. Cocerlos con los 2 dl de agua y 3 cucharadas de azúcar. Cuando estén cocidas, colar y repartir los trocitos de pera sobre el caramelo.
3. En un bol, batir los huevos, añadir 100 g de azúcar y la ralladura de limón, verter la leche templada y batir bien para mezclarlo todo. Rociar por encima de las peras.
4. Precalentar el horno a temperatura media. Introducir el flan en el horno a baño María y dejar cocer unos 40 minutos. Comprobar el punto de cocción.
5. Demoldar cuando ya esté frío.

Buñuelos de manzanas

Para 4 personas
Tiempo de preparación: 30 minutos
(más el tiempo de cocción)
Dificultad: media

Ingredientes:

1/2 kg de manzanas • 1/4 kg de harina • 2 huevos
• 3 cucharadas de azúcar • 1 copita de ron • levadura en polvo
• aceite • sal.

Preparación:

1. Retirar el corazón de las manzanas, pelarlas y cortarlas en rodajas de 1/2 dedo de grosor.
2. Poner el ron y el azúcar en un plato, mezclar y añadir las rodajas de manzana, dándoles la vuelta de vez en cuando durante 15 minutos.
3. Mientras, poner en un recipiente hondo la harina mezclada con la levadura y tamizada, un poco de sal, un vasito de agua y dos yemas de huevo.
4. Batir las dos claras a punto de nieve.
5. Mezclar los ingredientes del recipiente y añadir enseguida las claras batidas a punto de nieve.
6. Calentar aceite en una sartén honda. Cuando esté hirviendo, freír las rodajas de manzana rebozadas en la mezcla anterior.
7. Cuando los buñuelos estén dorados, escurrirlos, disponerlos en una fuente y espolvorearlos con azúcar.

Calabazate cocido

Para 4 personas
Tiempo de preparación: 1 hora
Dificultad: baja

Ingredientes:

1 kg de calabaza • 1 kg de azúcar • 1 corteza de limón
• 1 1/2 vaso de agua.

Preparación:

1. Pelar y trocear la calabaza. Seguidamente, ponerla en remojo con agua fría durante un mínimo de 2 horas.
2. En un puchero con agua caliente, cocer los pedazos de calabaza; escurrirlos y ponerlos de nuevo en el puchero.
3. Añadir el azúcar, la corteza de limón y el agua; poner sobre el fuego y remover durante unos minutos, hasta que la calabaza esté en su punto.
4. Servir fría.

Flan de manzanas

Para 6 personas
Tiempo de preparación:
1 hora y 30 minutos
Dificultad: media

Ingredientes:

1 kg de manzanas • 300 g de azúcar • 6 huevos
• 100 g de mantequilla • 1 dl de vino blanco • 1 limón
• 30 g de azúcar para caramelizar el molde.

Preparación:

1. Pelar las manzanas, partirlas y quitarles las semillas y frotarlas con limón.
2. En un cazo al fuego, poner la mantequilla junto con las manzanas troceadas y el vino blanco; remover constantemente para que no se peguen.
3. Cuando las manzanas estén blandas, unos diez minutos, pasarlas por el pasapurés, obteniendo así un puré fino y seco.
4. Batir los huevos con el azúcar, hasta que forme relieve, añadir el puré y mezclar muy bien todos los ingredientes.
5. Caramelizar el fondo de un molde rectangular con un poco de azúcar, y verter en él la preparación.
6. Precalentar el horno y cocer el flan al baño María unos cuarenta y cinco minutos, hasta que esté cuajado.
7. Desmoldar cuando aún esté tibio, dejar enfriar y cortar en rebanadas. Servir bien fresco. Se puede acompañar con nata.

Magdalenas

Para 4 personas
Tiempo de preparación: 30 minutos
Dificultad: media

Ingredientes:

200 g de harina • 200 g de huevos • 200 g de azúcar
• 5 cucharadas de mantequilla • 150 g de manteca bien blanca.

Preparación:

1. Derretir la mantequilla al calor de la lumbre.
2. En un recipiente hondo, poner los huevos y batirlos con fuerza durante un buen rato. A continuación añadir la manteca, el azúcar y seguir batiendo.
3. Añadir a la mezcla anterior sin dejar de batir, la mantequilla y la harina. Mezclar hasta lograr una pasta homogénea.
4. Rellenar con la mezcla unos moldes especiales de papel para magdalenas pero no del todo, para que no sobrepasen del filo del molde al subir la masa en el momento de la cocción.
5. Disponer las magdalenas en una placa de hornear para pastelería y cocerlas hasta que la superficie quede dorada.
6. Retirar del horno, dejar enfriar y servir.

Huesos de santo

Para 4 personas
Tiempo de preparación: 55 minutos
Dificultad: alta

Ingredientes:

250 g de almendras tostadas • 250 g de azúcar
• 1 vaso pequeño de agua • 2 claras de huevo • 1 limón
• 3 cucharadas de azúcar para glasear • miel.

Preparación:

1. Exprimir el limón y conservar el zumo.
2. En un mortero, machacar las almendras desprovistas de su cáscara hasta convertirlas en harina.
3. En un cazo con el vaso de agua, el azúcar y unas gotas de limón, formar un almíbar dejando el cazo a fuego lento.
4. Añadir al almíbar las almendras y las claras de huevo y dejar a fuego lento unos cinco minutos removiendo continuamente.
5. Espolvorear la mesa o el mármol de cocina con azúcar para glasear y extender encima la masa.
6. Dejarla enfriar y cortarla en tiras de unos 6 centímetros de largo por 4 centímetros de ancho.
7. Enrollar los rectángulos de masa en un canuto para pastelería.
8. Disponer los rollos en una fuente y llevarla al horno durante unos minutos, hasta que la masa quede compacta, tostada y bien enrollada en los tubos.
9. Rellenarlos con un poco de miel. En vez de rellenarlos, puede también untarse la superficie con la misma miel.

Casadielles
(dulces típicos de Oviedo)

Para 4 personas
Tiempo de preparación: 1 hora y 10 minutos
Dificultad: alta

Ingredientes:

1/2 kg de masa de hojaldre • 1/2 copita de anís
• 150 g de nueces peladas • 8 cucharadas de azúcar
• mantequilla.

Preparación:

1. Machacar las nueces en un mortero.
2. En un recipiente hondo, mezclar las nueces peladas, el azúcar, la media copita de anís y 100 gramos de mantequilla.
3. Aplastar con un rodillo la masa de hojaldre y cortar unos triángulos. Disponer en cada uno de ellos una cucharada del relleno anterior, doblarlos y unir los bordes con ayuda de un tenedor.

231

4. Disponer los dulces en una placa de pastelería, llevarlos a horno moderado y retirarlos cuando estén dorados.
5. Espolvorearlos por encima con azúcar.

Cañas de nata con chocolate

Para 6-8 personas
Tiempo de preparación: 1 hora y 20 minutos
Dificultad: alta

Ingredientes:

Hojaldre:

500 g de harina • 1/4 l de agua • 1 cucharadita de sal
• 400 g de mantequilla • aceite para freír.

Relleno:

500 g de nata • 250 g de chocolate «fondant» • 1/4 l de leche.

Preparación:

1. Para hacer el hojaldre, mezclar la harina con el agua y la cucharadita de sal y amasar bien.
2. Extender la pasta con el rodillo e incorporar la mantequilla troceada y cubrir con la masa.
3. Estirar con el rodillo y proceder de la siguiente manera: dar una vuelta sencilla, una vuelta doble, una vuelta sencilla y, por fin, otra vuelta doble. Dejar reposar unos veinte minutos aproximadamente.

4. Transcurrido este tiempo, estirar la pasta con el rodillo y cortar unas tiras de unos dos centímetros de ancho por diez de largo.
5. Enrollar cada tira en cilindros de acero inoxidable y freír en abundante aceite muy caliente.
6. Una vez fritas, retirar y poner a escurrir el aceite sobrante sobre un papel. Cuando estén frías, sacar los cilindros.

7. Rellenar con la nata.
8. Derretir el chocolate junto con la leche y, una vez esté caliente, verter sobre las cañas.

Peras al vino tinto

Para 6 personas
Tiempo de preparación: 25 minutos
Dificultad: baja

Ingredientes:

6 peras • 150 g de azúcar • 1/2 l de vino tinto
• 1 ramita de canela • agua.

Preparación:

1. Poner a cocer las peras en agua hirviendo durante unos minutos, sacarlas y pasarlas por agua fría.
2. Cuando estén frías, pelar inmediatamente.
3. En un cazo al fuego, poner el azúcar, el vino, el agua y la ramita de canela.
4. Cuando arranque a hervir, colocar las peras y dejar cocer a fuego lento hasta que las peras estén tiernas.
5. Cuando estén tiernas, sacar las peras y disponerlas en un recipiente de cristal.
6. Dejar reducir el almíbar y verter sobre las peras.
7. Dejar enfriar antes de servir o, si se desea, presentar templadas.

Tarta de queso fresco con salsa de arándanos

Para 4 personas
Tiempo de preparación: 40 minutos
(más el tiempo de refrigeración)
Dificultad: media

Ingredientes:

Masa quebrada:
200 g de harina • 100 g de mantequilla • 1 huevo
• 1 cucharada de agua • 25 g de azúcar • sal.

Relleno:
1/2 kg de queso fresco • 1/2 l de leche fresca
• 250 g de nata líquida • 6 hojas de gelatina fina.

Salsa:
150 g de mermelada de arándanos • 25 g de azúcar
• 1 cucharada de agua.

Preparación:

1. Formar un volcán con la harina, poner en el centro la mantequilla, el huevo entero, el azúcar, la sal y la cucharada de agua.
2. Trabajar con un tenedor y después con la punta de los dedos, hasta que todos los ingredientes queden unidos. Doblar y volvera extender tres veces. Formar una bola y dejar reposar 2 horas en el frigorífico.
3. Pasado ese tiempo, extender la masa con el rodillo y forrar un molde redondo de tarta desmontable de unos veinticuatro centímetros, pinchar el fondo con la punta de un cuchillo bien afilado, para que no suba al cocer.
4. Llevarla al horno, precalentado a 225 °C, cocer unos quince minutos y dejar enfriar.
5. Mientras, preparar el relleno. En un cazo al fuego, templar la leche mezclada con la nata y el azúcar. Añadir las hojas de gelatina, mojadas en agua fría y bien escurridas, con las manos.
6. Al poner la gelatina, remover vivamente con el batidor de mano para que se disuelva bien.
7. Cuando estén bien disueltas, retirar del fuego, añadir el queso fresco en trocitos, remover con el batidor de mano para que todo quede bien amalgamado; debe quedar una pasta fina, sin grumos.

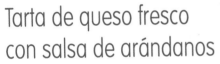

8. Una vez logrado, verter todo este preparado dentro de la tarta cocida, igualar bien e introducir en el frigorífico hasta que se solidifique, unas cuatro horas por lo menos.

9. Cuando esté en su punto, cubrirla con la mermelada de arándanos ya preparada.

10. Mermelada de arándanos: En un cazo al fuego, poner la mermelada, el azúcar y la cucharada de agua, dejar hervir unos minutos, enfriar y cubrir la tarta.

Compota de manzana

Para 4 personas
Tiempo de preparación: 50 minutos
Dificultad: baja

Ingredientes:

1 kg de manzanas • 10 cucharadas de azúcar • agua.

Preparación:

1. Pelar las manzanas, retirar las semillas, y trocearlas.

2. En una cazuela, colocar las manzanas y el azúcar; cubrir con agua.

3. Poner la cazuela sobre fuego normal y dejar hasta que las manzanas estén blandas.

4. Dejar enfriar y conservar en un tarro de cristal. Guardado en un lugar fresco y resguardado de la luz se mantiene durante semanas.

Tarta de Santiago

Para 6 personas
Tiempo de preparación: 1 hora y 10 minutos
Dificultad: alta

Ingredientes:

Masa:

1 huevo • 125 g de harina • 125 g de azúcar
• 1 cucharadita de canela en polvo.

Relleno:

500 g de almendras peladas • 500 g de azúcar • 8 huevos
• 1 cucharadita de canela en polvo • ralladura de un limón
• mantequilla • azúcar de lustre.

Preparación:

1. En un amplio recipiente, batir el huevo con una cucharada de agua, la canela y el azúcar.

2. Agregar la harina progresivamente mientras se sigue batiendo hasta obtener una masa fina.

3. Poner la masa encima de la mesa y estirarla con un rodillo, dejándola muy delgada.

4. Untar un molde para tartas con un poco de mantequilla y forrarlo con la masa.

5. Rallar las almendras o picarlas en un molinillo hasta dejarlas muy finas.

6. Batir los huevos junto con el azúcar, la canela y la ralladura de limón.

7. Cuando todo esté bien batido, agregar las almendras que habíamos triturado (reservar un poco de polvo de almendras para decorar).

8. Batir de nuevo.

9. Verter toda esta masa en el molde que hemos preparado anteriormente y espolvorear con el resto de las almendras.

10. Introducir la tarta en el horno previamente calentado a temperatura fuerte (200°) hasta que se haya dorado.

11. Sacar, dejar enfriar y, antes de servir, espolvorear con azúcar de lustre. Se puede decorar más reservando del azúcar el centro con un cartón recortado con la cruz de Santiago.

Compota de Navidad

Para 6 personas
Tiempo de preparación: 30 minutos
Dificultad: baja

Ingredientes:

200 g de ciruelas secas • 200 g de orejones • 3 peras de invierno
• 3 manzanas reinetas • 100 g de almendras crudas
• 100 g de pasas • 125 g de azúcar • 1 rama de canela
• 1 l de vino tinto.

Preparación:

1. En un cazo al fuego, poner el vino junto con el azúcar y la rama de canela; dejar derretir el azúcar y añadir los orejones. Cuando empiece a hervir, dejar cocer unos diez minutos.

2. Luego, incorporar las ciruelas y las pasas y dejar cocer unos diez minutos más.

3. Añadir las manzanas cortadas en seis trozos sin pepitas, dejar 5 minutos y poner las peras también peladas y cortadas en seis trozos, sin pepitas; añadir las almendras y cocer todo junto unos 5 minutos.

4. Si ha quedado muy caldoso, dejar reducir un poco más, pero vigilando pues, cuanto más hierva más dulce quedará, y la fruta no estará tan entera.

5. Debe cocerse siempre con la tapa puesta.

6. Este postre puede servirse templado o bien frío.

Rejanes

Para 4 personas
Tiempo de preparación: 40 minutos
(más tiempo de horno)
Dificultad: alta

Ingredientes:

150 g de mantequilla • 150 g de azúcar • 8 huevos • harina
• 150 g de almendras peladas • 2 cucharadas de levadura
• manteca de cerdo.

Preparación:

1. Triturar las almendras junto con el azúcar hasta convertirlas en una harina muy fina.

2. Separar las yemas de las claras de 3 huevos. Batir las claras a punto de nieve y reservar las yemas.

3. Enmantecar un papel de barba y recubrir con él el fondo de un molde alargado y hondo.

4. En otro recipiente hondo, disponer la mezcla de almendras y azúcar junto con la mantequilla partida en trozos pequeños; mezclar bien todo el conjunto.

5. Añadir 5 huevos y 3 yemas. Mezclar bien durante un rato y agregar en forma de lluvia la harina tamizada con la levadura. A continuación, trabajar bien la masa con una espátula de madera.

6. Incorporar a la masa las claras de huevo montadas a punto de nieve y seguir mezclando.

7. Verter la masa en el molde y meterlo en el horno, templado, durante treinta minutos. Para saber si el pastel está en su punto, clavar en él

con cuidado la punta afilada de un cuchillo: si éste sale seco el pastel ya estará listo.

8. Por último, desmoldar el pastel, dejarlo enfriar y cortarlo en tajadas de 1 cm y, seguidamente, en triángulos.

Compota de peras al vino

Para 6 personas
Tiempo de preparación: 45 minutos
Dificultad: baja

Ingredientes:

1 kg de peras de invierno • 250 g de azúcar • 1 ramita de canela
• 1 corteza de limón • 3 dl de vino tinto • 1/2 dl de brandy.

Preparación:

1. Pelar las peras, quitarles el corazón y las semillas y partirlas en trozos.

2. En un cazo al fuego, poner las peras cubiertas de agua, añadir la canela, el azúcar y, por último, la cáscara de limón. Cuando estén a medio cocer, verter el vino y el brandy.

3. Dejar cocer hasta que las peras estén tiernas y el jugo quede reducido.

4. Antes de servir, retirar la canela y la piel del limón. Dejar enfriar.

5. Esta compota puede acompañarse de nata batida.

Compota ribereña

Para 6 personas
Tiempo de preparación: 1 hora
Dificultad: baja

Ingredientes:

4 melocotones grandes • 2 manzanas grandes
• 5 peras maduras • 1 rama de canela • 1 l de vino tinto afrutado
• azúcar.

Preparación:

1. Pelar y trocear las frutas a un tamaño parecido.

2. En un puchero de barro con el vino tinto y 4 cucharadas de azúcar, poner la fruta. Cuando empiece a hervir, rebajar el fuego y dejar cocer hasta que la fruta esté tierna.

3. Retirar los pedazos de fruta, añadir azúcar, al gusto de cada uno, y agua si se considera que el caldo está demasiado fuerte.

4. Cuando vuelva a hervir de nuevo, añadir la fruta y la rama de canela, y mantener hasta que las frutas estén casi deshechas.

5. Retirar del fuego y dejar enfriar.

6. Servir bien frío.

Pan de higos

Para 4 personas
Tiempo de preparación:
30 minutos
Dificultad: media

Ingredientes:

800 g de higos secos • 500 g de almendras tostadas
• 400 g de avellanas tostadas • 5 cucharadas de azúcar
• pastillas de chocolate • canela en polvo • 1 limón • 1 copita de anís.

Preparación:

1. Pelar las almendras y las avellanas y triturarlas.
2. Picar seguidamente los higos hasta que formen una pasta.
3. Rallar el chocolate y derretirlo en un recipiente al calor. (Puede disponerse el chocolate en un plato sobre una olla con agua caliente.)
4. En un recipiente hondo, disponer los higos picados, las almendras y las avellanas trituradas, el chocolate deshecho, la canela, la ralladura del limón, el azúcar y la copita de anís.
5. Amasar bien la mezcla hasta formar una masa compacta.
6. Disponer la masa en una lata para galletas y poner encima del pan de higos un peso para prensarlo. (Pero similar al que se usa para la confección de patés.)
7. Una vez dispuesto el pan de higos, dejarlo reposar unas cuarenta y ocho horas.

Orellas de carnaval

Para 6-8 personas
Tiempo de preparación: 30 minutos
Dificultad: media

Ingredientes:

1/2 kg de harina • 100 g de azúcar • 3 huevos • 1 dl de leche
• 1 naranja • 1 limón • 50 g de mantequilla
• 1 cucharadita de anís • canela en polvo • aceite para freír
• azúcar para espolvorear.

Preparación:

1. En un bol grande, amasar la harina con un huevo entero, las dos yemas restantes, la mantequilla fundida, un poco de canela, el zumo de la naranja y el del limón, el anís, el azúcar y la leche.
2. Trabajar bien todos los ingredientes, hasta conseguir una masa homogénea.
3. Batir las claras de huevo a punto de nieve e incorporar a la pasta mezclándolas a la misma.
4. Colocar la masa sobre una superficie plana, enharinar por encima y estirar con el rodillo.
5. Cortar en trozos rectangulares.
6. Freír en una sartén con aceite a fuego no muy fuerte.
7. Una vez fritas, espolvorear con azúcar.

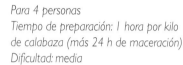

Confitura de calabaza

Para 4 personas
Tiempo de preparación: 1 hora por kilo
de calabaza (más 24 h de maceración)
Dificultad: media

Ingredientes:

1 kg de calabaza • 600 g de azúcar cristalizado • 2 limones.

Preparación:

1. Lavar y cepillar bien los limones, cortar en láminas finas.
2. Sacar la cáscara a la calabaza y limpiar de semillas, cortar la pulpa en dados y pesar.
3. Colocar la calabaza en un bol, junto con las láminas de limón y el azúcar (que debe ser 600 gramos por kilo de calabaza); remover de vez en cuando y dejar en maceración 24 horas.
4. Después, poner en una cazuela de barro para confituras toda esta preparación, y dejar cocer una hora por kilo de calabaza, contando a partir de la ebullición; espumar un par de veces, dejar cocer suavemente.
5. Preparar los tarros, escaldándolos y dejándolos sobre un paño limpio, sin secar: se secarán solos.
6. Colocar la confitura en los tarros, todavía caliente, dejar enfriar destapados y cubiertos con un paño limpio, luego tapar con tapas de rosca o también con un celofán o papel parafinado sujeto con un cordel o una goma.

Arroz con leche

Para 4 personas
Tiempo de preparación: 35 minutos
Dificultad: baja

Ingredientes:

1 l de leche fresca • 200 g de arroz • 100 g de azúcar • 1 limón
• un poco de canela en rama • canela en polvo • sal.

Preparación:

1. En un cazo al fuego, poner el arroz con agua que lo cubra escasamente, dejar hervir 5 minutos a fuego moderado, escurrir y refrescar.
2. Volver a poner en el cazo y verter la leche hirviendo sobre el arroz, también un pellizco de sal, el azúcar, la piel de medio limón cortada fina y la canela en rama.
3. Dejar hervir lentamente hasta que el arroz esté cocido.
4. Colocar en una fuente plana, y espolvorear con canela en polvo. Servir fresco.

Coquillos

Para 4 personas
Tiempo de preparación: 50 minutos
Dificultad: media

Ingredientes:

100 g de coco rallado • crema pastelera • 1/2 kg de harina
• 2 cucharadas de levadura prensada • 5 cucharadas de azúcar
• 4 huevos • ralladura de la corteza de un limón • 2 vasitos
de leche • 1 copita de brandy • 5 cucharadas de mantequilla • sal.

Preparación:

1. Poner la harina en un recipiente, formando un hueco en el centro para echar en él la levadura, la leche, 1 huevo, la mantequilla cortada a pedacitos, la raspadura del limón, 1/2 vaso de agua, un poco de sal, el azúcar y el brandy. Mezclar todos los ingredientes durante un rato y amasarlos un poco.
2. Tapar con un lienzo la masa y dejarla reposar hasta que aumente al doble de su tamaño.
3. Trabajar un poco más la masa, aplanarla con un rodillo y cortarla

en trozos pequeños; estirarlos, poner sobre cada uno de ellos crema pastelera y coco y enrollarlos.

4. Disponer los trozos de masa rellena en una placa pastelera engrasada, dejarlos reposar durante 10 minutos y pintar cada coquillo con yema de huevo bien batido.
5. Introducir la bandeja en horno caliente y dejarla hasta que los coquillos estén dorados.

Dulce de fresas

Para 5 personas
Tiempo de preparación: 1 hora y 10 minutos
Dificultad: baja

Ingredientes:

1 kg de fresas • el zumo de una naranja • 1 kg de azúcar.

Preparación:

1. Lavar cuidadosamente las fresas, sacarles el pedúnculo y cortarlas por la mitad.
2. En un recipiente de porcelana, colocar capas alternas, de fresa y azúcar, hasta terminar los ingredientes. Dejarlas en maceración durante 12 horas regadas con el zumo de naranja.
3. Pasado este tiempo, poner a cocer lentamente hasta conseguir el punto de mermelada: 20 minutos, aproximadamente. Pasar por el pasapurés y dejar enfriar.
4. Envasar en tarros de cristal esterilizados al baño María. Tapar y volver a esterilizar, cubiertos de agua, hirviendo durante 20 minutos. Dejar enfriar dentro de la misma agua.

Bizcocho de Novales

Para 6 personas
Tiempo de preparación: 1 hora
Dificultad: baja

Ingredientes:

4 huevos frescos • 240 g de harina • 2 cucharaditas de levadura en polvo • 1/2 dl de zumo de naranja • 1/2 dl de zumo de limón • ralladura de naranja • ralladura de limón • 1 dl de aceite • mantequilla • 200 g de azúcar.

Preparación:

1. En un bol, batir con las varillas los huevos junto con el azúcar, hasta que el conjunto esté espumoso y blanquecino. Añadir el aceite y trabajar un poco más.
2. Incorporar los zumos y las ralladuras de naranja y de limón; mezclar bien.
3. Mezclar la harina con la levadura y añadirla a la preparación anterior con mucho cuidado, trabajando lo menos posible.
4. Engrasar un molde redondo con mantequilla y verter en él la preparación anterior.
5. Precalentar el horno a temperatura media, 180 °C. Meter el bizcocho en él y dejar cocer durante unos 25 a 30 minutos. Comprobar el punto de cocción.
6. Al retirar del horno, dar un golpe seco con el molde sobre el mármol, desmoldar y dejar enfriar.

Copa de manzanas

Para 6 personas
Tiempo de preparación: 40 minutos
Dificultad: baja

Ingredientes:

2 kg de manzanas • 1 limón • 1 rama de canela • miel • 3 nueces • 250 g de nata • 250 g de azúcar.

Preparación:

1. Pelar las manzanas, sacarles el corazón y las semillas, frotarlas con limón y cortarlas en láminas finas.
2. En un cazo al fuego, poner las láminas de manzana, el azúcar, ralladura de limón, la rama de canela y 2 cucharadas de agua.
3. Dejar cocer lentamente unos 20 minutos, hasta que se reduzca el agua. Retirar del fuego y dejar enfriar.

4. Una vez frías, cubrir con nata (puesta en la manga pastelera con boquilla rizada). Decorar con medias nueces y un chorrito de miel. Reservar en el frigorífico. Servir frías.

Emparedados de membrillo y queso

Para 4 personas
Tiempo de preparación: 25 minutos
Dificultad: baja

Ingredientes:
700 g de queso del país, fresco • 350 g de membrillo
• 100 g de azúcar • 3 huevos • 100 g de harina • pan rallado
• canela en polvo • aceite para freír.

Preparación:
1. Cortar el queso en lonchasmuy finas.
2. Cortar también en lonchas el membrillo.
3. Disponer cada loncha de membrillo entre dos de las de queso.
4. Rebozar con harina, huevo batido y, finalmente, con pan rallado cada uno de los emparedados de membrillo y queso.
5. Poner abundante aceite en una sartén; cuando esté muy caliente, freír en ella los emparedados de membrillo y queso.
6. Una vez fritos, escurrir bien y espolvorear con azúcar y canela en polvo.

Churros a la madrileña

Para 4 personas
Tiempo de preparación:
Unos 45 minutos de elaboración
Dificultad: media

Ingredientes:
1 l de leche • 4 cucharadas de sal • 800 g de harina
• 4 huevos • azúcar.

Preparación:
1. En una cazuela de unos dos litros de capacidad poner a hervir la leche y la sal.
2. En el momento del hervor, añadir la harina previamente tamizada, batiendo fuertemente la mezcla con una cuchara de madera.
3. No retirar el recipiente del fuego hasta que al agitar notemos que la masa no se pega a las paredes del mismo.
4. A continuación, añadir los huevos enteros, agitando enérgicamente hasta que quede todo muy bien mezclado.
5. En una sartén honda con aceite abundante y muy caliente, escudillar la masa con ayuda de una manga de boquilla rizada, o mejor aún con un aparato adecuado, dejando que los churros queden bien dorados.
6. Una vez los churros estén crujientes al tacto, retirarlos de la sartén, ponerlos en una fuente y espolvorearlos con azúcar.

Flan de naranja

Para 4 personas
Tiempo de preparación: 55 minutos
Dificultad: media

Ingredientes:
4 huevos enteros • 2 yemas de huevo • 1/2 l de zumo de naranja
• 150 g de azúcar • 1 naranja • 75 g de azúcar para caramelo
• 1 cucharada de fécula.

Preparación:
1. En un cazo pequeño puesto al fuego, añadir 75 gramos de azúcar con unas gotas de agua, dejar derretir hasta que llegue al punto de caramelo.
2. Cuando esté hecho el caramelo, verterlo en un molde para flanes, dejar enfriar.
3. En un cazo que no sea de aluminio, poner el zumo de naranja y el azúcar; remover y añadir cuidadosamente la cucharada de fécula, poner al fuego y remover con la batidora de mano procurando que no se formen grumos.
4. Cuando haya espesado un poco, retirar del fuego y, sin dejar de remover, esperar a que espese un poco más.

3. Espolvorear la tabla de trabajo con harina y poner en ella la mezcla. Amasar un buen rato.

4. Formar unas rosquillas, disponerlas en unas placas pasteleras untadas con aceite y cocerlas en horno no muy caliente.

Crema de manzana

Tiempo de preparación: 30 minutos
Dificultad: media

Ingredientes:

1 kg de manzanas ácidas • 125 g de azúcar molido • ralladura de una cáscara de limón.

Preparación:

1. Retirar el corazón de las manzanas, pelarlas y cortarlas en pedazos.

2. En una cazuela con agua fría, poner las manzanas y dejarlas a fuego normal hasta que queden tiernas.

3. Espolvorear con azúcar y dejar la cazuela a fuego lento durante unos minutos más.

4. Un minuto antes de retirar las manzanas del fuego, añadir la ralladura de limón.

5. Puede consumirse fría o tibia.

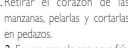

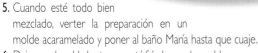

5. Cuando esté todo bien mezclado, verter la preparación en un molde acaramelado y poner al baño María hasta que cuaje.

6. Dejar en el molde hasta que esté frío; luego, desmoldar en una fuente adornándolo con la naranja en gajos o en rodajas. Servir fresco.

Roscas de almendras y avellanas

Tiempo de preparación: 45 minutos
Dificultad: baja

Ingredientes:

100 g de almendras tostadas • 100 g de avellanas tostadas • 100 g de azúcar • 4 huevos • harina • aceite.

Preparación:

1. Machacar en un mortero las almendras y avellanas sin la piel.

2. En un recipiente, mezclar la pasta de frutos secos, el azúcar y las 4 yemas de huevo.

Rosca asturiana

Tiempo de preparación: 1 hora y 5 minutos
Dificultad: media

Ingredientes:

1/2 kg de harina • 1 tazón de leche • 125 g de azúcar • 6 cucharadas de mantequilla • 1 huevo • levadura.

Preparación:

1. Derretir la mantequilla cerca de la lumbre.

2. Mezclar la levadura con la harina y tamizar.

3. En un recipiente hondo, batir la mantequilla, añadir el azúcar y mezclar. Seguir batiendo y agregar el huevo batido, la harina, la levadura y la leche, vertida poco a poco.

4. Untar un molde para roscas con mantequilla y rellenarlo con la mezcla anterior.

5. Llevarlo a horno moderado y dejar unos cuarenta minutos.

6. Dejar enfriar la rosca y desmoldar.

Índice

Pollo 111